Alina Wichmann

Verletzlich stark

Alina Wichmann
mit Julia Becker

Verletzlich stark

Mein Leben zwischen Dating-Dschungel, Single-Sorgen und der Erfahrung echter Eigenliebe

Dies ist eine wahre Geschichte. Zum Schutze der Beteiligten wurden Personen, Orte und Ereignisse zum Teil verfremdet.

KOMPLETTMEDIA

Druckprodukt mit finanziellem
Klimabeitrag
ClimatePartner.com/23517-2407-1001

MIX
Paper from
responsible sources
FSC® C100431
FSC
www.fsc.org

Größtenteils wurde in diesem Buch gegendert. An wenigen Stellen haben wir uns aufgrund der besseren Lesbarkeit gegen das Gendersternchen entschieden. Alle Geschlechteridentitäten werden dabei ausdrücklich mitgemeint.

Originalausgabe
1. Auflage 2024
Verlag Komplett-Media GmbH
2024, München
www.komplett-media.de
ISBN: 978-3-8312-0637-7
Auch als E-Book erhältlich

Lektorat: Dr. Diane Zilliges, Langenburg
Korrektorat: Elisa Garrett, Bayreuth
Umschlaggestaltung: FAVORITBUERO, München
Layout & Satz: Daniel Förster, Belgern
Druck & Bindung: MultiPrint Ltd.,10A Slavyanska str., 2230 Kostinbrod, Bulgaria

Gedruckt in der EU

Für meine Eltern

INHALT

EIN GESCHENK FÜR DICH

Liebe Leser*innen,

dieses Buch ist eine Zeitreise durch mein Liebesleben. Aber es ist gleichzeitig auch eine musikalische Zeitreise. Songs aus den 80ern, 90ern und Nullerjahren haben mich geprägt, erstes Schmachten und Sehnen begleitet, mich bei Liebesschmerz getröstet oder mich empowered, zu gehen. Und auch heute noch ist die Musik für mich immer mit Erlebnissen, Gedanken und Entscheidungen verknüpft. Sowohl durch meine eigenen Songs, in denen ich Erlebtes verarbeite, als auch durch Songs bekannter Künstler*innen auf der ganzen Welt. Damit du mich auch musikalisch auf meinem Weg begleiten kannst, habe ich dir eine persönliche Playlist erstellt. Unter folgendem QR-Code kommst du direkt auf die Liste und kannst dir alle Songs, die auch in diesem Buch eine wichtige Rolle spielen, anhören.

Viel Spaß beim Lesen und Lauschen wünscht dir
Deine Alina

WARUM ES DIESES BUCH GIBT

Ich hätte nie gedacht, dass ich mal Feministin werde. Und genauso wenig habe ich damit gerechnet, dass ich mir an der Frage, wie das eigentlich gehen soll mit der Liebe, mal derart die Zähne ausbeiße. Denn lange Zeit schien mir alles, was dieses Thema anging, ziemlich eindeutig zu sein. Und Emanzipation war etwas, mit dem ich mich ungefähr so intensiv befasste wie mit Primzahlen. Weil ich ganz einfach keine Notwendigkeit dazu sah. Bis ich irgendwann feststellen musste, wie sehr diese Gesellschaft noch immer durchdrungen ist von einem patriarchalen Rollenverständnis. Auch wenn es oft so scheint, als wären wir zumindest in Deutschland schon weit gekommen: Die antifeministischen Kräfte sind weiterhin stark, an manchen Stellen stärker als viele Jahre zuvor. Auch heute ist die Würde von Frauen noch nicht ausreichend geschützt. Und die Freiheit vieler Menschen in unserer Gesellschaft wird immer noch beschränkt – denn nicht nur Frauen werden unterdrückt und angefeindet, sondern auch unzählige Menschen, die sich äußerlich, geschlechtlich, in ihrem sexuellen Interesse oder in ihren Verhaltensweisen auch nur ein Stück weit von einem heteronormativen Ideal entfernt haben. Die Angriffe sind dabei nur leider oft so gewohnt oder perfide, dass viele sie gar nicht bemerken.

Je älter ich werde, desto mehr beschäftigt mich die Frage nach den heutigen Bildern von Schönheit, von Weiblichkeit und Männlichkeit. Ich frage mich, wie man aussehen muss, um im Wettbewerb zu bestehen. Wie frei sind wir alle in unserer so aufgeklärten Gesellschaft wirklich, wenn immer noch so viele Körperformen, Eigenheiten und

Lebensweisen als nicht »normal« gelten und medial, wenn überhaupt, nur als exotisch-verrückte Ausnahmen auftauchen? Und kann es inzwischen eine tatsächlich gleichberechtigte Beziehung auf Augenhöhe zwischen Mann und Frau geben, wenn die Geschlechter noch immer nicht gleichgestellt sind? Wie weit kann man sich auf einen anderen Menschen einlassen, ohne den eigenen Kampf für die Chancengleichheit aufzugeben und seine Unabhängigkeit, seinen Eigensinn und seine Träume dranzugeben?

Viele Menschen halten mich für männlich – weil ich stark bin, meine Meinung vehement vertrete und sehr direkt bis derb werden kann. Bin ich deshalb nicht weiblich? Was ist mit meinen emotionalen, sinnlichen, verletzlichen Anteilen? Bilden sie tatsächlich das Gegenteil zu meiner Stärke oder gehören sie nicht vielmehr dazu?

Ich beobachte, dass viele Menschen das Gefühl haben, zwischen Rollenzuschreibungen festzustecken, die ihnen keinen Raum für die eigene Individualität geben. Viele Frauen, die ich kenne, fühlen sich immer wieder als Objekt behandelt und nie wirklich selbstbestimmt, so sehr sie auch für sich einstehen. Ich glaube, es liegt daran, dass es noch immer zu wenige alternative role models gibt. Zu wenige Frauen und Männer, die eine andere Art Vorbild darstellen, als es unsere Mütter und Väter waren, die uns natürlich prägten – ob wir das wollten oder nicht. Ich wünsche mir, dass sich das ändert. Und dass wir über die Demütigungen, die Ängste und die Zweifel sprechen, die aus tradierten Regeln und fehlender Gleichberechtigung und Toleranz resultieren. Genauso wie über den Mut und die Kraft, die daraus entstehen, wenn man es schafft, aus diesen Zwängen herauszutreten und endlich vollkommen zu sich selbst, zu seinem Körper, zu seiner Lebensform zu stehen. Ich glaube, dass darüber Reden ein Anfang ist. Und diesen Anfang mache ich für meinen Teil mit diesem Buch.

Ich habe in meinem Leben ein paar heftige Prüfungen und Rückschläge aushalten müssen. Und zwar zu großen Teilen aufgrund der engen Grenzen unserer Schönheitsideale und Rollenbilder. Ich bin unter größten Schmerzen da hindurchgegangen. In diesem Buch erzähle ich all das und was ich mit mir und der Liebe erlebt habe, all die bitteren und all die erhebenden Momente. Ich zeige mich ungefiltert und gehe wieder einmal das Risiko ein, angegriffen zu werden – ich nehme es in Kauf. Weil es mir wichtiger ist, meine Erfahrungen und Erkenntnisse zu teilen und damit hoffentlich viele Menschen zu inspirieren und zu ermutigen. Denn ich weiß heute: Wer zu seiner Eigenheit steht und lernt, sich selbst bedingungslos anzunehmen, wird frei von der Bewertung anderer. Ich stelle meine Geschichte zur Verfügung, um allen, die mit ihrem Selbstbild und ihrem Lebensentwurf noch hadern, zu sagen: Du bist nicht allein. Ich fühle mit dir. Und ich weiß, du wirst es schaffen. Auch wenn das Gehen manchmal schmerzhaft ist, am Ende wird sich jeder Schritt gelohnt haben.

Ich weiß heute, genau das macht meine Stärke aus: Dass ich bereit bin, alles zu fühlen, nicht auszuweichen, hinzusehen und zu spüren und mit dem Fragen und Infragestellen nicht aufzuhören. Solange es noch so viele Menschen da draußen gibt, die versuchen, anderen ihre Schablonen, ihre Ideale, ihre Überzeugungen überzustülpen.

Bin ich damit nun weiblich? Oder männlich? Oder etwas völlig anderes? Ich weiß es nicht. Ich kann nur eines sagen: Ich bin verletzlich stark und ich liebe es!

HERZ AN HERZ

Wild und frei – bis zur ersten Verwundung

Man sagt, ich neige manchmal zur Übertreibung, aber an dieser Stelle ist es die reine Wahrheit: Angefangen hat in meinem Leben alles wie im Märchen. Und zwar buchstäblich. Das hat zu einem entscheidenden Teil mit einer ganz bestimmten Kleinstadt im Südschwarzwald zu tun: Waldshut-Tiengen am Hochrhein. Auch wenn es sich um eine Kreisstadt handelt, könnte man Waldshut-Tiengen, unter uns gesagt, auch ein Dorf nennen. Ein ziemlich katholisches Dorf mit einer über tausendjährigen Geschichte und viel Sinn für Traditionen, den die Ortsansässigen wahlweise in Geschichtsverein, Blasmusikgruppe oder Narren-Zunft ausleben. Bei den diversen Festivitäten im Ort tragen die Frauen bis heute die schwarz-rot-weiße Klettgauer Heimattracht mit Samthut, überall sind Fahnen mit Wappen zu sehen und man tanzt auf einer Holzbühne. Es gibt in Waldshut-Tiengen ein Schloss, fast ein Dutzend Brunnen, über zwanzig Kirchen und Kapellen, jede Menge Fachwerkhäuser und einen Hexenturm, in dem man früher Glaubensabtrünnige einsperrte. Direkt hinter den letzten Häusern kommen nur noch Bachläufe, urige Wäldchen, Kühe auf der Weide und Wildblumen-Sommerwiesen. Und im Winter feiert man in dieser Gegend alemannische Fasnet, bei der die Narren Jahr für Jahr im selben, nach Jahrhunderte altem Vorbild gefertigten Kostüm mit der typischen Holzmaske durch die Straßen ziehen – und vielerorts noch immer dem zweifelhaften Brauch folgen, junge Frauen zu fangen und in Käfige zu sperren. Es gibt Märchenfeste, bei denen sich ganze Dörfer in einen wilden Auflauf von Waldgeistern, Feen und Teufelsgestalten verwandeln. Tatsächlich fühlt man sich die meiste Zeit wie im Mittelalter. Hier bin ich aufgewachsen. Und ja: Ich habe an Märchen geglaubt. Oder besser gesagt: Sie waren für mich Realität.

Die erste märchenhafte Erzählung, die so nah an meinem Leben schien, dass ich glaubte, sie wäre für mich erfunden, war Ronja Räubertochter. Dieses mutige Mädchen mit den wilden Haaren und den noch wilderen Augen, das allein durch den Wald strich. Ich war wie sie. Unglaublich neugierig und voller Hunger nach immer neuen Erlebnissen. »Ich sauge den Sommer in mich rein wie die Wildbienen den Honig«, sagte Ronja einmal.[1] Ich wusste haargenau, was sie meinte. Ich war wie sie immer draußen, furchtlos unterwegs auf der Suche nach Abenteuern. Auch wenn es bei meinen nicht darum ging, ein Pferd vor dem Verbluten zu retten: Wenn ich mit meinen Freunden im Wald einen Schatz versteckte, fühlten wir uns genauso wagemutig und frei wie Ronja und Birk. Und es war zwar nicht der Sohn der verfeindeten Räuberbande, der mich als Gefährtin haben wollte – dafür kloppten sich die Jungs beim Fußball darum, mich in ihre Mannschaft zu bekommen. Ich war nicht nur sportlich und geschickt, sondern auch mutig, und ich weiß, dass sie mich cool fanden. Denn ich hatte auch noch einige Begabungen, die auch außerhalb von Sportplätzen und Wäldern nützlich waren: Ich war eine der Besten im Kopfrechnen, malte gerne und auch ziemlich gut und ich hatte diese Stimme, mit der ich von einem auf den anderen Moment alle um mich herum zum Schweigen bringen konnte. Wenn ich bei Schulfesten oder Familienfeiern sang. Und wenn ich lautstark meine Standpunkte mitteilte. Wie Ronja nahm ich nie ein Blatt vor den Mund und sagte sogar meinem Vater die Meinung. Ich hatte nämlich schon sehr früh eine. Und die unterschied sich fast durchgehend von der meiner restlichen Familie. Damals fühlte ich mich oft so anders als diese Menschen, mit denen ich unter einem

Dach lebte, dass ich mich fragte, ob ich bei der Geburt verwechselt worden war.

Was uns allerdings alle einte, war unsere Musikalität. Seit ich denken kann, hatte es eine Familienband gegeben. Ich hatte schon als Kleinkind auf dem Boden im Proberaum gesessen und mit größter Spannung zugehört, wenn meine Eltern und Großeltern zusammen alte Hits performten. Sie spielten auch im Urlaub auf der Campingplatz-Party und natürlich bei allen Familienfeiern. Irgendwann wollte ich auch dabei sein. Beim vierzigsten Geburtstag meines Vaters war es dann endlich so weit: Ich war sieben und hatte meinen ersten kleinen Starauftritt mit »Let's twist again« auf Fantasie-Englisch. Es gab tosenden Applaus. Die Leute konnten gar nicht glauben, dass so eine gewaltige Stimme in diesem kleinen Mädchen steckte. Ich erinnere mich noch genau, wie überwältigend es auch für mich war, zu spüren, was ich da in meinem Hals hatte – und wie andere Menschen darauf reagierten: Diese Stimme fühlte sich viel älter an, als ich es damals war.

Nach diesem Erlebnis sagten meine Eltern, ich hätte das Zeug dazu, eine große Sängerin zu werden. Sie meldeten mich zur musikalischen Früherziehung an und ich begann im Schulchor zu singen. Als wir dann einen Familienausflug zum »Phantom der Oper« nach Basel machten, war für mich klar: Wenn ich erwachsen bin, will ich auf eine große Bühne! Passenderweise hatte ich wohl auch die Hingabe meiner Mutter, das Selbstbewusstsein meines Vaters und die Ausstrahlung von beiden geerbt.

Neben all dem existierte aber noch ein weiteres Indiz für meine Zugehörigkeit zur Familie Wichmann: meine charakterlich extreme Ähnlichkeit mit Oma Regina. Oma Regina war immer straight forward und sagte geradeheraus, was sie dachte. Ihr war nichts peinlich. Ich weiß noch, wie ich einmal mit ihr zum Einkaufen fuhr, in ihrem silbernen Honda-Sportwagen mit knallroten Sitzen. Oma Regina war Aldi-Fan und das sagte sie gerne auch jedem, egal, ob er es wissen wollte oder nicht. Also ging es natürlich auch an diesem Nachmittag zu ihrem Lieblingsdiscounter. Oma Regina trug eines von ihren selbstgeschneiderten Kostümen und eine glitzernde Bluse mit Schulterpolstern, dazu ihre typischen Clip-Ohrringe, die unter der wilden Mähne hervorblitzten. Sie lief vor mir durch die Gänge und plötzlich echauffierte sie sich lautstark über die Preise. Sie sprach wildfremde Leute an und erzählte ihnen, dass es ein Unding wäre, wie teuer Aldi geworden sei. Ich weiß noch, dass ich tief beeindruckt war von diesem gigantischen Selbstbewusstsein. Oma Regina war für mich eine Königin. Eine Neunziger-Jahre-Queen mit toupierten Haaren. In einem kleinen Dorf im südlichsten Südschwarzwald war so eine Frau natürlich ein echt wilder Feger und ihr Auftreten aufsehenerregend! Klar redete man über Oma Regina. Und während der Rest der Familie das unangenehm fand, war es ihr völlig wumpe. Oma Regina hatte Rückgrat. Und das auch im wahrsten Sinne des Wortes: Sie saß immer aufrecht – sogar noch im hohen Alter in einem Rollstuhl.

Von Oma Regina habe ich meine gigantische Energie, meine Lebensfreude und wohl auch meinen Sinn für Mode und Make-up geerbt. Und aller Wahrscheinlichkeit nach auch meine Unverblümtheit. Geradeheraus war ich schon als Kind. Und das eben auch in Sachen Liebe. Als ich mich das erste Mal für einen Jungen interessierte, ging ich sofort in die Vollen. Ich war damals gerade acht geworden. Eine Freundin von mir hatte plötzlich einen »Freund« und da wollte ich natürlich auch einen. Das war jetzt offenbar in. Ich suchte mir Aaron aus und fragte ihn ganz direkt, ob er mit mir gehen möchte. Ich weiß noch, wie verlegen er war und dass er mich um einen Tag Bedenkzeit bat. Am nächsten Morgen stand ich wieder auf der Matte – und er willigte ein. Meine erste Beziehung hielt zwei Wochen. Ich nahm ihn einmal mit ins Freibad und war sehr enttäuscht, weil er lieber ohne mich rutschen wollte – bis ich feststellte, dass Rutschen generell aufregender zu sein schien als ich.

Danach bekam ich meinen ersten Liebesbrief. Leider von Uwe Müller, der immer diese zugeklebte Brille und eine Zahnspange trug.

Ich sollte ein Kreuz machen bei Ja, Nein oder Vielleicht. Ich war zu frustriert, um zu antworten, und fragte mich das erste (und leider nicht das letzte) Mal: Warum wollten Jungs etwas von mir, von denen ich nichts wollte, und die, in die ich verknallt war, interessierten sich für Rutschen!?

Einen neuen Anlauf startete ich mit Viktor aus der Parallelklasse. Mein bis dahin größter Schwarm. So schöne Augen und so ein süßes Lächeln. Nach unzähligen Blicken und dem hundertsiebenundfünfzigsten »Hallo« auf dem Flur nahm ich meinen ganzen Mut zusammen und klingelte eines Tages an seiner Haustür. Sein großer Bruder öffnete und war sehr verdutzt. Was ich denn wolle, fragte er. »Ich möchte Viktor was Wichtiges fragen«, antwortete ich. Nach einer gefühlten Ewigkeit kam der dann auch tatsächlich an die Tür, mit rotem Kopf, die Augen zu Boden gerichtet. Aber ich dachte mir: Bleib einfach cool und zieh die Sache durch! Und so fragte ich ihn, ob er mit mir gehen wolle. An seine Antwort kann ich mich nicht mehr erinnern, aber sie war auf jeden Fall nicht Ja.

Glücklicherweise waren diese Aktionen noch nicht von ernstzunehmenden Gefühlen begleitet, sodass meine Erfolglosigkeit in Sachen Liebe erst mal noch keine Auswirkungen auf mein Selbstbewusstsein hatte. Ich erinnere mich noch genau, wie ich oft auf dem Schulweg in den Seitenspiegel eines parkenden Autos schaute und dachte, wie schön ich doch bin. Die Frage, wie mich andere finden, beschäftigte mich nicht. Ich fühlte mich frei und toll und unbesiegbar. Wie Kinder das wohl fast immer tun, solange ihnen kein Erwachsener einbläut, dass das nicht stimmt. Vielleicht kann man das einen gesunden Narzissmus nennen, den jeder Mensch mit auf die Welt bringt. Und natürlich ist es für ein soziales Miteinander hilfreich, wenn der nicht mitwächst. Aber ist es nicht eher so, dass das Selbstwertgefühl eines Kindes jedes Jahr ein Stück mehr auf die Probe gestellt wird, durch Schulnoten, Sportwettbewerbe, elterliche Erwartungen und gesellschaftliche Ideale? Geht es nicht, je älter man wird, immer mehr um die Frage, wie man zu sein hat, von stets leistungsorientierten Kinder-Ferienkursen bis hin zum Coaching hin zur besten Version deiner selbst?

Von all dem ahnte ich noch nichts, als ich mich damals im Spiegel betrachtete und wusste, ich möchte mal auf einer Bühne stehen und mich zeigen, all das, was da in mir leuchtete, nach außen bringen, mit all meiner strahlenden Freude. Und dass diese vielbesprochene Sache namens Pubertät schon ihre dunklen Schatten vorauswarf, war mir in diesen Momenten genauso wenig bewusst. Für Außenstehende war das alles schon gut sichtbar – und wohl schon allein an den musikalischen Vorlieben von mir und meinen Freunden problemlos abzulesen: Der Song, den wir damals auf dem Schulhof am häufigsten sangen, war: »Küssen verboten« von den Prinzen. Zwischen Überschlägen am Geländer, Räderschlagen über den Hof und »Himmel und Hölle«-Spielen grölten wir im Chor: »Keiner, der mich je gesehen hat, hätte das geglaubt, küssen ist bei mir nicht erlaubt!«[2]

Kurze Zeit später kaufte ich mir meine erste CD: »Herz an Herz« von Blümchen. Neben der catchy Melodie und der aufregenden Techno-Produktion hatte es mir auch der Text angetan. Ich wusste nämlich auf einmal sehr genau, wovon sie sang: verliebt sein und an nichts anderes denken können als an den Angebeteten:

»Ich und du, immerzu du und ich
Herz an Herz, Tag und Nacht
Immerzu daran gedacht
Bist du auch so verliebt wie ich?
SOS: Ich liebe dich!«[3]

Küssen war urplötzlich ein lebenswichtiges Thema. Ich war jetzt elf Jahre alt und hoffte inständig, diese aufregende Sache bald endlich zu erleben. Allerdings wartete ich jetzt auf den Jungen, der mich erobern würde. Mein Mut war einer wachsenden Unsicherheit gewichen. Dass meine Eltern mich immer öfter »anstrengend« und »vorlaut« nannten und die Mutter einer Freundin zu mir sagte, ich solle die

Nase nicht so hoch in den Himmel strecken, trug sicher einiges dazu bei, dass meine Selbstliebe erste Risse bekam. Hatte ich eben noch, als ich morgens in die Klasse kam, »Aus dem Weg!« gerufen, um lachend meinen Tellerrock kreisen zu lassen, fühlte ich mich jetzt immer öfter fehl am Platz. Die Unbekümmertheit, mit der ich durch die Welt getänzelt war, meine Wildnatur, mein Enthusiasmus und meine Neugier – all das war mit einem Mal gedämpft. Mich beschwerte das Gefühl, dass ich offenbar nicht richtig war. Nicht so, wie ich sein sollte. War ich eben noch verliebt in das Verliebtsein und gar nicht so darauf angewiesen, ob ein Gegenüber dasselbe für mich empfand – meine Liebe gehörte ja mir, die konnte mir keiner nehmen –, fing ich auf einmal an, das Desinteresse von Jungs als Zeichen für einen Fehler an mir zu sehen. Ronja Räubertochter und ihr Draufgängertum waren erst mal Geschichte.

Mein größter Lichtblick in dieser Zeit war meine beste Freundin Sarah. Sie war mir Schwester, Seelenverwandte und Lieblingsmensch. Und eigentlich fühlten wir uns meistens wie eine Person. Wir verbrachten jede freie Minute zusammen und gingen sogar im Partnerlook in die Schule. Unsere Freundschaft war so allumfassend und unsere gemeinsame Zeit zwischen Pfirsichblütenbarbies, Kinderdisco mit Gartendusche und Übernachtungs-Schmink-Partys so schillernd, dass es mit keinem Jungen der Welt hätte schöner sein können. Als Sarah schrecklicherweise wegzog (zwei Ortschaften weiter), kam ich sie trotzdem regelmäßig besuchen – denn im selben Dorf lebten meine Großeltern.

Eines Tages fuhr ich spontan vorbei und wollte sie überraschen. Ich stand ganz aufgeregt vor ihrer Tür – doch als Sarah mich sah, regte sich in ihrem Gesicht genau gar nichts. Sie wirkte desinteressiert. Den Satz, den sie dann sagte, werde ich wohl nie vergessen, denn er traf mich härter als jedes Nein von einem Schwarm: »Ich brauche dich nicht mehr, ich habe jetzt neue Freunde.« In diesem Moment wurde mir wohl das erste Mal das Herz gebrochen. Und genau das wäre im Grunde bereits eine gute Gelegenheit gewesen, zu erkennen, dass romantische Gefühle, verbunden mit dem Ziel einer heteronormativen Liebesbeziehung, nicht die einzige aller Möglichkeiten war, Liebe zu empfinden und sie zu leben! Heute wünschte ich, ich hätte damals schon verstanden, dass Liebe viele Formen haben kann, dass Freundschaft sogar eine ganz großartige ist, um die es sich immer wieder zu kämpfen lohnt, dass eine Arbeitsbeziehung genauso inspirierend und beflügelnd sein kann wie eine Affäre, dass Dinge, die man mit Leidenschaft tut, Liebe schenken und Herzensprojekte wie Babys sein können. Leider war ich für diese Erkenntnisse damals offenbar noch zu jung. Die folgenden Jahre widmete ich nämlich der Suche nach dem einzig einen. Oder besser gesagt: Ich verschwendete sie daran.

BORN TO MAKE YOU HAPPY

Was Südschwarzwald-Ehen und die Pop-Hits der Neunziger gemeinsam haben

Das nächste Märchen, an das ich glaubte, war das von Dornröschen. Die Prinzessin, die von einem mutigen Ritter zu Pferd gerettet wird. Genauso wollte ich es auch erleben. Das war allerdings nicht nur eine meiner Lieblingsfantasien, solange ich abends noch im Schneewittchen-Schlafanzug unter der Decke lag und mit großen Ohren den Geschichten lauschte, die ich vorgelesen bekam. Das Märchen vom Ritter, der mich rettet, war für mich auch noch in einem Alter omnipräsent, in dem ich begann, pinken Lippenstift und die circa zweieinhalb Stunden vor dem Spiegel toupierte Madonna-Mähne zu tragen (um Oma Regina noch zu übertreffen). Auch wenn mir Madonna, hätte sie gewusst, warum ich das tue, wahrscheinlich ohne zu zögern eine gepfeffert hätte: Diese triefend romantische Fantasie, dass es eines Tages einen Mann geben würde, der mich mit seinem Gaul (oder Ford Escort) abholt und auf eine Reise in den Himmel der Liebe entführt, fernab von all dem Bedrohlichen dieser Welt, vereinnahmte mich lange. Und weil mir sonnenklar war, was ich dafür zu leisten hatte, setzte ich alles daran, mein Äußeres hochzutunen wie die Typen ihre Karren.

Ja, ich wollte schön und begehrenswert sein, um gerettet zu werden. Ich war felsenfest davon überzeugt, es ginge nur darum, einem

Mann zu gefallen, es ihm recht zu machen, sich anzupassen, damit man dann ausgewählt und versorgt wird. Ich weiß, es klingt extrem und ein bisschen unglaublich, gerade für ein Mädchen, das eben noch ungestüm, neugierig und voller Lebenslust war. Noch dazu gehörte diese Überzeugung zu einem uralten Rollenmodell, das wir doch damals schon seit Ewigkeiten hinter uns gelassen haben müssten. Aber in meiner Jugend, in den 1990ern, in Waldshut-Tiengen, folgte diese Vorstellung einer Realität, die die meisten von uns im eigenen Elternhaus erlebten. Das Wort Feminismus wurde da ungefähr so oft in den Mund genommen wie Veggie-Würstchen. Aber dass dieser Begriff in meiner Jugend nicht auftauchte, war nicht das Entscheidende. Ich habe erst viel später verstanden, dass es nicht nur darum geht, was Eltern uns erzählen. Viel prägender ist das, was wir von ihnen und ihrem Leben wahrnehmen, während wir sie erleben. Und es waren nicht nur meine Eltern, es waren auch die meiner Klassenkameraden, die ein ganz klassisches Rollenmodell lebten: Die Männer gingen arbeiten, die Frauen blieben zu Hause. Das klingt erst mal harmlos. So war es eben damals. Aber der Punkt ist, dass das nicht nur eine klassische Arbeitsteilung bedeutete. Es hieß: Die Frauen kümmerten sich um den Haushalt und die Kinder – und hielten den Männern »den Rücken frei«. Sie bekümmerten und bekochten ihren »Schatz« und versuchten, dem schwer arbeitenden Mann wenigstens zu Hause ein schönes Leben zu bereiten – als wäre dieser, wie Ronjas Vater, Anführer einer Räuberbande oder hätte sich da draußen den ganzen Tag bestialische Kämpfe mit wilden Tieren oder Kriegern anderer Stämme zu liefern. Meines Wissens war keiner der Väter in meinem Umfeld als Räuber, Jäger oder Soldat tätig. Und es verdiente auch keiner sein Geld auf einer Baustelle oder im Kohlebergwerk. Die meisten waren Schreibtischhelden. Dennoch umsorgten die Waldshut-Tiengener Ehefrauen ihre Männer, als hinge die eigene Existenzberechtigung davon ab, ob sie die Arbeitskraft und das Wohlgefühl des Gatten aufrechtzuerhalten im Stande waren. Die mütterliche und bemutternde Seite der Frau war allzeit präsent.

Aber auch das Mädchen-, ja, Prinzessinnenhafte hatte seine Bewandtnis. Und genauso das Begehrenswerte. Eine ideale Frau, so stellte es sich mir dar, war die Kindsfrau, die Unschuldige, die Jungfrau, die Hausfrau, die Frau, die auf den Mann wartet, bis er abends nach Hause kommt, die sich um alles aufopfernd kümmert und dabei gleichzeitig attraktiv und begehrlich ist, eine verführerische Schönheit – das aber nur hinter verschlossenen Türen, denn andere Männer durften sie nur aus der Ferne anhimmeln und sich nicht etwa zu mehr eingeladen fühlen. Die Frau sollte die Fühlende und die Zärtliche sein, die aber auch mit allem klarkam und der es nichts ausmachte, wenn der Alte ihr keine Aufmerksamkeit schenkte und sich nicht für sie interessierte, nicht viel Zeit mit ihr verbrachte, ständig unterwegs war. Sie musste auch dann noch die sein, die immer Verständnis hat. So wie die Mutter von Meike, deren geschäftsreisender Gemahl sein halbes Leben in Brasilien verbrachte, was sie jahrelang tolerierte – bis Vati dann bekannt gab, er würde es ab jetzt vorziehen, mit seiner neuen Familie ganzjährig in Lateinamerika zu leben.

Die zentrale Aufgabe der Frau schien es zu sein, den Mann optimal in seinem Vorankommen zu unterstützen. Im Märchen hieß das, die Höhle warm und das Essen bereit zu halten, bis er vom Beutezug zurückkam, oder sich retten zu lassen, damit er danach als Held gefeiert werden konnte. In der baden-württembergischen Realität meiner Jugend bedeutete das, seine Karriere zu fördern, ihn zu stärken und allen Stress von ihm fernzuhalten. Denn am Ende brachte sein Aufstieg auch sie ganz nach oben. Um es ganz direkt zu sagen: Eine Frau in Waldshut-Tiengen war so viel wert, wie ihr Mann es war. Sein Job, sein Ansehen, sein Gehalt und die Autos, Urlaube und Kleider, die man sich davon leisten konnte, all das bestimmte den Status, den man als Familie und eben auch als Ehefrau hatte. Logischerweise gehörte die Unterstützung der beruflichen Entwicklung des Mannes also zu den wichtigsten Pflichten der Partnerin. So half auch meine Mutter, wie viele andere Frauen in Waldshut-Tiengen, im Betrieb ihres Ehemannes mit – anstatt als Arzthelferin zu arbeiten und damit den Beruf auszuüben, den sie gelernt hatte und liebte. Die wenigen alleinerziehenden Mütter, die es gab, mussten sich, nachdem der Angetraute abhandengekommen war, mit Mühe und Not über Wasser halten. Sie wirkten unglückselig, fern jeder Emanzipation und Freiheit. In meiner Wahrnehmung waren sie die Verliererinnen des Systems. Für mich war offenkundig und eindeutig: Die (wahren) Bedürfnisse der Frau spielen ganz schlicht und ergreifend keine Rolle!

Auch wenn in meiner Gegenwart niemals eine von den Waldshut-Tiengener Müttern meiner Zeit etwas in der Richtung äußerte, bin ich heute der festen Überzeugung: Die allermeisten waren Frauen, die ihrem Mann alles recht machen wollten und sich in ihrer Ehe hochgradig abhängig fühlten. Wie die Einzelne es dann individuell erlebte, ob sie es stillschweigend hinnahm, wie Meikes Mutter, wenn ihr Mann wieder für Wochen nach Indonesien flog, ob sie trotzdem ganz zufrieden war, wie Vickys Mama, die in der permanenten Umgestaltung des häuslichen Interieurs ihre Passion gefunden hatte, ob sie die Situation für sich am Ende irgendwie nutzen konnte, wie Tinas Ma, die sich vom Haushaltsgeld jede Woche ein paar neue Pumps kaufte, oder ob sie stark litt, wie wahrscheinlich die meisten anderen, lässt sich natürlich von außen nicht sagen. Und ich kann es bei meiner eigenen Mutter auch nur ahnen. Aber ich glaube, keine Frau war im tiefsten Herzen wirklich glücklich damit. Und ich weiß heute: Unsere Mütter in dieser Rolle zu erleben, hat bei uns Töchtern einen nachhaltigen Eindruck hinterlassen, im wahrsten Sinne des Wortes. Eine Prägung, die lange und scheinbar weitgehend unbewusst wirkte und übrigens in aller Regel dazu führte, später genau das Modell auch zu leben oder das absolute Gegenteil zu suchen, von dem man allerdings in keiner Weise wusste, wie das konkret zu leben wäre. Wir hatten ja keinerlei andere Vorbilder. In dieser Gegend kam einfach nichts anderes vor. Da gab es nicht einmal eine Ausnahme. Nicht diesen einen offen homosexuellen Feuerwehrmann. Nicht diese eine Frau, die früher mal ein Mann gewesen war. Schon gar keine Patchwork-Family of colour. Nicht mal eine einzige junge, alleinlebende Frau, die offenbar freiwillig ein Single-Leben ohne Kinder führte. Es gab ganz einfach nur diese weißen, heteronormativen Familiensysteme mit zwei bis drei Kindern, in denen der Mann arbeiten ging und die Frau zu Hause blieb – zumindest schien jenes Leben das große Ziel, welches unter allen Umständen erreicht und buchstäblich bis zum Tod erhalten werden musste. Und wenn den Frauen noch so übel mitgespielt wurde, galt es nach außen hin die hübsche Fachwerkfassade um jeden Preis zu wahren. Was sollten denn die Nachbarn denken!?

Jetzt könnte man meinen, meine Freundinnen und ich, die in ihrer Waldshut-Tiengener Kleingeistigkeit in ihren Blümchen-Zimmern unter dem Michael-Jackson-Poster saßen und auf die Auserwählung warteten, hätten einfach den Schuss nicht gehört. Doch heute weiß ich mit Sicherheit, dass es in den 1990ern auch außerhalb des Südschwarzwaldes unzählige Mädchen gab, die an dieselbe irrsinnige Geschichte glaubten. Denn nicht nur all die Märchen, die wir als Kinder hörten, sondern auch all die Hollywood-Filme, die wir in unserer Jugend sahen, und all die Pop-Songs, die wir hörten, bestätigten das Bild eines schwachen Weibchens, dessen einzige Chance darin bestand, von einem Mann auserwählt, gerettet und versorgt zu werden. Ich hörte erst vor Kurzem wieder einen meiner Lieblingssongs von damals: »Run to You« von Whitney Houston. Ich stand in meinem Berliner Badezimmer und sang ganz automatisch mit:

»I wanna run to you
I wanna run to you
Won't you hold me in your arms
And keep me safe from harm?
I wanna run to you
But if I come to you
Tell me, will you stay
Or will you run away?«[4]

Und plötzlich dachte ich: What the fuck!? Was ist denn das für eine Weltsicht!? Diese Frau singt allen Ernstes: »Ich will zu dir rennen! Würdest du mich in deinen Armen halten und mich vor Leid beschützen? Sag, wenn ich zu dir rennen würde, würdest du bleiben oder würdest du fliehen?« Wow! Sonst noch alles ganz knusper!? Plötzlich fiel mir auch das Video wieder ein, in dem Whitney Houston im Refrain tatsächlich im Himmel (!) vor wilden Wolkenschleiern auf den Betrachter zueilt: die nackte Silhouette, nur mit einem weißen, halbtransparenten, im Wind wehenden Tuch umhüllt. Nicht nur dass die Arme, laut Lyrics, als einziges Ziel hat, die Gunst eines schwanztragenden Beschützers zu erlangen. Nein, sie hat auch noch die reale Furcht, er könne sofort die Flucht ergreifen, wenn er sie – in dieser Montur – auf sich zurennen sieht! (Was ja, wenn man mal ehrlich ist, auch für alle das Beste gewesen wäre!)

Was Whitney Housten da 1993 mit ihrer Platin-Stimme verkündete, war leider keine Besonderheit, sondern eine der typischen Botschaften von Pop-Songs dieser Zeit, in die wir alle unreflektiert einstimmten. Ich könnte noch Dutzende weiterer Lyrics zitieren, die mit gefühlsgeladenen Stimmen in unser aller Bravo-Poster-Zimmer und Jugendzentren eindrangen, wo wir lauthals mitsangen und wie benebelt die patriarchale Weltordnung beschworen – und das auf Kindersekt. Britney Spears' »Born to Make You Happy« setzte dem Prinzessinnen-Drama dann die goldene Krone auf:

»Always and forever, you and me'
That's the way our life should be
I don't know how to live without your love
I was born to make you happy«[5]

Dazu rekelte sich die damals achtzehnjährige Britney im Video zuerst in einem sexy Glitzeroutfit an der Wand eines engen Raumes (»I'm sitting here alone up in my room«), bevor sie abwechselnd in einem rotschwarzen Lack-und-Leder-Ensemble pseudo-frivol über eine Bühne tänzelt (»If only you were here tonight / I know that we could make it right«) und dann in einem schneeweißen, hochgeschlossenen Zweiteiler kerzengerade vor einem wehenden Vorhang steht und in aller Unschuld ausharrt, bis der Angebetete erscheint (»I'd do anything / I'd give you my world / I'd wait forever to be your girl«). Als der Sinn ihres Lebens endlich in Gestalt eines Milchbubis mit offenem Hemd hinter dem Vorhang auftaucht, liefern die beiden sich eine zärtliche Kissenschlacht, bei der die weißen Gänsefederchen nur so flattern.

Wie ich später las, hatte Britney Spears sich eigentlich einen Sound und Style im Sinne von Sheryl Crow gewünscht, die Produzenten hatten den Titel aber dann lieber für ein Teenager-Publikum aufbereitet. Und bei genau dem schlug er ja auch ein. Kyle Anderson von MTV meinte damals übrigens, dass das, was im Song beschrieben wird, »ein Gefühl sein könnte, das ein liebeskranker Sechzehnjähriger verstehen kann, aber es klingt auch so, als ob Spears in der Ausbildung zur Geisha ist«[6]. Diesen Kommentar habe ich damals leider nicht mitbekommen. Und ich vermute, die meisten anderen Girls, die dieses Lied rauf und runter hörten, genauso wenig. Aber selbst wenn der ein oder anderen von uns »Born to Make you Happy« ein bisschen komisch vorkam, für uns blieb klipp und klar: Als Frau musst du schön, gütig, lieb, süß, ein ganz bisschen sexy, maximal angepasst und immer verfügbar sein, um dann hoffentlich das Glück zu haben, einen Mann für dich zu gewinnen! Denn nur der konnte dich vor den Gefahren der Welt beschützen. Als Frau brauchte man den männlichen Gegenpart, um eine wehrhafte Zelle zu bilden und als ein Ganzes in höhere Sphären zu transzendieren. Das war unsere, wenn auch erst mal natürlich unbewusste Überzeugung. Und auch wenn nicht nur wir Mädchen im Südschwarzwald diese Wahrnehmung hatten, hier war sie wahrscheinlich doch ganz besonders eindimensional.

Mir machte das alles damals erst mal noch keine großen Sorgen. Ich dachte, als Frau hast du es einfach: Du musst nur gut aussehen und der Mann hat den ganzen Stress. Auch das bestätigten meine Eltern: Meine Mutter war für meinen Vater immer die Schönste. Sie wurde abgöttisch geliebt und schien diese Liebe quasi allein schon für ihr Aussehen zu erhalten. Umgekehrt musste sich mein Vater deutlich mehr ins Zeug legen, um meine Mutter zufriedenzustellen. Auch wenn er sie ausgewählt hatte und versorgte, verlieh ihre Schönheit ihr auch eine gewisse Macht. Erst viel später sollte ich lernen, dass diese Dynamik keine einfache ist, und vor allem, welch hohen Preis man dafür zahlt, ein Objekt zu sein. Aber das dauerte noch Jahre.

Wenn ich zurückdenke, habe ich mein bisheriges Leben im Grunde von Crush zu Crush gelebt. Ich war praktisch durchgehend verknallt. Oder jedenfalls glaubte ich es zu sein. Und in meiner Pubertät in den Neunzigern in Waldshut-Tiengen war ich es natürlich besonders intensiv und oft – mit selbstverständlich häufig wechselnden Angebeteten. Es gab immer einen, den ich toll fand und an den ich so gut wie immer dachte. Mein aktueller Schwarm war mein größter Antrieb. Nur seinetwegen stand ich morgens auf und nur, weil er existierte, ging ich gerne in die Schule. Schon als ich noch in der 2b war, sprang ich morgens mit euphorischen Gefühlen aus dem Bett, weil ich gleich Thomas mit der süßen Brille sehen würde. Später war es Nils, den ich versuchte, im Freibad zu treffen, weswegen meine Freundinnen und ich unser Lager stundenlang immer wieder neu positionierten, um von der Jungsgruppe auf gar keinen Fall übersehen zu werden, wenn sie denn käme – bis wir checkten, dass die Kerle schon den ganzen Nachmittag mit den doofen Weibern aus Ühlingen-Birkendorf am Kiosk abhingen. Als wir dann anfingen, auf Dorfpartys zu gehen, war für mich der einzige Grund, dabei zu sein, eine brennend heiße Hoffnung, diesen blonden Langhaarigen aus der Robert-Schumann-Schule wiederzusehen – um dann, als ich ihn ansprach, ignoriert zu werden. Und auf der Jugendfreizeit in Kroatien war es der Dunkelhaarige mit den nachtschwarzen Augen, der nächtelang durch meinen Kopf spukte und mit dem ich mich unter blauem Licht Blues tanzend in die Disco träumte. Einen Jungen wiederzusehen (und sei es auch nur aus einem

Kilometer Entfernung) war mein Lebenselixier. Dafür war ich bereit, mein gesamtes Taschengeld zu opfern – was unter anderem nötig war, wenn ich den vierten Nachmittag der Woche mit Vicky im Café Journal saß und eine Cola nach der anderen bestellte, falls der hübsche Trompeter oder der eine Große von den Fußballern vielleicht vorbeikäme. Der Rest des Gesparten ging drauf, wenn wir meinen Bruder mit einer schmerzhaften Unsumme bestechen mussten, damit er uns zu dieser lebenswichtigen Fete in Küssaberg fuhr – auf der irgendein Wolfgang, Thomas, Michael, was weiß ich, ganz vielleicht auch anwesend sein könnte.

Erschreckend, aber wahr: Jungs waren für mich der größte Motor, Dinge zu tun. Auch wenn sich der Einsatz in den meisten aller Fälle natürlich nicht lohnte, weil der angeschwärmte Junge sich überhaupt nicht für mich interessierte, buchstäblich floh (wie in Whitneys Angstträumen) oder gar nicht erst erschien, weil er wahrscheinlich schon ganz woanders mit einer anderen knutschte – es waren Jahre im Serotoninrausch, die ich nicht missen will. Nur würde ich mir heute wünschen, mein Ziel und Begehren wäre ein anderes gewesen. Oder ich hätte zumindest einen Teil meiner Zeit und Energie anderweitig investiert. Auch wenn es ein Stück weit Biologie ist und jeder Teenager das bitter-süße Schmachten kennt: Ich glaube, bei mir war es mehr. Ich war tatsächlich süchtig nach dem Gefühl des Verliebtseins. Während ich noch ein paar Jahre zuvor die Liebe völlig unbekümmert als ein spannendes Spiel gesehen hatte, war ich nun plötzlich davon überzeugt, ohne einen Jungen in meinem Leben (und am besten an meiner Seite) überhaupt nicht mehr existenzfähig zu sein (siehe Britney, Whitney & Co). Von einer geradezu obsessiven Sehnsucht gelenkt, nahm ich die absurdesten Wege in Kauf – wie ein ferngesteuerter Geländewagen. Wenn man ausrechnen würde, wie viele Stunden ich in Jungs investiert habe, die sich einen feuchten Dreck um mich scherten, dann käme man sicher auf eine gigantische Zahl. Wahrscheinlich waren es komplette Jahre. Was man in dieser Zeit alles für die Umwelt oder gegen Rassismus hätte tun können! Und wie viele

Songs man hätte schreiben können, die Frauen empowern, lieber für sich selbst zu leben als für einen Vertreter des anderen Geschlechts! Andere Mädchen haben, während ich meine kostbaren Jahre an heteronormative, toxisch-romantische Träume verschwendete, bei Kirchenfesten wahrscheinlich fünfstellige Beträge für »Brot für die Welt« gesammelt, einen Straßenhund aus Albanien großgezogen oder wenigstens für den Mathetest gelernt.

Vielleicht wurde die Tatsache, dass ich mich derart ins Zeug legte, um einen männlichen Mitmenschen für mich zu gewinnen, von einer Begebenheit verstärkt, die sich in meinem elften Lebensjahr zugetragen hatte. Ich war seit Monaten total verschossen in Mike Bergstädt, einen endcoolen, circa vierzehnjährigen Nachbarsjungen mit BMX-Bike. Mike Bergstädt mochte mich, das war klar. Aber ich war mir lange nicht sicher, auf welche Art. Bis er mir dann eines Tages einen Zungenkuss gab. Meinen ersten. Der war sehr feucht und sehr irritierend. Denn Mike Bergstädt drehte seine Zunge in meinem Mund nur einige Male sehr wild im Kreis und ich dachte noch: Darum machen die alle so ein Geschiss!? Danach sah mir Mike Bergstädt in die Augen und sagte: »Hey, wenn du ein paar Kilo weniger drauf hättest, wärst du eine absolute Traumfrau!« Bäm! Da wusste ich Bescheid. Ein kleiner Achtklässler hatte mir auf den Kopf zugesagt, was, wie mir nach und nach dämmerte, auch meine ganze Familie offenbar dachte. Dass ich auf Festtagsfotos immer eine Ewigkeit dirigiert wurde, wie ich seitlich gedreht mit angehaltenem Atem posieren sollte, dass man es für besser hielt, wenn ich bei einem Auftritt in der Schule noch eine Strickjacke drüberziehen würde und später bei jeder Gelegenheit einen langen Blazer, dass meine Mutter nach der Brigitte-Diät kochte, ich nur eine winzige Portion Nachtisch bekam und bei uns mehr Zeit mit Kalorienzählen als mit Hausaufgaben verbracht wurde – all das hatte einen Grund: Ich wurde als zu dick befunden. Ich weiß heute, dass meine Eltern es ausnahmslos gut mit mir meinten. Sie wollten mich vor dem Spott anderer Menschen schützen. Und sie wollten mir helfen, abzunehmen, damit ich mich wohler fühlte. Nur leider ging das auf diese Art nach hinten los. Das Ergebnis war eine gigantische Unsicherheit, was mein Äußeres betraf. Ich trug bei dreißig Grad im Schatten Lagenlook mit möglichst weiten Teilen, damit man ja keine Speckrollen sehen konnte, und war pausenlos damit beschäftigt, möglichst »vorteilhafte« Klamotten zu finden, wie meine Mutter und mein Bruder mir immer wieder nahelegten.

Das steigerte sich extrem, als ich begann, immer öfter bei Karaoke-Wettbewerben aufzutreten. War ich eben noch das kleine Mädchen mit der Wunderstimme gewesen, das alle bezaubert hatte, ging hier auf einmal ein harter Konkurrenzkampf los. Die Gesangsqualität reichte nicht mehr. Ab jetzt wurde auch mein Äußeres beurteilt. Und so mutierten meine Mutter und mein Bruder zu meinen Stilberatern. Bevor ich auf eine Bühne stieg, veranstaltete ich jedes Mal eine Modenschau, bei der ich mit den meisten Outfits, die meinem Geschmack entsprachen, gnadenlos durchfiel. Fachmännisch wurde darüber diskutiert, an welchen Stellen was genau »ungünstig« saß, und schließlich trat ich in Kleidungsstücken auf, in denen ich mich manchmal fühlte, als wäre ich mein eigener Opa. Jedenfalls erinnere ich mich unter anderem an einen schwarzen Gehrock. Ich muss damals circa zwölfeinhalb gewesen sein. Ein Teenager-Mädchen, das in einem schwarzen Gehrock Mariah Carey singt. Eine Beschreibung dessen, wie ich mich dabei auf der Bühne fühlte, erübrigt sich, wie ich denke. Es ist wohl kein Zufall, dass ich in dieser Zeit Lampenfieber entwickelte.

Manchmal gingen meine Mutter und ich auch für mich shoppen. Das heißt, das war die eigentliche Idee. Und prinzipiell hatte ich daran auch Spaß. Ich hatte schon immer ein Auge für Mode und jedes Mal sofort das interessanteste Teil des Ladens in der Hand. Das war dann auch meistens das, was ebenfalls genau den Geschmack meiner Mutter traf. Selbstredend war das Teil in meiner Größe nicht zu haben. In der meiner Mutter aber schon. Und am Ende eines solchen Shopping-Ausflugs hatte meine Mutter ihre Garderobe mit ein paar wirklich heißen Fummeln deutlich erweitert, ich ging leer aus.

Wollte ich bei anderer Gelegenheit mal etwas von meiner Mutter leihen, stieß das auf wenig Begeisterung. Ich vermute, sie hatte Angst, ich könnte es ausleiern.

Passenderweise fiel ausgerechnet in meine Jugend der »Heroine Chic«. Popstars und Models waren plötzlich leichenblass und dürr, um nicht zu sagen ausgemergelt. Mit ihren Augenringen und Kleidergröße 32 sahen die Frauen auf einmal alle aus wie kurz vorm Abnippeln. Allen voran Kate Moss. Keine Brigitte-Diät der Welt hätte mich auch nur in greifbare Nähe dieser Proportionen gebracht. Im Übrigen war das auch nicht mein Wunsch! Wie gesagt, meine Familie war schon immer weit besorgter um mein Gewicht als ich selbst. An dieser Stelle muss gesagt sein, dass ich natürlich versuchte, alle Diäten und Sportprogramme brav einzuhalten, und auch heute noch sehr gesund und bewusst esse. Meine Mehrgewichtigkeit hat andere Gründe als schlechte Ernährung oder Vielfräßigkeit – aber dazu später mehr.

Vielleicht hätte ich mich nach der Abnabelung von meiner Herkunftsfamilie relativ schnell damit abgefunden, dass ich keinen Idealmaßen entspreche, und hätte, wenn ich andere, ermutigende Erfahrungen gemacht hätte, gelernt, dass mein Gewicht nichts über meinen Wert als Frau oder Mensch aussagt. Und genauso wenig über meine Liebenswürdigkeit. Wäre da nicht auch noch die Sache im Schulbus gewesen.

THINK TWICE

Von Diplomatensöhnen und mobbenden Prinzen

Kurz vor meinem dreizehnten Geburtstag kam ich in die siebte Klasse einer Privatschule mit Internat, die in einem ehemaligen Jesuitenkloster untergebracht war. Ja, richtig kombiniert: eine Schule für Kinder von Adeligen und Steinreichen. Da ich in keine dieser beiden Kategorien fiel, stellte ich natürlich bereits einen Sonderfall dar. Der Grund, aus dem ich auf diese Schule geschickt worden war, lag in der Überzeugung meiner Eltern, dass meine besonderen Talente und mein Intellekt gefördert werden sollten. Meine eigene Wahrheit hieß damals: Ich war ihnen zu anstrengend, weil ich ständig Fragen stellte und zu viel Energie hatte. Das Urteil, ich sei intelligent, fand ich zudem wenig erfreulich, schließlich wollte ich doch vor allem schön sein! Das würde doch reichen als Frau. War ich nicht schön genug, sodass ich auch noch intelligent sein musste?

Aus heutiger Sicht war es natürlich eine großartige Sache, dass meine Eltern das teure Schulgeld zusammenkratzten und mich auf dieses Internat schickten. Da mein Vater in diesen Jahren gerade in seine Selbstständigkeit mit einem Bürohandel startete und meine Mutter, wo sie konnte, mithalf, den Betrieb aufzubauen, hatten die beiden eine Menge Stress und manchmal wohl auch schlicht keine Idee mehr, wie sie meinen Wissensdurst und meinen Hunger nach Erlebnissen stillen konnten. Warum also nicht einen Ort finden, an dem das Kind in dieser Hinsicht adäquat versorgt ist – und gleichzeitig in seinen Interessen supportet wird? Sie hatten durch Zufall von der Schule erfahren und einen Platz für mich bekommen, was sie sehr glücklich machte und mich erst mal ein wenig ratlos.

Aber als ich dort das erste Mal ankam, zog mich der Ort direkt in seinen Bann. Alles wirkte gigantisch und unwirklich, ein bisschen wie im Film. In der Mitte des Areals stand ein riesiger Dom, der dem Pantheon in Rom nachempfunden war, nur mit einer riesigen Kupferkuppel. Um ihn herum waren symmetrisch die Schulgebäude angeordnet. Und darin sah es aus wie in Hogwarts: Marmortreppen führten hinauf zu barocken Säulenhallen mit üppigem Stuck an den meterhohen Decken. Die Lichter der dort hängenden Kronleuchter spiegelten sich in den glänzenden Parkettböden. An den Wänden hingen vergoldete Engel und über den massiven Eichentüren riesige Ölgemälde. Es kam mir vor, als ginge ich auf einem Schloss zur Schule. Mein Leben war plötzlich ein anderes.

Das veränderte auch mein Körperempfinden. Hatte ich zu Hause noch das Gefühl gehabt, dass ich von einem außergewöhnlich hübschen Kind zu einem pummeligen Teenager geworden war, der niemals genug Sport würde machen können, kam mit der neuen Umgebung eine neue Freiheit in mir auf. Hier kannte mich keiner, hier konnte ich eine andere sein. Außerdem verwandelte ich mich gerade tatsächlich täglich! Deshalb hatte ich auch meinen ersten BH bekommen. Er war schwarz-weiß-kariert und saß knalleng. Ich trug ihn mit unfassbarem Stolz, auch wenn es gar nichts zu halten gab. Ich weiß noch, wie weiblich ich mir darin vorkam, als ich mit herausgestreckter Brust die prunkvollen Gänge entlang flanierte. Es gefiel mir, in diesem Kloster geschlechtsreif zu werden.

Den Jungen, mit dem ich meine ersten, über einen Kuss hinausgehenden Annäherungen erleben wollte, hatte ich mir auch schon ausgesucht. Da ich weiterhin bei meinen Eltern wohnte und nicht im Internat übernachtete, musste ich jeden Tag fünfundvierzig Minuten mit dem Bus zur Schule tuckern. Oberweschnegg in Tiefhäusern war der Höhepunkt jeder Fahrt. Denn hier bestieg Jan-Philipp den Bus. Kurz vor der Haltestelle wurde mir schon heiß und kalt. Mit zitternden Fingern drückte ich die Stopptaste meines pinkfarbenen Discmans und zwang Mariah Carey zur Pause – denn jetzt kam mein noch größerer Star! Jan-Philipp stürmte mit einer Energie in den Bus, dass gefühlt alles wackelte (aber wahrscheinlich waren das nur meine Knie und mein frontaler Kortex, bevor er dann Sekunden später ausfiel). Die nächste Szene lief immer wie in Zeitlupe ab: Er warf sein langes, fülliges Haar gekonnt in den Nacken und fuhr sich gefährlich sicher mit der Hand durch seine schwarze Mähne. Wenn er mich dann registrierte, hauchte er ein »Hallo« in meine Richtung, lächelte sein umwerfendes Lächeln und schickte, wenn ich Glück hatte, noch ein kleines Kompliment hinterher. Eigentlich war das Ganze eine Shampoo-Werbung der schmierigsten Sorte. Für mich war es zum Niederknien. Dieses Lächeln, diese Stimme, dieser Charme! Ich war so verknallt, dass es krachte! Und mir offenbar buchstäblich den Verstand ausknipste. »Now I come to you with open arms« hatte Mariah noch Augenblicke zuvor durch meine Schaumstoff-Kopfhörer gejauchzt – und nichts anderes wollte ich mehr, als Jan-Philipp in die Arme zu fallen! Das sollte monatelang ein Traum bleiben. Bis dieser bei einer Fastnachts-Party in Höchenschwand dann doch noch wahr wurde. Allerdings nur für einen Tanz, zu dem mich der Star persönlich aufforderte. Das größere Wunder war aber wohl, dass ich nicht ohnmächtig wurde und ihm dann buchstäblich zu Füßen fiel, sondern die Sache einigermaßen galant hinter mich brachte.

Die Monate danach war ich zu nichts mehr zu gebrauchen. Die meiste Zeit verbrachte ich damit, gemeinsam mit meiner Freundin Linn zu analysieren, was er wohl dachte und wie es weitergehen würde. Einmal saßen wir wieder in ihrem Zimmer, es war inzwischen Winter geworden und wir hörten gerade das Céline-Dion-Christmas-Album. Bei der Ballade mit Andrea Bocelli quoll ich derart über vor romantischen Gefühlen, dass ich mich plötzlich zu Linn drehte und fragte: »Habt ihr ein Telefonbuch? Ich möchte ihn anrufen!« Wir suchten dann tatsächlich die Nummer seiner Eltern in diesem alten, gelben Telefonbuch, das es damals noch gab, und ich rief bei ihm an. Ich weiß nicht mehr, was der Inhalt unseres Gesprächs war. Ich glaube, es dauerte 5,7 Minuten und man kann nicht unbedingt sagen, dass die Sache von Erfolg gekrönt war. Doch mich ließ die Frage auch weiterhin nicht los, warum er mich zu einem Tanz aufgefordert hatte, wenn er mich gar nicht heiraten wollte!

Irgendwann schwante mir, dass es wahrscheinlich mit dem Auftritt meiner damals eigens für die Fastnachts-Party gegründeten Girlgroup zu tun gehabt haben musste. Kim, Larissa, Steffie und ich hatten uns wie die Spice Girls kostümiert und zu einem Medley von »Wannabe«, »Stop right now« und »Spice up your life« eine arschcoole, selbst entwickelte Choreografie getanzt. Ich hatte »Scary Spice« alias Mel B mimen müssen, weil ich ihr angeblich am ähnlichsten war. Was abgesehen von der Hautfarbe wohl auch stimmte. Ich galt damals offenbar schon als Powerfrau und so war ihre Würze meiner wohl am nächsten. (Bezeichnenderweise hatte ich mir gewünscht, »Baby Spice« zu spielen, was wohl meinem nicht zu bändigenden Wunsch folgte, am Ende doch einfach nur süß zu sein.) Um »Scary Spice« alle Ehre zu machen, hatte ich mir dann eher schlecht als recht zwei Hörner aus Haaren auf den Kopf gezwirbelt, mir tonnenweise Bronzer aufs Gesicht geschmiert und meinen BH mit Klopapier ausgestopft. »Girlpower« war unser Motto gewesen und für uns das Normalste der Welt – während wir direkt nach Verlassen der Bühne wieder den Jungs hinterherrannten wie die Lemminge. Als Frau musste man schließlich hübsch sein und sich anpassen und gleichzeitig total emanzipiert und stark durch die Welt stolzieren! Unsere Heldinnen von der britischen Girlband hatten es uns vorgemacht: In einem Song waren sie vollkommen unabhängig von der Aufmerksamkeit jedes Mannes, um im nächsten Titel wieder diesem einen perfekten Typen hinterherzuschmachten, der sie nicht will.

Aus heutiger Sicht ist es schwer verständlich, dass Jan-Philipp mich derart vereinnahmen konnte. Mein erwachsenes Ich würde in ihm wohl nichts weiter als einen Polohemd tragenden Sohn eines Diplomaten sehen, der Glück hatte, was seine Kleidermarken, sein Gesicht und das Volumen seines Haares anging, und der es genoss, von jüngeren Mädchen, die ihn nicht die Bohne interessierten, in den Himmel gehoben zu werden, während diese sich wünschten, dass es andersherum gewesen wäre. Ja, heute fände ich ihn mit Sicherheit eingebildet. Er wäre für mich nichts als ein Player. Die Sorte Männer, bei denen ich mich im Bus inzwischen direkt wegdrehe, wenn sie einsteigen. Aber wie erwähnt war mein Frontalkortex mindestens in der Zeit zwischen 1997 und 2000 nicht vollumfänglich nutzbar: Weil er einerseits wie bei allen Teenagern noch nicht komplett ausgebildet war und sich andererseits ab einer bestimmten Herzfrequenz direkt abschaltete.

Aber auch ohne Jan-Philipp für meine sexuellen Erkundungen zu gewinnen, hatte ich in der neuen Schule erst mal eine ganz gute Zeit. Denn andere Menschen interessierten sich zumindest platonisch sehr für mich. Ich hatte schnell ein paar gute Freundinnen unter den Adeligen. Obwohl ich nicht zu ihrer Klasse gehörte, behandelten sie mich fast wie eine der ihren. Der Grund war schlicht: Ich war extrem unterhaltsam und es war spätestens dann cool, mich zu kennen, als ich auf der bombastischen Pfingstfeier (wie gesagt handelte es sich um eine von Jesuiten geleitete Schule) Céline Dions »Think Twice« gesungen hatte. Dass der Song als Beitrag bei diesem Kirchenfest zugelassen worden war, erscheint mir heute doch etwas grotesk. Schließlich wurde gefeiert, dass der Heilige Geist zu den Jüngern kam und seitdem in der Kirche präsent blieb. Céline Dions Hit hatte da thematisch nicht viel beizutragen, handelt er doch vielmehr von jemandem, der im Begriff ist zu gehen. Mich persönlich tangierte der christliche Hintergrund natürlich damals auch nicht. Dennoch erlebte ich eine Art Transzendenz-Erfahrung, als ich mit aller Inbrunst die Zeilen meines Covers darbot:

»Don't say what you're about to say
Look back before you leave my life
Be sure before you close that door
Before you roll those dice
Baby think twice«[7]

Wieder einmal ging es um ein männliches Exemplar des Homo Sapiens, das niemals zu ersetzen wäre. Ich fühlte die Leidenschaft mit jeder Zelle meines Körpers. Und die Menge fühlte mit mir. Jedenfalls hatte es am Ende Standing Ovations gegeben und meine Eltern hatten angeblich Tränen in den Augen gehabt. Ironischerweise sollte der Songtext von »Think Twice« dann schon bald eine andere Bedeutung für mich bekommen – als ich mir nämlich inständig wünschte, bestimmte Menschen um mich herum hätten ihre Worte ein zweites Mal überdacht, bevor sie sie aussprachen.

Dass es irgendwann eine Situation geben könnte, in der die unterschiedliche Herkunft von uns Schülern eine Rolle spielen würde, war erst mal nicht überraschend. Abgesehen von den herausragenden Momenten, die fast immer mit Musik zu tun hatten, war meine Zeit im Internat nämlich immer ein wenig davon überschattet gewesen, dass ich das Kind mit den Aldi-Klamotten war. Meine Eltern hatten sich gerade noch die Schulgebühr leisten können und waren damit schon an ihre finanziellen Grenzen gegangen. Ralph-Lauren-Shirts und Lacoste-Pullunder waren nicht auch noch drin gewesen. Aber das trugen die anderen. Und irgendwann hatte es ein Käppeli im Schulbus gegeben und ich hatte dummerweise gerufen: »Ihr blöden Bonzen!« Damit hatte ich sie an einem wunden Punkt getroffen. Reich wollte man sein, Ralph-Lauren-Pullis wollte man tragen und auf eine Privatschule gehen war auch genial – aber ein Bonzenkind wollte natürlich niemand sein. Ich wusste schon in diesem Moment, dass meine Bemerkung eine unsinnige Provokation war. Schließlich konnten die Kinder auch nichts für ihre Herkunft. Aber zwei, drei Jungs, die das offenbar besonders gekränkt hatte, schworen sich direkt darauf ein, sich zu rächen. Von diesem Zeitpunkt an wurde ich täglich bis aufs Äußerste beschimpft. Und zwar die gesamte Fahrt im Schulbus hindurch. Ich setzte mich jeden Tag etwas weiter nach vorn, aber das juckte sie nicht, sie riefen ihre Beleidigungen einfach durch den gesamten Bus. Sie lästerten über jeden einzelnen Teil meines Körpers, riefen, wie knollig meine Nase wäre, wie fett meine Schenkel wären, wie eklig meine Haare, wie klein meine Brüste. Sie nahmen mich buchstäblich auseinander. Während der ganze Bus voller Kinder zuhörte. Und ich saß da, ein dreizehnjähriges Mädchen, das immer tiefer in seinen Sitz rutschte, sich wünschte, einfach verschwinden zu können, und irgendwann anfing, sich selbst zu hassen. Die Demütigung war so groß, dass ich bald nicht mehr zur Schule gehen wollte. Als Nächstes wollte ich das Haus nicht mehr verlassen. Und dann wollte ich nicht mehr leben.

SMELLS LIKE TEEN SPIRIT

Eine Pubertät in Paralleluniversen

Der Anruf kam an einem frühen Abend im Februar. Es war eine psychosomatische Klinik. Es sei ein Platz frei geworden für mich, hieß es. Meine Eltern waren natürlich in großer Sorge gewesen aufgrund meines Zustandes. Und als sie von der Klinik gehört hatten, in der Kinder und Jugendliche in schwierigen Lebenslagen unterstützt werden, hatten sie dort kurzerhand angerufen und mich angemeldet. Es hatte ein paar Wochen gedauert. Aber jetzt musste alles ganz schnell gehen. Ich packte noch am selben Abend meine Sachen und morgens früh brachten mich meine Eltern in dieses abgelegene Haus an einem fernen Waldrand. Von einem Tag auf den anderen, mitten im Schuljahr, verließ ich das Jesuitenkloster und zog in diese Klinik, in der ich am Ende neun Monate verbringen sollte – weit weg von meinen Freunden in Waldshut-Tiengen und weit weg von meiner Familie. Es hatte kein Gespräch mit der Schule gegeben oder mit den Jungs, die mich gemobbt hatten. Mein Vater hatte stattdessen angeboten, mit mir im Bus zu fahren, aber das hatte ich nicht gewollt. Das hätte alles nur noch schlimmer gemacht. Meine Eltern hatten mich auch hier einfach schützen und mir helfen wollen. Damals konnte ich das allerdings nicht erkennen. Bei mir kam eine andere Botschaft an: Ich war das Problem und das wurde jetzt behandelt.

Ich tauschte also die Hogwarts-Privatschule gegen eine Kinder- und Jugendpsychiatrie ein. Und fühlte mich ein weiteres Mal wie in einem Paralleluniversum. Hier lebte ich auf einmal mit vierundvierzig psychisch stark belasteten Kindern und Jugendlichen in einem Haus, mitten im Wald und direkt am See. Die Idylle der Umgebung und die Geschichten meiner Mitbewohner*innen hätten kaum einen größeren Kontrast bilden können: Ich war umgeben von Jungen und Mädchen, die sexuellen Missbrauch erlebt hatten, die anorektisch waren, die sich ritzten, die aufgrund von Gewaltdelikten aufgefallen waren, die eine Drogensucht oder eine Psychose hinter sich hatten. Im ersten Moment zweifelte ich daran, ob mir dieser Platz rechtmäßig zugeteilt worden war. Im Vergleich zu den anderen schien ich keine Probleme zu haben. Hatte ich überhaupt eine Diagnose? Ach ja: Adipositas. Ende der Neunzigerjahre erschien das in etwa so schlimm, wie an Leukämie erkrankt zu sein – nur dass man am Fettsein selbst schuld war. Ich jedenfalls fühlte mich angesichts der Belastungen der anderen hier völlig falsch in dieser Klinik und hatte ein schlechtes Gewissen, jemandem den Platz weggenommen zu haben.

Der Eindruck, im Vergleich zu den anderen ein komplett harmloses Schicksal zu tragen, verstärkte sich umso mehr, als ich meine Zimmernachbarin kennenlernte. Sie war ein blasses Mädchen, das sich wahnsinnig vor irgendwelchen Russen fürchtete und permanent von »der Invasion« redete (aus heutiger Sicht eine Hellseherin). Es kursierte dann schnell das Gerücht, ich hätte ihr Tagebuch gelesen, was weder der Wahrheit entsprach noch nötig gewesen wäre, da sie mir ja mehr erzählte, als mir lieb war. Dennoch wurde ich durch diese falsche Unterstellung direkt zur Staatsfeindin Nr. 1 im Haus. Es dauerte eine ganze Weile, dieses Image loszuwerden und freundschaftliche Verhältnisse aufzubauen. Erst mal fühlte ich mich lange ziemlich allein an diesem Ort.

Dieses Gefühl intensivierte sich durch die Geschichte mit Robert. Dabei hatte es richtig gut angefangen mit uns. Schon bei unserem ersten Gespräch merkten wir sofort, dass wir den absolut gleichen Humor hatten. Ab diesem Moment hingen wir ständig miteinander ab. Und ich hatte das Gefühl, einen ersten echten Freund an diesem Ort gefunden zu haben. Doch einmal, als wir alle abends im Gemeinschaftsraum saßen und uns gegenseitig von unseren mutigsten Momenten erzählten, sagte Robert, er sei mal von einem sechs Meter hohen Felsen ins Wasser gesprungen. »Ha«, rief ich gleich. »Das ist bestimmt eine Lüge, du kannst wahrscheinlich nicht mal schwimmen!« Alle lachten. Er wurde rot vor Wut. Dann stürzte er sich auf mich, nahm mich in den Schwitzkasten und drückte mir die Knochen seiner Faust in die Kopfhaut. Das tat höllisch weh und ich bekam kaum Luft. Ich entschuldigte mich. Aber das half nichts. Robert ging auch in den nächsten Tagen immer wieder auf mich los und ich entwickelte eine furchtbare Angst vor ihm.

Eines Nachmittags, als wir alle auf unserer Terrasse standen, fing er vor allen anderen an, meinen Körper zu beleidigen. Er sagte, wie eklig und hässlich ich sei. Ich hätte keine Brüste, aber dafür einen dicken Bauch. An mir würde alles schwabbeln. Ich sei ein fettes Schwein. Ich erstarrte. Was für ein Flashback! Genau das war mir doch im Bus passiert. Genau das war der Grund, aus dem ich hier war. Ich war wie gelähmt. Erst nach gefühlten Stunden der Demütigungen sprang ich weinend auf und rannte ins Pädagogenzimmer. Ich musste so heftig heulen, dass ich nicht mehr atmen konnte. Ich versuchte zu erklären, was gerade passiert war, aber die Betreuer schien das nicht wirklich zu bewegen. Ernsthafte Konsequenzen sollte es für Robert auch nicht geben. Nur eine müde Ermahnung, es in Zukunft sein zu lassen. Für mich war in diesem Augenblick klar: Es gibt keinen Schutz als Mädchen oder Frau in dieser Welt. Wir sind den Männern und ihrer Gewalt ausgeliefert. Auf Unterstützung von außen können wir nicht hoffen. Wir sind Freiwild und allein dafür verantwortlich, ob wir es lebend rausschaffen. Was mich bis heute erstaunt, ist, dass Robert kurze Zeit später mit einem Mädchen zusammenkam, das deutlich mehr wog als ich. Ich konnte die beiden einmal vom Fenster aus beobachten, als sie auf einer Bank in der Sonne saßen, eng umschlungen. Es war so ein friedliches Bild. Robert sah liebevoll aus. Gar nicht wie der Brutalo, vor dem ich so große Angst hatte. Mit der Zeit beruhigte er sich auch und ließ von mir ab. Hatte er nur auf Liebe gehofft? War er vielleicht sogar in mich verliebt gewesen und hatte ihn die Demütigung vor den anderen deshalb umso mehr verletzt? Konnte er vielleicht tatsächlich nicht schwimmen? Und könnte aber Liebe alle Wunden heilen? Jedes gekränkte Ego wieder beruhigen? Ich beneidete die zwei. Ich wollte das auch. Ich wollte auch endlich ankommen und geliebt werden, auch wenn ich überhaupt keine Ahnung hatte, was das eigentlich ist, Liebe.

Jedenfalls fühlte ich mich nach den Angriffen von Robert und den erneuten Beleidigungen gegen meinen Körper umso schwächer. Ich wollte abnehmen, mehr denn je, und war deshalb bereit zu jeder Maßnahme.

Leider wusste ich wahrscheinlich zu diesem Zeitpunkt schon mehr über das Thema Ernährung als die Beraterin, die ich zweimal die Woche traf, und so brachte mir dieses Angebot wenig. Aber ich bekam Diätkost und fing an, sehr viel Sport zu machen. Dazu füllte ich mir Wasserflaschen und benutzte sie als Hanteln, ging jeden zweiten Tag Joggen und ließ meinen Frust über das Mobbing und über mein Gefühl der Einsamkeit an einem Boxsack im Sportraum der Klinik aus. Anfangs fühlte sich das sogar effektiver an als die Einzeltherapie, zu der ich jeden Dienstag, Mittwoch und Freitag antanzen musste. Ich teilte dort zwar meine selbstzerstörerischen Gedanken mit, die ich mir inzwischen zugelegt hatte: dass ich dachte, dass ich nichts wert sei und dass mein Leben offenbar einfach nur mies liefe, dass ich nicht liebenswert sei und hässlich. Aber dabei dachte ich die meiste Zeit: Warum erzähle ich das dieser fremden Frau? Die versteht mich sowieso nicht. Dass später doch noch ein gewisses Vertrauensverhältnis entstand und ich die Therapie für mich nutzen konnte, lag an einem ganz bestimmten Ereignis: dem ersten Besuch meiner Eltern zur gemeinsamen Familientherapie. In dem Gespräch ging es um ihre Rolle, um die Situation zu Hause und wie sie mich unterstützen könnten. Aber mein Vater blockte alles ab. Nach der Sitzung sagte er, er käme nie wieder. Noch am selben Tag fing ich an zu rauchen. Als könnte ich mich damit an meinem Vater rächen. Niemand hielt mich davon ab. Im Gegenteil, ich bekam sogar noch Beifall von einem völlig abgemagerten Klinikkollegen, der meinte, Zigaretten würden beim Abnehmen helfen. Ich weiß noch, wie ich mich hinter einem Baum im Wald versteckte und paffte, dabei Kurt Cobain auf den Ohren:

»With the lights out, it's less dangerous
Here we are now, entertain us
I feel stupid and contagious
Here we are now, entertain us
A mulatto, an albino
A mosquito, my libido«[8]

Ja, ich fühlte mich cool und gleichzeitig dumm und daneben. Das Leben kam mir sinnlos vor. Und doch hatte ich weiterhin diesen Erlebnishunger. Nirvana traf mein Lebensgefühl dieser Zeit auf den Punkt. Kathleen Hanna von der Band Bikini Kill soll übrigens die Titelgeberin gewesen sein, weil sie an eine Wand gesprayt hatte: »Kurt smells like teen spirit« – eine Anspielung auf das Deo ihrer Bandkollegin Tobi Vail, die damals mit Cobain liiert war. Und der Nirvana-Song wurde in diesem Zusammenhang auch als Anlehnung an die Riot-Grrrl-Bewegung verstanden. Auch wenn Kurt Cobain behauptete, er selbst fände den Songtitel dumm und hätte, als er die Lyrics damals schrieb, nicht gewusst, was er damit sagen wollte: Für mich war alles an diesem Song (wie für unzählige andere) eine ganz große Nummer. Er war ein Ventil. Ich konnte einen Teil meines Schmerzes hineinlegen und von Kurt Cobain in die Welt schreien lassen. Der damalige Produzent von Nirvana, Butch Vig, hat wohl mal gesagt, dass es in Kurt Cobain »diesen Widerspruch von Punk-Zorn und Entfremdung einerseits und einer verletzlichen Pop-Sensibilität andererseits«[9] gab. Genau diese beiden Pole, diese Wut und diese gleichzeitige Verletzlichkeit, existierten damals auch in mir und wahrscheinlich war das auch der Grund, warum mich der Song so berührte. Außerdem drückte er die Orientierungslosigkeit und Konsummentalität der damaligen Jugend aus: junge Menschen, die den Materialismus ablehnen und gleichzeitig Teil davon waren, die sich permanent gegen die Gesellschaft auflehnten und es trotzdem nicht schafften, eine echte Revolution anzuzetteln. Wir kochten alle innerlich, sehnten uns so sehr nach Ausbruch und waren dennoch oft wie gelähmt, wenn es darum ging, unser enges Korsett destruktiver Gedanken zu verlassen und unsere negativen Gefühle umzuwandeln und die Energie für etwas Positives zu nutzen. Jedenfalls ging es, wie ich glaube, vielen in der Klinik so. Nach der Familientherapie und der Reaktion meines Vaters veränderten sich allerdings die Gespräche in meiner Einzeltherapie. Meine Therapeutin schaffte es, mir ein Stück meiner Last von den Schultern zu nehmen und das Gefühl, ich sei an allem allein schuld. Sie half mir, unsere Familiendynamik zu reflektieren und mich auch in meiner Rolle darin zu betrachten. Da verstand ich das erste Mal, dass meine Eltern ebenfalls ihren Anteil hatten und gleichzeitig auch nicht aus ihrer Haut konnten – dass ich aber etwas tun konnte, um meine Rolle zu verändern und ein besseres Verhältnis zu mir selbst aufzubauen.

Ein anderer wichtiger Song dieser Monate war »Still got the blues for you« von Gary Moore. Ich hatte ihn durch Janne kennengelernt. Mit ihr lag ich oft stundenlang auf dem Bett und wir hörten das Stück auf Repeat. Und dann sprachen wir über diesen irren Gitarrensound. Janne war einer der ersten Menschen in meinem Leben, der sich extrem für Musik interessierte, Dutzende von Alben besaß und eine Menge über Sounds zu sagen hatte. Ich liebte es, mit ihr da zu liegen und zu diskutieren. Das war eine neue Art von Nähe, die ich so vorher noch nicht erlebt hatte. Und eine andere als die romantische, von der ich dauernd träumte. Obwohl Janne lesbisch war und damit sehr offen umging. Sie war sexuell nicht an mir interessiert, sondern an Lili, einer engelhaften Blonden, die bisher allerdings unerreichbar schien.

Und dann gab es noch Conny, die auch manchmal dabei war, wenn Janne und ich zusammen Zeit verbrachten. Conny war schon sechzehn und hatte sehr große Brüste. Ich erwischte mich selbst öfter dabei, dass ich sie anstarrte. Da entwickelte ich wohl auch schon die Neugier darauf, sie mal anzufassen. Ein paar Wochen später verbrachten wir einen Abend in Connys Zimmer und redeten über Sex. Das Thema faszinierte mich seit Kurzem immer mehr. Ich wusste auch schon einiges darüber, weil ich mich zu Hause schon ein paarmal nachts zum »Wahre Liebe«-Gucken ins Wohnzimmer geschlichen hatte. Da hatte man echte Leute beim echten Sex sehen können. Und Lilo Wanders hatte alles pointiert moderiert, schon damals mit dem Satz, der ihr Markenzeichen wurde: »Öffnet die Herzen, herzt die Öffnungen.« Bei einer Freundin hatten wir dann in einem alten Schrank im Keller der Eltern Pornohefte aus den Siebzigern gefunden, die wir uns eingehend angeschaut haben. Wir lachten uns zwar jedes Mal tot dabei, aber natürlich waren wir auch fasziniert von dieser aufregenden neuen Welt.

An diesem Abend kamen Conny und Janne sich dann tatsächlich näher. Und bezogen mich sogar in ihr Spiel mit ein. Connys großen Busen zu berühren war für einen Moment elektrisierend. Aber ich merkte schnell, dass ich eher das fünfte Rad am Wagen war, und machte mich bald aus dem Staub. Trotzdem blieb mir der Abend als der spannende Anfang meiner sexuellen Aktivität in Erinnerung.

Vielleicht noch aufregender und prägender war aber eine andere Entdeckung dieser Zeit. Neben der Schule gab es in der Klinik pädagogische Angebote wie Körpertherapie und diverse kreative Gruppen. Nachdem ich im Internat schon an Musical-Kursen teilgenommen und inzwischen so einige kleine Bühnenerfolge gefeiert hatte, war fraglos, dass ich mich für die Theater-AG anmelden würde. In dem aktuell geplanten Stück sollte Marylin Monroe auftreten – und ich wurde direkt für die Rolle besetzt. Das löste ein Herzklopfen aus, das fast an jenes herankam, das ich gehabt hatte, wenn Jan-Philipp morgens den Bus bestieg. Ich hatte mal einen Film mit ihr im Fernsehen gesehen und war sofort überwältigt gewesen von dieser Frau. In der Klinikbibliothek fand ich dann eine Biografie über sie, die ich in wenigen Nächten durchlas. Was alle wussten, war, dass Marylin Monroe als eine der weiblichsten und sinnlichsten Frauen aller Zeiten gilt, die süße Blonde, die in so einigen Hollywood-Streifen das laszive Dummchen gespielt hatte. Aber aus dem Buch erfuhr ich, dass sie auch eine professionelle Schauspielausbildung absolviert hatte, dass sie ihre ganze Karriere über immer wieder Schauspiel-, Gesangs- und Sprechtrainings besucht, neue Techniken erlernt und auch Kunst und Literatur studiert hatte. Sie war so ehrgeizig und diszipliniert gewesen, dass sie jeden Tag ihre Sprechübungen durchgeführt und sehr viel Sport gemacht hatte. Außerdem hatte sie eine extrem herausfordernde Kindheit gehabt, war deshalb in Therapie gewesen und hatte sehr aktiv an ihren Phobien und Problemen gearbeitet, die aus ihrer Vergangenheit herrührten. Ich weiß noch, wie sehr es mich damals bewegte, dass diese Frau erst nach ihrem Tod als ernsthafte Schauspielerin geehrt worden war. Man hatte sie als Sexsymbol einer ganzen Generation gefeiert, aber ihren Intellekt und ihre künstlerischen Qualitäten weitgehend übersehen. Wie schlagfertig und smart diese Frau gewesen war, beweist schon ihr Kommentar zu den heftigen Reaktionen auf eines ihrer ersten Nacktbilder. »Es ist nicht wahr, dass ich nichts anhatte. Ich hatte das Radio an.« Und auf die inadäquate Frage eines Journalisten, was sie im Bett tragen würde, hatte sie geantwortet: »Ich trage nur ein paar Tropfen Chanel N°5.«

Ich erinnere mich noch genau, wie ich dann bei der Aufführung in meinem sexy Outfit, mit der blonden Perücke und den roten Lippen auf der Bühne auf und ab lief. Mich das zu trauen, nach all den Demütigungen, die ich wenige Wochen zuvor im Schulbus und dann auch von Robert hier in der Klinik hatte ertragen müssen, war ein gewaltiger Schritt für mich. Ich weiß noch, dass ich meine eigene, ganz starke Energie spürte in diesem Augenblick – und dass ich damit den Saal füllte. Ich denke heute, indem ich in Marylins Haut schlüpfte, trat ich damals in meine weibliche Power.

Außerdem entdeckte ich meine künstlerische Ader. Wenn ich auch vorher in unserer Familienband oder bei Karaoke-Wettbewerben schon wahnsinnige Freude am Singen gehabt hatte, kam jetzt etwas Neues hinzu, etwas Eigenes. Ich probierte mich in anderen Disziplinen aus und ich gab dem Ganzen eine noch persönlichere Note. Aber vor allem nahm ich das erste Mal wahr, dass mich die Kunst mit einer neuen Kraft ausstattete. Deshalb verbrachte ich wohl auch so viel Zeit in der Werkstatt von Tom. Tom war ein wahnsinnig cooler und weltoffener Typ. Er hatte schon einige Länder bereist und zeigte mir stolz ein Super-8-Video von Snowboards, die er mit seinen Kumpels gebaut und mit denen er verrückte Sprünge und Tricks ausprobiert hatte. Er hörte einen Radiosender, auf dem immer die neusten Hits liefen, und seine Werkstatt war kunterbunt und bis zur Decke voll mit Dingen – ein unendliches Sammelsurium an Materialien und Möglichkeiten. Es gab immer Kaffee und Tom rauchte gerne. Ab dem Nachmittag standen uns seine Türen offen – und ich rannte sie ihm jeden Tag ein. Irgendwann fragte mich Tom, ob er etwas Persönliches über mich äußern dürfe, und als ich einwilligte, sagte er: »Alina, du gibst sehr viel Energie nach außen und an andere Menschen, vielleicht etwas zu viel. Du darfst auch etwas davon für dich behalten.« Tom war ein Guru in Skater-Klamotten. Und genau die Art von Freigeist, den ich in dieser Zeit brauchte. Am liebsten mochte ich es, wenn er über das Kalligraphieren sprach. Er hatte diese Originalpinsel mit Bambus-Haar und das schöne, feste Papier dazu. Dazu gab es schwarze Kreide, die man mit Wasser zu einer Paste anmischte, um dann japanische Buchstaben aus einem Buch nachzuzeichnen. Ich weiß noch genau, wie mich das beruhigte und gleichzeitig total inspirierte. Tom sagte, dass es darum ginge, in einer Bewegung den ganzen Buchstaben oder das ganze Wort zu malen. Er berichtete uns von Mönchen, die komplizierte Mandalas aus Sand fertigen und dann vom Wind wieder verwehen lassen, und erklärte uns, dass es beim Malen darum ginge, die Vergänglichkeit der Dinge zu akzeptieren und umso mehr den Augenblick zu schätzen. Mir wurde das erste Mal bewusst, dass Zeit relativ ist. Als Teenie hast du das Gefühl, dass die Zeit sich wie dickflüssiges Harz bewegt und nicht vorangeht.

Die neun Monate, die ich in der Klinik verbrachte, kamen mir vor wie neun Jahre. Aber in den Momenten, in denen ich bei Tom in der Werkstatt war, blieb die Zeit komplett stehen und gleichzeitig gingen die Stunden viel zu schnell vorbei. Ein Gefühl, das ich auch heute noch kenne. So erlebe ich Tage, die ich im Studio verbringe. Eins mit mir und dem Moment, die Welt da draußen existiert nicht mehr.

Es waren intensive und krasse neun Monate. Ich war wie aus meinem Leben gerissen. Doch ich glaube, ich habe in keiner anderen Zeit in meinem Leben so viele besondere Momente mit anderen Menschen erlebt und selten so viel über die menschliche Psyche gelernt. Und in gewisser Weise habe ich auch noch mal eine ganz neue Sozialisierung erlebt. Denn Beziehungen zu Kindern und Jugendlichen aufzubauen, die derart traumatische Dinge erlebt hatten, war herausfordernd und gleichzeitig sehr besonders. Jede und jeder hier musste sich auf verschiedene Arten in die Gruppe einbringen. Abgesehen von den Pflichten, zu putzen oder die Küche aufzuräumen, waren wir auch sozial gefragt. Wir waren eine Gemeinschaft und es ging darum, zusammenzuhalten. Ich merkte erst dort, dass ich das so zu Hause nicht gelernt hatte. Meine Eltern waren damals der Meinung, ich hätte eine soziale Wahrnehmungsstörung. Weil ich eben schon als Kind sehr mein Ding gemacht und ich-bezogen agiert hatte. Aber vielleicht hatte das eben auch mit der Situation zu Hause zu tun gehabt? Womöglich war ich mit meinem Verhalten auf eine Art sehr selbstbewusst gewesen, im wahrsten Sinne des Wortes? Weil ich mich oft nicht gesehen und verstanden gefühlt hatte, war ich eben lieber allein gewesen und hatte mich um mich gekümmert. Ich denke heute, dass das auf gewisse Weise sehr resilient war. Zumindest war es eine Bewältigungsstrategie, die eine Zeit lang für mich gut funktionierte.

Die Frage ist aber natürlich immer, ab wann so etwas ungesunde Dimensionen annimmt. Wenn die Selbstfürsorge und der Rückzug in Egozentrik umschlagen und die Empathie abnimmt, wird es selbstverständlich schwierig, gute Beziehungen zu führen. Das gilt wohl für die familiären genauso wie für Freundschaften und später dann für Liebesbeziehungen. Ich glaube aber, so weit ist es bei mir nie gekommen. Ich hatte immer Interesse an anderen Menschen und ihren Gefühlen. Nur manchmal war ich offenbar etwas unsensibel in meiner Wortwahl und merkte es nicht, wenn ich andere verletzte oder mein Verhalten ein wenig zu dominant war. In der Klinik boten sich unzählige Gelegenheiten, das neu zu lernen, und so herausfordernd diese Zeit auch war, für diesen Aspekt bin ich heute extrem dankbar. Genauso wie für die besonderen Freundschaften, die ich hier schließlich knüpfte. Das erste Mal haben andere Menschen mir ganz viel anvertraut und ich konnte für sie da sein, wenn sie mich brauchten. Ride or die. Man wusste, die anderen sind immer für einen da und umgekehrt, egal was passiert. Und so habe ich mich selbst auch das erste Mal als wirklich liebevolle Freundin erlebt. Ich habe erfahren, dass ich einen Wert habe als Mensch – unabhängig von meinem Äußeren oder irgendwelchen Fähigkeiten.

Ein zentraler Moment war dann meine eigene Entscheidung, die Klinik zu verlassen. Raus aus der Opferrolle hin zur Selbstbestimmung. Es war ein Akt der Selbstermächtigung. Ich hatte jetzt meine Ernährungs- und Sportroutinen, hatte für mich eine neue Kraft entwickelt und fühlte mich bereit, da draußen neu anzufangen.

Zum Abschied schenkte mir ein Junge, mit dem ich mal geknutscht hatte, ein Butterfly-Messer, damit ich mich immer verteidigen könne. Und Janne hatte mir eine Mix-CD gebrannt. Als ich im Auto meiner Eltern saß und durch die Rückscheibe blickte, standen sie alle da, die Kids aus meiner Gruppe, und winkten mir mit Tränen in den Augen nach. Ich schaltete meinen Discman ein: »Nothing else matters«. Die Stimme von James Hetfield, umrahmt von einem epischen Streicherbett, untermalte das letzte Bild von der Klinik am Waldrand. Ich war jetzt bereit zurückzukehren. Ich spürte es genau: Ronja Räubertochter war wieder da. Und sie hatte jetzt alles, was es brauchte, um in der echten Welt zu bestehen – sogar ein Butterfly-Messer von einem Lover.

ONE MORE TIME

Zurück in der Freiheit

In der Klinik hatte ich oft den Tagtraum gehabt, dass ich als gertenschlanke Blondine und gefeierter Popstar zurückkehren und auf einem prächtigen Pferd ins Jesuitenkloster reiten würde, direkt in mein altes Privatschul-Klassenzimmer. (Und das fünfundzwanzig Jahre vor Beyoncés sensationeller Erscheinung als Country-Lady!) In dieser Utopie erblassten meine Mitschüler der 7d vor Verwunderung und Neid ob meiner abenteuerlichen Verwandlung – und ich lachte laut vor Stolz und Schadenfreude. Dass sich vor allem meine Peiniger noch gehörig umschauen und sich für ihre erbärmlichen Attacken in Grund und Boden schämen würden, dessen war ich mir damals ganz sicher. Ich würde berühmt werden, angehimmelt von den Massen und ihnen zeigen, wie sehr sie sich in ihrem abfälligen Urteil über mich getäuscht hatten. Ich wollte, dass sie vor mir auf die Knie fielen und winselnd um Verzeihung baten. Aus heutiger Sicht ist mir klar, dass es mir im Idealfall egal gewesen wäre, was diese Menschen dachten, und ich keinerlei Anstrengungen mehr unternehmen hätte sollen, ihren Ansprüchen zu genügen, gerade was mein Äußeres betraf. Ganz so ideal lief es aber nicht. Ich war ein Teenager und natürlich alles andere als frei vom Urteil anderer. Diese Vorstellung von meiner Rückkehr als erhabene Schönheitskönigin war jedoch nicht nur mein Racheplan, sondern auch ein starker Motor für mich. Sie bildete einen immensen Antrieb, mein Ernährungs- und Sportprogramm eisern zu verfolgen. Auch über die Klinik hinaus. Allerdings war es so, dass ich nach den Sommerferien bereits in die neunte Klasse kam – und nicht zurück an die Privatschule. Meine Eltern hatten mich an das Gymnasium in Waldshut-Tiengen versetzen lassen, auf das auch mein Bruder ging. Auch wenn ich es zutiefst bedauerte, dass mir die Chance auf dieses große Comeback im Kloster verwehrt blieb, war es am Ende des Tages sicherlich gut, dass ich nicht dorthin zurückkehrte. Zumal ich bis dato weder das Stadium »gertenschlank« erreicht hatte noch zu einem Pferd gekommen war. Und meine Haare zu blondieren, erlaubten mir meine Eltern ebenfalls noch nicht. Dennoch fühlte ich mich gestärkt für die neue Schule – in der auch ich mal wieder die Neue sein würde.

In den neun Monaten Aufenthalt in der Klinik hatte ich tatsächlich insgesamt zehn Kilo abgenommen. Meine Diät und den Sport behielt ich bei und auch das Malen. Ich hatte inzwischen meine eigene Technik entwickelt: Immer wenn mich etwas beunruhigte, setzte ich meine Kopfhörer auf, schaltete meinen Discman ein und ließ dann den Pinsel mit geschlossenen Augen über das Papier gleiten. Erst wenn der Song vorbei war, sah ich mir an, was ich gemalt hatte, und spürte dem nach: Ich beurteilte das Ergebnis nicht nach Schönheit, ich ließ meine inneren Regungen, die ich hier sichtbar gemacht hatte, einfach auf mich wirken. Heute denke ich, auf diese Weise verarbeitete ich sie. Auch das Malen war eine Coping Strategy geworden. Es entlastete mich.

Ich fühlte mich in einer ganz neuen Kraft und freute mich auf das bevorstehende Schuljahr. Aber dass die kommende Zeit derart spannend und abenteuerlich werden sollte, ahnte ich noch nicht. Zumal der Sommer für mich mit einer All-Inklusive-Busreise mit meinen Eltern begann: ausgerechnet an die italienische Adria. Meine Mutter hatte sich geweigert zu fliegen und mein Vater war aufgrund seiner Selbstständigkeit so erschöpft, dass er nicht Auto fahren wollte. Also buchten sie diese Reise mit einem örtlichen Busunternehmen:

einfach nur reinsetzen, sich ans Meer kutschieren lassen und dann für zwei Wochen mit Vollpension und Animationsprogramm im Mittelklassehotel komplett versorgt sein – das fanden meine Eltern eine großartige Lösung. Nur zufällig war das ein Urlaub, der auch bei den Waldshut-Tiengener Rentnern hoch im Kurs stand. Sie bildeten den Rest unserer Reisegruppe. Ich stellte mich darauf ein, vor Langeweile zu sterben. Nach der gefühlt achtundsiebzig Stunden dauernden Anfahrt mit mindestens vierhundert Pinkelpausen landeten wir in einem Ort mit dem wunderbaren Namen Cattolica, der aus Dutzenden von Hotels bestand. Am Strand davor unzählige Reihen mit Hunderten von Sonnenschirmen und Liegestühlen, die bereits morgens um sieben Uhr von deutschen Handtüchern besetzt gehalten wurden. Und alte Leute, so weit das Auge reichte. Zwischen diesen lag ich nun auf meinem Eiskalte-Engel-Handtuch, ließ mich in der Sonne brutzeln und hörte »My all« von Mariah Carey – einmal in der schmachtenden Balladen-Version und dann wieder als hippen Neunziger-Remix mit euphorischem Synthesizer:

»I'd give my all to have
Just one more night with you
I'd risk my life to feel
Your body next to mine
'Cause I can't go on
Living in the memory of our song
I'd give my all for your love tonight.«[10]

Auf einmal rückte einer dieser italienischen Michelangelo-Körper in mein Blickfeld: diese gebräunte, vom Sonnenöl glänzende Haut, diese muskulöse Brust und dann diese dunkelbraunen, mandelförmigen Augen unter dem gelockten, pechschwarzen Haar. Plötzlich war da so ein unglaubliches Kribbeln in mir. Das war etwas Neues und ganz anders als die Neugier, die Sehnsucht und der bittersüße Schmerz, die ich in Sachen Liebe schon so oft empfunden hatte. Mein Körper erfuhr eine neue Regung: Verlangen! Kein Wunder, ich war schließlich mitten in der Pubertät und hier offenbar doch nicht nur von Rentnern umgeben! Im Gegenteil: Um mich herum wimmelte es nur so vor bildschönen Männern. Und tatsächlich interessierte mich hier kein bestimmter! Es war das erste Mal, dass mich eine irre erotische Begeisterung packte und ich mich dabei nicht auf einen Menschen fixierte und unsere Annäherung in obsessiven Imaginationen in Dauerschleife durchspielte. Ich beobachtete sie alle und ergötzte mich an ihrer Schönheit.

Das Geniale war, dass sie meine Blicke erwiderten. Denn Italiener sind bekanntermaßen Weltmeister im Flirten. Das durfte ich in den nächsten Tagen ausgiebigst kennenlernen. Kaum machte ich mich morgens auf den Weg vom Hotel zum Strand, konnte ich mit hundertprozentiger Sicherheit davon ausgehen, mindestens dreimal »Hey Bella, Ciao amore!« zu hören oder einfach einen Pfiff der Bewunderung. Und ganz ehrlich: Ich habe es geliebt! Ja, geradezu gesucht. Endlich sah mich die Männerwelt durch die maximal begehrende Sex-Brille! Trotz kleiner Brüste, flachem Hintern und etwas zu viel Bauch erntete ich all diese Blicke und Begehrensbekundungen, sobald ich meinen Körper in der adriatischen Hitze über den heißen Asphalt schwingen ließ. Ich fühlte mich unglaublich gut in meiner Haut und fand schnell heraus, wie ich möglichst imposant mit den Hüften von links nach rechts wiegend gehen und den Männern den Kopf verdrehen konnte. Es war sensationell! Mein Körper war ein Sex-Tempel! Ich liebte diese neue Dimension meiner selbst und genoss, wie die Hitze der Tage auch mein Inneres flutete und meine Fantasie beflügelte. Und das in Cattolica, unter Massen von Rentnern! Diese Mischung war grotesk und natürlich auch ganz schön amüsant. Denn zum Glück konnten die alten Leute nicht in mein Teenager-Hirn sehen.

Im nächsten Jahr war es schon weit schwieriger, diese wilde Euphorie und wachsende Begierde vor den anderen Urlaubsgästen zu verbergen. Denn ich hatte Katja mitgenommen. Wir sprachen über fast nichts anderes als über die Körper der Italiener und unsere Wunschträume und wir stachelten uns gegenseitig pausenlos an. Wenn wir im Speisesaal oder am Pool auftauchten, verdrehten die Senioren schon die Augen und murmelten: »Nicht die schon wieder!« Wir waren giggelnde Teenager-Mädchen, die eindeutig zu viel Energie hatten und nicht wussten, wohin damit. Bis wir ein Ventil fanden: die »Disco Imperiale« – angeblich die größte Disco Europas. Der Sohn des Hotelmanagers hatte uns mitgenommen und reingeschmuggelt. Wir tanzten die halbe Nacht und saßen zwischendurch mit überschlagenen Beinen im VIP-Bereich, nippten an unserem Virgin-Sex-on-the Beach und ließen uns von den Jungs anschmachten. Daft Punk machte die Party zu einem endlosen Fest:

»One more time
We're gonna celebrate
Oh yeah, all right
Don't stop the dancing
One more time
We're gonna celebrate
Oh yeah
Don't stop the dancing
One more time«[11]

Am Ende knutschte ich noch mit einem Holländer. Merkwürdigerweise. Hatte ich doch eigentlich gerade mein Faible für Italiener entdeckt. Aber die Sache war auch ein Reinfall: Der Typ schlief beim Küssen fast ein, weil er so betrunken war. Zeit, abzuhauen! Als wir am Strand zurück zum Hotel liefen, ging die Sonne schon auf. Ich weiß noch, wie wir uns dann im Rennen die Klamotten auszogen und direkt ins Meer sprangen. Wir waren allein, weil um diese Zeit selbst die Rentner noch schliefen. Als wir dann völlig außer Atem den Hoteleingang erreichten, stand da ein riesiger Papiersack, aus dem es verführerisch duftete: Es waren frische Brötchen, die offenbar der örtliche Bäcker gerade geliefert hatte, und bevor die Angestellten ihn abholen konnten, hatten Katja und ich uns schon einige herausgefischt. Wir flitzten damit um die Ecke zum Pool und machten uns darüber her. Ich erinnere mich noch genau, wie diese Brötchen in diesem Augenblick geschmeckt haben: Sie hatten eine knackige Kruste und waren ganz leicht salzig. Dazu dieser Meerwassergeruch, diese milde Wärme des beginnenden Sommertages, eine ganz leichte Brise und dieses Gefühl, dass wir völlig frei sind. Das war alles verrückt und einmalig.

Zurück in Deutschland war ich wie aufgeladen – voller Hormone, Lust und neuem Lebenshunger. Berauscht von diesem inneren Cocktail begleitete ich meinen Bruder kurz darauf zu einer Party. Dort entdeckte ich direkt einen Jungen, der schon deutlich älter war als ich und mir besonders gut gefiel – vielleicht weil er ein dunkler Typ war. Auf die stand ich schließlich jetzt. Ich schaute ihn den ganzen Abend an und irgendwann ging ich zu ihm und fragte, ob er mit nach draußen käme. Er nickte und folgte mir. Mir wurde schnell klar, dass er total schüchtern war. Oder besser gesagt: extrem gehemmt. Ich nahm seine Hand, die ganz feucht war. Vor der Tür küsste ich ihn einfach und dann sagte ich: »Los, fass mal meine Brüste an!« Er zögerte. Also nahm ich seine beiden Hände und legte sie auf meinen Busen. Der Junge bewegte seine Hände nicht, starrte mich nur an. Er war offenbar etwas überfordert. Er gestand mir, dass er noch nie etwas mit einem Mädchen gehabt hätte. Dann zog er seine Hände weg. Es war nur ein kurzer Moment gewesen, aber er hatte mir gefallen. Ich hatte meine Leichtigkeit und meinen Mut aus Kindertagen zurückgewonnen. Und ich merkte: Das war nur der Beginn einer aufregenden Zeit mit irre spannenden Erlebnissen, die jetzt auf mich wartete.

Bevor es aber mit den sexuellen Abenteuern weiterging, erlebte ich noch ein ganz anderes! Ein Freund meines Bruders war Bassist in einer Band und wusste, dass ich gut singen kann. Eines Tages fragte er mich, ob ich Bock hätte, bei ihnen mitzumachen. Es waren nur Jungs – und jetzt war eben ich dabei. Wir machten Cross-over: einen Mix aus Rock und Hip-Hop. Unser Pianist Torsten rappte und ich sang die Refrains. Wir hießen Minervation – abgeleitet vom lateinischen Namen Minerva, der Göttin der Weisheit, der Kunst und der Kriegsführung. Wir fanden, Minervation klang ziemlich international, und hielten das für sehr passend. Denn ich improvisierte immer irgendetwas auf Englisch, bevor ich später meine ersten eigenen Titel schrieb, die wir dann auch performten.

Einmal hatten wir dann einen Auftritt in einer alten Scheune mit Barbetrieb und Bühne, als Vorband einer Heavy-Metal-Combo. Und da wurde ich dann von einem Fotografen »entdeckt«. Er brachte mich mit einem WWald-und-Wiesen-Produzenten zusammen, mit dem ich dann tatsächlich meinen ersten eigenen Song aufnahm. Mit vierzehn. Im Nachhinein verwundert es mich immer wieder, dass ich mich, obwohl ich so früh anfing und immer eigene Sachen produzierte, sehr lange nicht als Künstlerin und Songwriterin sah, sondern nur als Sängerin. Ich glaube, das lag hauptsächlich an dem damaligen Frauenbild der Pop-Industrie. Es gab zu wenige Vorbilder und keine Identifikationsfiguren. Als Frau war man in aller Regel »nur« die Sängerin oder eine unter vielen Instrumentalisten. Eine Frau wurde selten als gestandene Musikerin angesehen, während das bei Männern schnell ging: Kaufte sich ein männlicher Schüler eine Gitarre, nannten ihn die anderen »Musiker« – bevor er überhaupt einen Akkord spielen konnte. Bedauerlicherweise ist es heute nicht viel besser. Frauen sind in der Musikindustrie noch immer unterrepräsentiert und haben sich noch viel zu sehr nach dem Geschmack alter weißer Männer zu richten, die in den Vorständen der Labels sitzen. Aber dazu an anderer Stelle mehr.

Für mich als vierzehnjähriges Mädchen war es auf jeden Fall großartig, in einer eigenen Band zu spielen. Und die Jungs nahmen mich genauso ernst wie sich selbst. Fast so cool wie die Proben war dabei das Abhängen im Proberaum. Wir saßen stundenlang auf dem alten Perserteppich zwischen Schlagzeug und Verstärker, hörten Kassetten (ja, diese Plastikteile mit den zwei Löchern, die man über den Ghettoblaster abspielte) und besprachen die Sounds unserer Lieblingsbands. Einmal landeten wir nach einem wilden Konzertabend noch im Proberaum. Allerdings nicht die ganze Band, sondern nur unser Pianist Torsten und ein Freund von ihm, der Paul hieß, dazu Dannie, mit der ich zu dieser Zeit viel zu tun hatte, und ich. Es war von Anfang an eine absolut prickelnde Stimmung. Wahrscheinlich, weil allen klar war, dass hier eine ideale Pärchen-Konstellation vorlag. Dannie und Torsten waren bereits seit ein paar Wochen umeinander herumgeschwänzelt und Paul und ich hatten uns den ganzen Abend schon tiefe Blicke zugeworfen. Paul war lustig, groß und hatte ozeanblaue Augen, in denen ich versank. Wir hörten Musik und quatschten und dann verzogen sich Dannie und Torsten in den Vorraum. Paul und ich lagen da und lauschten dem Mixtape, das inzwischen bestimmt schon zum vierten Mal lief. Als »More than words« wieder an der Reihe war, knisterte die Luft zwischen uns schon so laut, dass wir die Lyrics kaum mehr verstanden. Dann legte sich bei uns der Schalter um und wir fingen an zu knutschen – und hörten einfach nicht mehr auf. Denn Paul war ein grandioser Küsser. Endlich erlebte ich diese sagenumwobene Sache, die in Tausenden von Songs Thema war. Und ich erfuhr sie in der Weise, wie sie wohl schon unzähligen Menschen auf der Welt den Atem geraubt hatte. Es war phänomenal! Und außerdem zutiefst romantisch, untermalt von dieser emotionalen Ballade von Extreme.

Es fühlte sich alles so unfassbar gut an. Und irgendwann sagte ich: »Ich will mit dir schlafen!« Paul war um einiges älter als ich und fragte mehrmals, ob ich mir da sicher sei. Aber ich war wild entschlossen: Ich wollte das jetzt und hier erleben! Also taten wir es. Und als es vorbei war, fragte ich ihn: »Wie war ich?« Paul schaute mich mit großen Augen an. »Äh, toll!«, sagte er. Doch das reichte mir nicht. Ich wollte ganz genau wissen, wie er mich als Liebhaberin fand. Ich glaube, das war ein bisschen zu viel für ihn, das genau zu beschreiben. Schließlich kam die Message, dass er es genossen hatte, aber bei mir an. Erst etwas später merkte ich, dass ich es zwar auch ganz schön gefunden hatte, aber der Akt an sich gar nicht so aufregend gewesen war, wie ich ihn mir vorgestellt hatte. Im Nachhinein wurde mir klar, es war vielmehr die Atmosphäre, das Knutschen, die Musik – all das hatte ich wahnsinnig genossen. Der Sex hätte vielleicht gar nicht sein müssen. Aber ich war okay damit. Ich fühlte mich super, meiner Neugier und Lust freien Lauf gelassen zu haben. Und Paul war einer von den Guten. Ich hatte intuitiv gewusst, dass das alles safe mit ihm war. Komischerweise hatte ich danach gar kein Bedürfnis, in Kontakt zu bleiben. Ganz anders als sonst war ich einfach dankbar für die Begegnung und den tollen Moment und es war gar kein Thema, ob man sich wiedersieht.

Ein paar Tage später fiel mir dann ein, dass ich mein erstes Mal doch in einer Beziehung hatte erleben wollen, mit einem Menschen, den ich gut kenne. Wenn ich heute daran denke, frage ich mich, wie sehr dieser Gedanke mit den gesellschaftlichen Normen zu tun hatte. Ist es nicht allgemeiner Konsens, dass es gerade für ein Mädchen doch am besten ist, das erste Mal nicht zu früh und dann in einer liebevollen Beziehung zu erleben? Aber ist das ein Gesetz, das für alle gilt? Warum sagt man das nicht über einen Jungen? Und kann es nicht auch sein, dass manche Mädchen frühreifer, neugieriger, offener sind als andere und es deshalb für sie völlig okay ist, wenn das ein bisschen anders abläuft? Ich war auf jeden Fall ein Girl von dieser Sorte und ich hatte diese Lebenslust und diesen Erlebnishunger ja schon als Kind gehabt. Das war offenbar angeboren. Ich suchte Abenteuer – und ich fand sie auch.

Für meine Bandkollegen war ich jedenfalls spätestens nach dieser heißen Geschichte, die ich ihnen natürlich nicht vorenthielt, ein Rockstar. Die Jungs fanden mich verdammt cool und hatten Respekt vor meinem Drive. Sie merkten, dass ich eine bin, die weiß, was sie möchte, und es auch einfach macht. Die sich nimmt, was sie will. Das imponierte ihnen.

In der folgenden Zeit suchte ich immer öfter Gelegenheiten, mit Jungs ein paar spannende Sachen auszuprobieren – und die ergaben sich erfreulicherweise auch. Ich verschaffte mir ein aufregendes Leben. Was da unten im tiefsten Südschwarzwald schon eine Leistung war. Aber es gelang mir und all das, was ich erlebte, inspirierte mich enorm.

Ja, ich war wieder absolut unbekümmert und lebenslustig. Erst mal. Bis ich merkte, dass andere Mädchen von meiner selbstbewussten und forschen Art und meinen frühen sexuellen Erfahrungen irritiert waren. Ich lernte das Wort »Schlampe« kennen und das Wort »Matratze«. Mir wurde immer klarer, dass ich permanent in der Gefahr lebte, verurteilt zu werden. Und das war mir nicht egal. Schließlich lebte ich immer noch in dieser winzigen katholischen Kleinstadt und ein Stück weit wollte ich auch dazugehören. Ein Teil von mir wollte immer noch das süße Mädchen von nebenan sein. Und gleichzeitig hatte ich diesen Lebenshunger. Ich wollte Dinge erleben, ich wollte Leute kennenlernen, ich wollte mich verlieben, ich wollte alles sehen und entdecken und ausprobieren, hatte keine Angst, sondern extrem viel Power und Neugier. Ich war unerschrocken – und für einige wohl eindeutig zu wild.

Ich denke manchmal, wenn ich in Berlin groß geworden wäre, wäre ich sicher Punkerin geworden. Aber dahin kam ich nun mal erst viele Jahre später. Und in Waldshut-Tiengen wurde mein Verhalten gesellschaftlich streng bewertet. Bald gab es Menschen, die auf mich herabschauten. Ich glaube, wenn ich ein Junge gewesen wäre, hätten mir nicht nur die Bandkollegen auf die Schulter geklopft, sondern auch meine Eltern, die Nachbarn und der Großonkel. Es ist anzunehmen, dass man sogar stolz auf mich gewesen wäre und heilfroh, dass ich mich »normal« und »gut« entwickelte. Aber für ein Mädchen war eine solche Freizügigkeit und Autonomie bizarr und dann wurde geschaut und geredet. Wie sollte man da seine eigene Lust und auch den eigenen Körper als etwas ausnahmslos Positives wahrnehmen? Einerseits fühlte sich mein Leben total gut an und spannend. Es war ja Lebendigkeit pur! Und auf der anderen Seite entstand da direkt ein Stigma durch die Bewertung von anderen.

Ich frage mich heute auch, ob es tatsächlich, wie manche Frauen meinten, die Männer waren, die mich zum Objekt machten, oder ob es nicht vielmehr die Gesellschaft war, die mich auf Äußerlichkeiten reduzierte und mein Verhalten so interpretierte, als sei ich kein ernstzunehmender Mensch, wenn ich meiner Lust folgte. Als wäre das etwas, das mir die Würde nimmt.

Tief in mir spürte ich damals wahrscheinlich schon, dass ich einfach nur ein bisschen anders funktionierte als die meisten Mädchen um mich herum, dass ich voller Leben war und mich all meine Abenteuer bereicherten – wie Ronja Räubertochter, die den Sommer trank. Gleichzeitig nahm ich die Rückmeldung wahr, komisch zu sein, zu viel, zu doll, zu eigensinnig – und auch einfach ein anstrengender Mensch.

Dazu hat auch mein Vater seinen Teil beigetragen. Obwohl das mit Sicherheit nicht seine Absicht war. Ich weiß, dass er mir das größte Glück der Welt wünschte. Er war immer mindestens dreifach so enttäuscht wie ich, wenn es mit einem Typen nicht klappte oder wieder auseinanderging. Allerdings vermittelte er mir auch, dass ich als Frau vor allem hübsch sein müsse, wenn er zum Beispiel sagte, ich solle mir wenigstens etwas Lippenstift oder Rouge auftragen, wenn ich vor die Tür ginge. Und er ließ mich wissen, dass ich in seinen Augen nervig und kompliziert war. Nicht selten teilte er mir mit, dass es für einen Mann bestimmt nicht einfach wäre mit mir. Ich weiß heute, dass das nicht nur Kritik an mir, sondern auch Bewunderung war, weil er wusste, dass es nicht jeder mit mir aufnehmen konnte. Er schätzte meine Intelligenz und mein Durchsetzungsvermögen. Aber dass ich beides als Frau in dieser ausgeprägten Form an den Tag legte, war für ihn wahrscheinlich auch ein gewisser Affront. Zumal er selbst keinen so einfachen Weg hinter sich hatte. Mein Vater war damals nicht fürs Gymnasium empfohlen worden, hatte dann nach der mittleren Reife eine Ausbildung gemacht und erst später auf dem zweiten Bildungsweg das Fachabitur nachgeholt, um dann BWL studieren zu können. Über Gymnasiasten hatte er immer etwas abfällig gesprochen. Ich glaube heute, dass er mir unbewusst ein bisschen neidete, dass ich so viel privilegierter aufwuchs als er. Aber: Er hat mir diese Möglichkeiten geboten! Das rechne ich ihm heute umso höher an.

Einen großen Teil meines Durchsetzungsvermögens habe ich ohnehin von ihm mitbekommen. Mein Vater hatte auch schon immer einen starken Willen, eine hohe Einsatzbereitschaft und wenig Furcht vor Neuem. Und sein musikalisches Talent und seine Bühnenpräsenz habe ich offenbar auch geerbt. Von meiner Mutter habe ich sicher meine Emotionalität und Sinnlichkeit und auch meine zarte, einfühlsame, fürsorgliche Seite. Leider konnte ich diese Qualitäten in meiner Jugend noch nicht erkennen und schätzen. Und gerade diese besondere Kombination als genialen Mix feiern. Ich habe mich stattdessen permanent zwischen den Stühlen gefühlt. Zerrissen zwischen meiner Power auf der einen Seite und meiner Sehnsucht nach Nähe und Sanftheit auf der anderen Seite, zwischen meiner Lebenslust und meiner Verletzlichkeit. Ermutigt durch starke, unabhängige Frauen wie Madonna, Shania Twain und Oma Regina und geschwächt durch die Erwartung, als Frau immer schön, begehrenswert und verfügbar zu sein – und wehe, wenn ich die Dinge vermischte, wenn ich meine Lust einfach selbstbestimmt lebte und zur Verführerin wurde! Ich fand es von Anfang an absolut herausfordernd, mich als Frau zu identifizieren. Weil es in meiner Wahrnehmung nur zwei Rollenmodelle gab, zwei Extreme, die unvereinbar zu sein schienen: die angepasste Frau und die extrem unabhängige, freizügige und fast schon aggressive Frau. So habe ich meine gesamte Pubertät zwischen zwei Polen erlebt – und wahrscheinlich auch einen Großteil meines Erwachsenenlebens. Und dann war da noch dieser riesige Wunsch nach Bestätigung, der immer wieder aus der Tiefe auftauchte wie ein niemals zu sättigendes Seeungeheuer. Er war wohl ein weiterer Grund dafür, dass es mir so schwerfiel, authentisch zu bleiben. So wild und frei wie Ronja.

WENN DAS LIEBE IST

Der Höhepunkt der Verwirrung

In meiner neuen Klasse saßen zwei Mädchen direkt hinter mir, Anja und Tabea, zwei Volleyballerinnen, superschlank und gut trainiert. Sie tuschelten und kicherten permanent – und verstummten, wenn ich mich umdrehte. Obwohl ich schon deutlich schlanker war, entsprach ich nicht der Norm. Und bot offenbar eine anziehende Angriffsfläche. Und auch wenn ich nicht hören konnte, was die beiden sagten, spürte ich, dass es auf meine Kosten ging.

Die Jungs gingen mich noch offensiver an. Sie hatten schnell herausgefunden, dass es mich nicht kalt ließ, wenn sie meine Kleidung und meinen Körper kommentierten und zwischendurch riefen: »Alina Vagina«. Das alles passierte jeden Tag und oft genug während des Unterrichts. Trotzdem schien kein Lehrer etwas davon mitzubekommen. Jedenfalls sagte niemand etwas. Meine Freundinnen waren genauso hilflos wie ich. Und meine Eltern wussten sich auch keinen Rat. Dann schlug mein Vater mir plötzlich vor, mit ihm gemeinsam zu den Weight Watchers zu gehen. Er wolle auch etwas gegen seinen Bauch unternehmen, sagte er. Und mich sicher auf diese Art auch unterstützen. Ich willigte ein – und erntete immensen Beifall von der ganzen Familie. Einmal die Woche schlugen mein Vater und ich dann dort auf. Zuerst mussten wir immer auf die Waage steigen – für mich jedes Mal ein erniedrigender Moment. Aber das ausgeklügelte System, bei dem jedes Lebensmittel Punkte hat entsprechend seiner Kalorien, man alles kontrolliert und auch die Erfolge feiert – das alles funktionierte sehr gut. Meine Mutter kochte die Weight-Watchers-Rezepte und so wurde die Sache zu einem richtigen Familiending. Auf diese Weise hatte es bei allem Druck auch etwas Positives.

In dieser Zeit war ich eines Nachmittags mit meiner Freundin Vicky im Park. Wir trafen eine Gruppe von Bekannten von ihr und setzten uns spontan zu ihnen. Einer von den Jungs war Sven. Er stach mir sofort ins Auge. Hellblond, strahlend grüne Augen, breites Kreuz – und dann diese Grübchen. Außerdem hatte er einen ganz besonderen Blick, den ich bis heute nicht beschreiben kann, und eine so forsche Art, die mich sofort beeindruckte. Er war witzig, konnte wahnsinnig spannend erzählen und hatte einfach eine starke Ausstrahlung. Ich war hin und weg, von Anfang an. Und da war auch direkt diese Chemistry zwischen uns. Eine ganz intensive körperliche Anziehung. Vicky meinte, er sei ein Angeber und arrogant. Ich fand ihn cool und mochte seine Energie und Entschlossenheit. Für mich war das sexy.

Nach diesem Nachmittag im Park liefen wir uns immer wieder über den Weg. Irgendwann fand ich heraus, in welcher Clique er ist. Und dann verknallte sich meine Freundin Meike in einen Kumpel von ihm. Schon waren wir Verbündete, die das alleinige Ziel einte, möglichst viel Zeit mit dieser Clique zu verbringen. Wir redeten nur noch davon, versuchten auf allen möglichen Wegen Informationen über die Jungs zu generieren und keine Party zu verpassen. So sahen Sven und ich uns immer öfter. Wir quatschten jedes Mal. Einerseits flirtete er dabei mit mir und andererseits hielt er immer eine gewisse Distanz. Das weckte meinen Jagdinstinkt. Ich wollte diesen Typen kriegen!

Ich sang damals in der Schul-Bigband und wir hatten immer wieder größere Auftritte, einmal auch auf einem kleinen Festival. Ich sagte Sven Bescheid. Und tatsächlich kam er. Er stand ganz vorne, direkt an der Bühne, und ich konnte sehen, was für große Augen er machte. Danach hörte er gar nicht mehr auf, mein Talent zu loben. Dass ich diese

Stimme und diesen Glamour hatte, etwas, das für alle sichtbar und großartig war, das gefiel ihm. Sven war einer, dem die Meinung der Gruppe extrem wichtig war. Ich spürte immer mehr, dass er mich toll fand, aber Angst hatte, was die anderen denken könnten, wenn er mit mir zusammenkäme. Denn ich galt immer noch als dick.

Sven sagte mir eines Tages ganz direkt, wenn ich weniger wiegen würde, würde ich besser aussehen. Natürlich tat die Bemerkung weh, aber er traf damit auch einen ganz wunden Punkt, da ich mir immer noch inständig wünschte, richtig dünn zu sein. Meine Anstrengungen genügten offensichtlich noch nicht. Obwohl ich durch Weight Watchers noch mal zehn Kilo verloren hatte. Mit fast sechzehn wog ich jetzt zweiundsiebzig Kilo. Ich weiß noch, wie mein Bruder in dieser Zeit einmal in mein Zimmer kam, als ich mich gerade umzog, und sagte: »Wow, jetzt sieht man richtig, wie viel du abgenommen hast! Jetzt bist du echt schlank!« Das Paradoxe war: Ich fühlte mich weiterhin als »die Dicke«. Das ging einfach nicht weg. Obwohl ich jetzt im Schwimmbad einen Bikini trug, was ich mich vorher nie getraut hatte. Ich war stolz, aber wohl fühlte ich mich in meinem Körper immer noch nicht. Es war zu tief verankert in meinem Selbstbild, übergewichtig und nicht schön genug zu sein, als dass sich das hätte so schnell wandeln können. Außerdem hatte ich immer noch sehr kleine Brüste, ein Bäuchlein und, wie ich fand, einen flachen Hintern – ich entsprach auch jetzt nicht dem Schönheitsideal! Also kein Wunder, dass Sven sich so unsicher war mit mir.

Er machte immer wieder kritische Bemerkungen über mein Äußeres und manchmal auch Scherze auf meine Kosten. Ich hatte immer wieder das Gefühl, dass er sich über mich stellte. Vicky konnte ihn immer weniger ausstehen. Ja, wenn ich es recht überlege, mochten ihn viele nicht. Wahrscheinlich, weil er vielen als ziemlich selbstverliebt und eitel erschien. Ich erinnere mich daran, dass er oft davon sprach, was für ein großer Wissenschaftler er mal werden und welche Autos er dann fahren würde. Irgendwann bekam ich mit, dass seine Eltern extreme Probleme hatten. Dann verließ der Vater die Mutter. Und alles, was man darüber hörte, klang schwer danach, dass der Mann ein ganz schöner Aufreißer-Typ war und sich immer in den Mittelpunkt stellte. Aufmerksame Beobachter hätten da womöglich Ähnlichkeiten zwischen Vater und Sohn entdeckt. Aber ich sah nur die guten Seiten von Sven und war hingerissen von seinem vermeintlichen Selbstbewusstsein und seiner Straightness. Ich wollte ihn unbedingt als meinen Freund haben. Ich kämpfte darum, unerbittlich und unbelehrbar, als wollte ich einen Marathon gewinnen.

In dieser Zeit sah ich immer wieder den gleichen Film: »Sinn und Sinnlichkeit«. Kate Winslet und Emma Thompson spielen darin zwei Schwestern, die, ähnlich wie meine Freundin Meike und ich, nur darauf aus sind, einen Mann zu bekommen. Nur dass sie um 1800 leben und ein paar mehr Hindernisse zu überwinden haben. Sie müssen viele Rückschläge und Enttäuschungen ertragen. Kate alias Marianne wird, nachdem sie sich mit ihrem Herzensmann schon verlobt glaubt, sitzen gelassen und todkrank vor Liebeskummer. Emma alias Elinor muss sich von ihrem Seelenverwandten, Hugh Grant alias Edward, trennen, weil sie nicht aus den richtigen Verhältnissen stammt. Aber am Ende kommt der Geliebte zurück, auch Marianne wird noch von einem wunderschönen Gutsherrn auserwählt und es gibt eine Doppelhochzeit! Irgendwo tief in meinem Herzen glaubte und hoffte ich, dass auch die Rückschläge, die ich erlitt, und all die Momente, in denen ich mich abgelehnt fühlte, schließlich ausgeglichen werden würden. Dass ich entlohnt werden würde, weil Sven irgendwann erkennen würde, dass wir füreinander bestimmt sind, wie Elinor und Edward, zwei schicksalhaft verbundene Seelen, die gemeinsam, wenn sie sich endlich vereinigten, ein Ganzes bildeten. Ich glaubte an die Theorie vom Kugelmenschen, der einst in zwei Teile zerfallen war: Wir waren alle nur auf dieser Welt, um unseren Gegenpart zu finden und uns wieder mit ihm zu verbinden. Ich suchte meine Dualseele und war sicher, sie in Sven gefunden zu haben. Wenn ich ihn für mich gewänne, hätte ich einen ganz großen Sieg erlangt. Und das kostete eben Opfer! Was waren schon ein paar Monate – wenn man sich ein ganzes Leben mit diesem wundervollen Menschen ausmalte, ein ewiges Schwelgen im Glück. Das war mir das Warten und Hoffen wert. Zwei Jahre lang.

Sven und ich hatten über diese Zeit hinweg auch immer wieder Dates. Dann setzten wir uns mit einem Bier auf eine Wiese und redeten stundenlang. Und manchmal kletterten wir heimlich nachts bei seinen Eltern aufs Hausdach. Das war tierisch aufregend. Und erhöhte das Prickeln zwischen uns. Irgendwann küssten wir uns endlich! So richtig leidenschaftlich. Doch danach sagte Sven, ich wäre ja ganz schön stürmisch, ich könnte es auch ein bisschen ruhiger angehen lassen. Ich war irritiert. Um nicht zu sagen: ganz schön vor den Kopf gestoßen. Aus heutiger Sicht ist es nahezu unglaublich, dass ich auch nach diesem Ereignis noch eine Beziehung mit ihm wollte. Aber inzwischen ist mir klar, dass es dafür zwei handfeste Gründe gab: Einerseits bestätigte diese unglückliche Konstellation das gelernte klassische Liebesideal, zu dem Leiden selbstverständlich dazugehörte. Andererseits bediente Sven mein negatives Selbstbild und die Erfahrung meiner Kindheit und Jugend. Er vermittelte mir die ganze Zeit das, was ich auch zu Hause als Botschaft gehört hatte: Ich bin gleichzeitig ungenügend und zu viel! So paradox es klingen mag: Das erzeugte in mir das Gefühl von Vertrautheit. Heute erst weiß ich: Auch wenn bestimmte Erlebnisse in unserem Elternhaus noch so schmerzhaft waren, neigen wir dazu, sie auch später in unserem Leben immer wieder zu suchen beziehungsweise zu reinszenieren. Wir projizieren dann bestimmte Dinge auf andere oder pflegen Beziehungen zu Menschen, die uns das vertraute Gefühl geben – und sei es noch so unangenehm. Denn für den Umgang mit genau diesen Dingen haben wir ja (damals) Strategien entwickelt. Mit denen glauben wir, auch die neuen, ähnlich gearteten Situationen bewältigen zu können. Dieser Weg scheint der leichtere zu sein – im Gegensatz zu dem Aufbruch in neue Gefilde, was eine Liaison mit einem Menschen bedeuten würde, der ganz anders agiert und uns womöglich bedingungslos liebt. Dass uns die Ausrichtung auf Menschen, die uns unglücklich machen, in einem alten Schmerz gefangen hält oder diesen noch vergrößert, ist uns oft nicht bewusst. Insbesondere nicht als Teenager. Damals konnte ich meine toxische Beziehung zu Sven leider noch nicht reflektieren und hielt fest an meiner Liebe zu ihm.

Dann kam der Abend, kurz vor meinem Sechzehnten, an dem er mir schrieb, er würde mich heute mit einer Flasche Sekt abholen. Ich platzte fast vor Aufregung. Mein größter Traum war, dass wir an diesem Abend endlich ein Paar werden würden. Und tatsächlich gab es dann diesen Augenblick auf der Wiese. Unter einem mit Sternen übersäten Himmel sah er mir tief in die Augen und flüsterte: »Willst du meine Freundin sein?« Ich war in diesem Moment mit Sicherheit das glücklichste Mädchen der Welt. Wir küssten uns, teilten uns den letzten Schluck Sekt aus der Flasche und dann sprang Sven direkt auf: »Und jetzt gehen wir schwimmen!«, rief er. Ich zögerte kurz. »Es ist schon fast Mitternacht«, sagte ich, »und wir sind ganz und gar nicht nüchtern.« Aber Sven ließ sich nicht beirren: »Los, komm schon. Das wird super!« Also schnappten wir uns unsere Fahrräder und fuhren ins Freibad. Wir kletterten über den Zaun, zogen uns bis auf die Unterwäsche aus und sprangen ins Wasser. Wir knutschten wild und ich fühlte mich wie in einem Hollywoodstreifen. Bis ich beim Rückwärtsschwimmen mit dem Hinterkopf an den Beckenrand stieß. Ich erinnere mich noch, dass ich eine Menge Wasser schluckte, dann war alles dunkel. Als ich wieder aufwachte, war mir eiskalt. Ich lag auf den Kacheln außerhalb des Beckens, über mir die Köpfe von drei fremden Männern. Es waren Sanitäter. Wie ich später erfuhr, war ich wohl ohnmächtig geworden und Sven hatte mich nicht wieder wach bekommen. Ein Nachbar hatte uns gesehen und den Krankenwagen gerufen. Ein wirklich doofes Ende dieses so romantischen Abends.

Aber obwohl mein Kopf dröhnte und die Sache etwas peinlich war, hatte ich noch immer genug Endorphine im Körper und war überglücklich darüber, Sven etwas weiter entfernt stehen zu sehen und zu wissen, dass niemandem etwas Ernstes zugestoßen war. Am nächsten Tag in der Schule war Sven allerdings wie ausgewechselt. Ich erfuhr, dass er bei seinem Vater in große Ungnade gefallen war, wofür er sich sichtlich schämte. Er hatte zwar schon immer eine große Klappe gehabt, aber bisher hatte er sich nichts zu Schulden kommen lassen – und jetzt war er in den Augen seines Vaters ein Kleinkrimineller, der Mädchen abfüllte und ihr Leben gefährdete. So hatte ich das keine Sekunde lang gesehen. Ich versuchte ihn zu beruhigen, und stand trotz allem komplett zu ihm. Doch Sven ging darauf nicht ein. Er beachtete mich kaum mehr. Und ein paar Tage später war mir klar, dass es vorbei war. Er sagte es nicht, aber ich glaube, in seinen Augen war ich schuld an allem: Ich hatte ihn aus dem Konzept gebracht.

Dieses Ende war traumatisch für mich. Ich konnte es einfach nicht fassen! Nachdem ich ihn so lange nicht hatte haben können und wir dann endlich zusammengekommen waren, war es, noch in derselben Nacht, schon wieder vorbei?! Ich habe eine Ewigkeit geglaubt, dass es allein an diesem Unfall gelegen hatte. Eigentlich waren wir füreinander die große Liebe gewesen! Wäre der Unfall nicht passiert, wären wir jetzt ein glückliches Paar!

Ich war obsessed. Ich wollte ihn bekommen, ihn erobern, ihn haben. Und ich glaube heute, es war so schwer für mich auszuhalten, dass ich mich so lange abgelehnt gefühlt hatte, dann doch für einen Moment lang (scheinbar) gewollt war, um schließlich ohne Zögern beiseitegeschoben zu werden. Ich war maximal verwirrt. So machte das alles keinen Sinn. Auch mein Warten und Leiden wurde plötzlich ad absurdum geführt.

Ich trauerte Sven sehr lange hinterher. Es war eine schreckliche Zeit, in der ich in Kummer und Selbsthass versank. Und wieder und wieder versuchte, eine Erklärung für die Ereignisse zu finden. Wahrscheinlich war die größte Belastung, nicht zu begreifen, woran es gelegen hatte. Ich sehe mich immer noch auf meinem Bett liegen und Glashaus auf Repeat hören:

»Bin unter Tränen eingeschlafen
Bin unter Tränen wieder aufgewacht
Hab' über dieselbe beschissene Frage
Zwei Millionen mal nachgedacht
Hab' mich verdreht und mich gewendet
Mit dem selben Scheißproblem
Für dich ist es beendet,
Aber ich, ich, ich kann dich sehen
Ich kann dich sehen
Wenn das Liebe ist,
Warum bringt es mich um den Schlaf
Wenn das Liebe ist,
Warum raubt es mir meine Kraft
Wenn das Liebe ist,
Sag mir was es mit mir macht
Wenn das Liebe ist,
Was, was, was ist dann Hass
Was ist dann Hass
Wenn das liebe ist
Warum tut es so weh?«[12]

Die einzige Antwort, die ich auf die Frage nach dem Grund des Scheiterns fand, war die, dass es an mir gelegen haben musste. Ich machte mich, mein Verhalten und wieder einmal mein Äußeres dafür verantwortlich. Obwohl ich so sehr gelitten hatte und eigentlich hätte ahnen müssen, dass das keine Liebe war.

Wenn ich all das heute reflektiere, weiß ich, dass diese Erfahrung mein Vertrauen nachhaltig angeknackst hat. Mein Vertrauen in Männer, in die Liebe und auch darauf, dass meine Bedürfnisse okay sind, dass sie gesehen und beantwortet werden. Damals hatte ich nicht das Selbstbewusstsein, das ich heute habe, und dachte, es sei okay, wenn man mein Äußeres kritisiert. Innerlich gab ich Sven recht, wenn er mein Gewicht als Problem ansah oder sogar als Hürde, mit mir zusammen zu sein. Das Dicksein war schließlich das, womit ich zu dieser Zeit selbst auch noch immer zutiefst unglücklich war, was mir ständig als »nicht richtig« gespiegelt wurde und was ich weiterhin verändern wollte. Schlank werden war immer noch lebenswichtig! Ich glaubte, ich müsse diesen Körper endlich dahin trimmen, dass alles an ihm richtig ist, alles für einen potenziellen Partner so passend ist, damit ich geliebt werden kann. Deshalb war ich anfällig für Svens Kritik gewesen und hatte ihm sogar zugestimmt. Auch wenn es mich verletzt hatte. Der größere Teil in mir hatte gesagt: Es stimmt ja, er spricht nur die Wahrheit aus. Ich muss mich ändern! Ich bin noch nicht gut genug für ihn. Hätte ich zu meinem Körper gestanden, wie ich das heute tue, wäre es mir völlig gleichgültig gewesen, was irgendein Sven dazu sagt. Und vor allem hätte ich entschieden: Wenn ich ihm nicht gefalle, kann er ja gehen! Aber dazu fehlte mir damals die Selbstsicherheit.

Und wahrscheinlich wollte ich mir die ganze Zeit auch selbst etwas beweisen: Wenn ich den für mich gewinne, habe ich etwas ganz Krasses geschafft!

Heute weiß ich, dass ich mir immer wieder Männer gesucht habe, die nicht frei waren oder mich einfach nicht wollten. Ich habe unglaublich gekämpft, um genau die zu kriegen. Nach dem Motto: Wenn ich so einen von mir überzeugen kann, habe ich den ultimativen Beweis, dass ich liebenswert bin. Aber die Sache ging nicht auf. Und ich wusste immer weniger, was denn dann Liebe ist und wie sie funktionieren kann.

BRING ME TO LIFE

Warum die Liebe zu finden noch nicht reicht

Mein Bruder und ich sahen die Werbung für die erste Staffel von »Deutschland sucht den Superstar« zusammen im Fernsehen. »Alina, mach da mit!«, rief er. »Das ist mega!« Wir kannten die amerikanische Ausgabe mit Kelly Clarkson. Die Show war dort ein riesiger Erfolg gewesen. Mein Bruder war sich sicher, das würde hier genauso einschlagen und es wäre genau das Richtige für mich, dabei zu sein. Vor allem jetzt, in diesem nicht enden wollenden Liebeskummer. Ich sträubte mich zuerst. Aber dann musste ich zugeben, dass ich, während ich in meinem Zimmer bei Glashaus mitsang, weder Sven zurückgewinnen noch einer Musikkarriere näherkommen würde. Also verfasste ich einen Brief als Bewerbung bei DSDS und bekam kurz darauf eine Einladung zum Casting nach München. Mein Bruder begleitete mich und wir übernachteten bei Bekannten meiner Eltern. Ich sang dann erst vor dem Produktionsteam und danach vor der Jury. Es stand direkt fest, dass ich weiterkomme. Ich war wahnsinnig aufgeregt und vor allem glücklich: Ich machte gerade meinen ersten echten Schritt in Richtung Profimusikerin! Und kümmerte mich um das, was mir am meisten am Herzen lag. Das, was mir keiner nehmen konnte! Sven rückte in weite Ferne. Überhaupt interessierten mich Jungs kein bisschen mehr. Mit dieser Art von Liebe wollte ich bis auf Weiteres nichts mehr zu tun haben. Aber bekanntermaßen ist es ein ungeschriebenes Gesetz, dass man genau dann jemanden kennenlernt, wenn man es am wenigsten will.

Jan wurde mir kurze Zeit später auf einer Party vorgestellt. Ein Klassenkamerad sagte: »Das ist der Jan, der kann mega gut bauen.« Jan sah nett aus, aber auch ganz schön langweilig. Ich wollte gar nicht wissen, ob er Modelleisenbahnen oder Mini-Flugzeuge bastelte. Es hätte beides zu ihm gepasst. Ich nickte freundlich und zog weiter. Als wir später dann zufällig nebeneinandersaßen, kamen wir trotzdem ins Gespräch. Und er erzählte, dass er Möbel entwirft und herstellt. Er hatte sich ein Hochbett gebaut, das gleichzeitig auch ein Regal war mit integriertem Schreibtisch. Das klang ganz spannend. Ich fand ihn schon ein bisschen netter. Aber auch ziemlich ruhig und unsicher. Kurz gesagt: Er war mir zu brav und entsprach nicht meinem Beuteschema. Dennoch mochte ich ihn und mir gefiel unser Gespräch. Also redeten wir eine ganze Weile weiter. Und irgendwann küssten wir uns. Er sagte, dass er das noch nie gemacht hätte. Ich konnte es nicht fassen! Der Typ war neunzehn und hatte noch kein Mädchen geküsst!? Dafür konnte er es sogar ganz gut. Oder lag diese Einschätzung an meinem Alkoholpegel?

Als ich etwas später auf die Toilette ging, merkte ich, dass mir unglaublich schwindelig war. Ich hatte eindeutig zu viel getrunken. Ich ging in den kleinen Innenhof hinter dem Haus und setzte mich dort auf eine Bank, auf baldige Besserung hoffend. Und dann setzte sich plötzlich Jan neben mich. Er hatte mich gesucht und jetzt, da er merkte, es ging mir nicht gut, wollte er für mich da sein. Er brachte mich nach Hause und fragte zum Schluss, ob er meine Nummer haben dürfte – damals noch Festnetz, es gab schließlich noch keine Handys. Ein paar Tage später rief er tatsächlich an. Als ich ihn fragte, was er die letzten Tage gemacht hätte, sagte er, er habe darüber nachgedacht, was er sagen solle, wenn er mich anruft. Das rührte mich unglaublich. Ich fand diese Ehrlichkeit sehr speziell. So etwas kannte ich einfach nicht.

Wir verabredeten uns zum Spazierengehen. Er kam in einem weißen T-Shirt und unscheinbaren Jeans. Nichts an ihm war stylisch.

Ich, die damals ganz schön girly war, bereits Make-up trug und mich vor einem Date selbstverständlich stundenlang im Badezimmer einschloss, um besagte Föhnfrisur zu errichten, war einigermaßen überrascht. Wir liefen eine ganze Weile durch den Wald und unterhielten uns richtig gut. Irgendwie war alles völlig easy mit Jan. Dennoch sagte etwas in mir Nein. Ich konnte mir ganz einfach nicht vorstellen, mich in diesen Typen zu verlieben. Wahrscheinlich gerade, weil es keine Spielchen mit ihm gab, keine Unklarheiten und Verwirrungen, kein Kämpfen-müssen. Aber irgendwie konnte ich ihn trotzdem nicht gleich abhaken. Und er blieb auch ziemlich dran. Zwei Wochen später trafen wir uns dann ein zweites Mal. Beim Weinfest in Weilheim – auf dem wir prompt meine Eltern trafen. Das war schon als Situation ziemlich schräg. Und als wir dann noch zusammen auf einer Bierbank saßen und etwas tranken, schwang mein Vater zu allem Überfluss auch noch große Reden. Es war alles entsetzlich peinlich und uncool. Aber Jan schaffte es, mich mit unauffälligen Handzeichen derart zum Lachen zu bringen, dass es am Ende ein legendärer Abend wurde. Er hatte mich mit seiner Gelassenheit und seinem Humor für sich gewonnen.

Jan wohnte in Amrigschwand, einem Einhundert-Seelen-Bergdorf, zu dem man durch ein Waldstück auf einer kurvigen Straße gurken musste. Dort hatten seine Eltern ein großes Haus mit Garten. Er hatte noch einen älteren Bruder, Dirk, der eine Bäckerlehre machte und mit dem er sich bestens verstand. Seine Mutter kochte gerne und machte viel Handarbeit. Abends kam Jans Vater in seinem Blaumann aus der Tischlerwerkstatt nach Hause und man aß gemeinsam. Es war so ein richtiges Familienleben. So ganz normal. So wie ich es mir immer gewünscht hatte. Und ich war dort sofort integriert. Genau wie in Jans Freundeskreis. Wir spielten nächtelang World of Warcraft, fuhren am Tag mit Jans altem Ford Fiesta an den Rhein zum Schwimmen und teilten unsere Begeisterung für Musik. Wir tauschten jedes Mal, wenn wir uns sahen, CDs und diskutierten die Interpreten und ihren Sound dann ausgiebig. So hörte ich immer mehr Kiss und andere Rockbands und Jan war bald ein Kenner von Coldplay und Aphex Twin. Wir waren nicht nur ein Paar, sondern auch beste Freunde.

Außerdem konnte Jan verdammt gut kochen. Er machte einmal sogar für meine Eltern bei uns zu Hause ein indisches Curry – das beeindruckte die natürlich genauso sehr wie mich. Und Jan war der erste Mann, der mir zeigte, was Zärtlichkeit ist. Er umarmte mich und streichelte mich viel. Mir war das völlig neu. In unserer Familie hatte es das kaum gegeben. Dabei bin ich ein sehr körperlicher Mensch. Ich brauche es heute sehr, mit anderen Menschen nah zu sein. Berührung ist mir extrem wichtig. Jan hat mich da total geöffnet. Es war, als wäre auf einmal ein neuer Raum in mir, den ich vorher schlicht übersehen hatte – und für dessen Entdeckung ich unglaublich dankbar war. Ich erinnere mich noch, dass ich anfing, in meiner Familie Streicheleinheiten zu verteilen und zum Kuscheln einzuladen. Mein Bruder wehrte sich vehement. Und meine Mutter war auch nicht so begeistert. Aber mein Papa war dafür sehr zu haben. Und auch meine Großeltern freuten sich, dass ich sie jetzt immer öfter in den Arm nahm oder ihre Hand hielt.

Die Beziehung mit Jan änderte so vieles in mir und in meinem Leben. Ich glaube, sie war eine echte Chance zu heilen. Doch dazu ist es natürlich auch entscheidend, wie man mit den eigenen alten Wunden und mit neuen Verletzungen umgeht. Die nächste Zeit hielt in dieser Hinsicht einiges für mich bereit. Denn jetzt ging es los mit den DSDS-Shows! Das war aufregend und ich erlebte großartige Momente, wie beim ersten gemeinsamen Singen mit zwei anderen Kandidatinnen: »Killing me softly« war ein wunderschönes Erlebnis und brachte mich in die nächste Runde. Aber die ganze Sache war auch eine große Herausforderung für mich. Die Jungs und Mädchen, die mich in der Schule gehänselt hatten, waren auf einmal alle meine Fans. Und wo ich hinkam, fingen Leute an zu tuscheln. »Ey, das ist doch die von DSDS!« Ständig wollte jemand ein Autogramm haben oder ein Foto mit mir machen. Obwohl die Show gerade erst begonnen hatte, war ich plötzlich schon fast ein Star. Gleichzeitig stand ich extrem unter Druck und wurde permanent beurteilt. In der Zeit war Amrigschwand wie ein Versteck für mich. Bei Jan und seiner Familie zu sein, ließ mich jedes Mal aufatmen. Ihn beeindruckte der Rummel nicht. Er sah DSDS eher kritisch. Ihm war es egal, ob ich berühmt werde, Erfolg habe, nach außen etwas darstelle. Ihm waren all diese Dinge eher too much. Er interessierte sich einfach nicht für Glamour. Er wollte auch nie viel Geld verdienen, einen Status erreichen oder ein dickes Auto fahren. Er war wirklich ein sehr handfester und bescheidener Mensch – und dieses Showbiz nicht seine Welt. Das tat mir gut. Jan erdete mich. Und stärkte mich für die Auftritte im Fernsehen.

Dennoch sollte die dritte Show in Köln dann eine extrem harte Prüfung für mich werden. Die Jury hatte aus einer Reihe von Songs, die ich als Optionen eingereicht hatte, »Your Song« von Elton John ausgewählt. Nachdem ich eine knappe Minute gesungen hatte, unterbrach Dieter Bohlen mich und gab mir klar zu verstehen, dass die Show für mich hier zu Ende war. Das wollte ich auf keinen Fall auf mir sitzen lassen: »Wenn ihr mich aufgrund von sechzig Sekunden Hörprobe bewerten wollt, ist das euer Problem«, gab ich zurück. Ich war schon immer gut darin, Contra zu geben, und Angriff ist schließlich die beste Verteidigung – so dachte ich zumindest damals. Denn es fehlte mir komplett an alternativen Konfliktstrategien. Ich wollte mich wehren. Und kämpfte gegen das Gefühl, das mir jemand in diesem Moment komplett den Boden unter den Füßen wegzog. Aber ich konnte nichts dagegen ausrichten. Mein Auftritt war vorbei. Und keine Minute später saß ich neben den anderen Kandidat*innen auf der weißen Couch und starrte in das steril-blaue Licht des Fernsehstudios, das mir in dem Moment vorkam wie ein Raumschiff, das mich in die falsche Galaxie geflogen hatte. Die Kameras waren auf mich gerichtet und Moderator Carsten Spengemann versuchte mich zu trösten. In diesem Moment realisierte ich erst, dass ein Millionenpublikum mir gerade dabei zugesehen hatte, wie ich für die einzige

Sache auf der Welt, von der ich glaubte, sie wirklich zu können, in aller Härte kritisiert worden war. Spengemanns Mitleid machte die Sache leider nicht besser. Ich fühlte mich, als würde ich mich in Luft auflösen. Ich konnte auf einmal nicht mehr richtig atmen – stattdessen nur noch heulen. Eine Psychologin wurde geholt, die mich Backstage brachte und der ich unter Tränen sagte: »Ich bringe mich um!«

Dieses Erlebnis stürzte mich in eine Sinnkrise, die eine ganze Weile andauern sollte. Am Ende war es aber wohl genau diese Krise, die in einer wichtigen Findungsphase mündete und mich schließlich zu einer echten Künstlerin reifen ließ – doch diese Entwicklung konnte ich damals nicht ahnen. Erst einmal verabscheute ich mich und die Musik. Und vor allem hasste ich die Musikindustrie und das, was sie meiner Meinung nach aus Frauen wie mir machen wollte: dumme, schlanke, angepasste Püppchen, die sich alles sagen lassen. Und genau so eine war ich eben nicht!

Ich hatte das Gefühl, komplett gescheitert zu sein, und zwar öffentlich. Auch wenn ich dieses Risiko eingegangen war und vorher versucht hatte, mich auch auf eine mögliche Niederlage einzustellen, um diese dann einigermaßen gelassen anzunehmen: Jetzt tat es doch unglaublich weh. Ich war in meinem Leben oft unsicher gewesen, aber eines hatte ich gewusst: Singen kann ich! Und auf einmal stand auch das infrage! Zudem hatte meine Familie extrem mitgefiebert – und war jetzt am Boden zerstört, als es für mich nicht in der Show weiterging. Meine Mutter war schon seit den frühen Karaoke-Wettbewerben fest davon überzeugt gewesen, dass ich das Potenzial zum Star habe. Ich hatte sie immer »Stage Mom« genannt, weil sie bei meinen Auftritten so mitgegangen war, dass sie schon beinah mit auf der Bühne gestanden hatte. Das war einerseits toll und ich wurde maximal gefördert und bestärkt. Andererseits löste das eben auch einen enormen Druck aus. Ständig ging es darum, dass ich diese Konkurrentin aus Bonndorf diesmal unbedingt schlagen müsste. Ich hatte permanent das Gefühl, ich müsste es meiner Mutter recht machen.

Denn jedes Mal, wenn es nicht gut gelaufen war, war sie noch enttäuschter als ich gewesen und ich hatte mich schuldig gefühlt.

Diese Erinnerungen und das mulmige Gefühl dieser Zeit waren während DSDS mit geballter Ladung zurückgekommen. Einerseits wollte ich singen, weil ich fühlte, dass das wirklich meins war. Andererseits beschlich mich immer wieder die Angst, dass ich die Karriere als Sängerin auch anstrebte, um den Traum meiner Mutter wahrwerden zu lassen – den sie im Grunde nämlich schon für sich selbst geträumt und sehr früh aufgegeben hatte. Dann sollte doch wenigstens ich es schaffen! Hatte ich sie mit meinem Erfolg bei der Show glücklich machen wollen? Hatte ich meinen Eltern vielleicht auch beweisen wollen, wie liebenswert und toll ich war – trotz all der Probleme, die es mit mir in meiner frühen Jugend gegeben hatte? War da in mir nicht auch noch immer dieses Bedürfnis, es all den Menschen zu zeigen, die mich früher gemobbt hatten? Und den Jungs, die mich abgewiesen oder fallengelassen hatten, vor Augen zu führen, was für eine einmalige und talentierte Frau sie sich da durch die Lappen hatten gehen lassen?

Ich wollte nicht, dass das mein Antrieb war, Musik zu machen. Aber ich konnte mich noch eine ganze Weile nicht davon befreien. Zumindest die Sache mit meiner Mutter saß tief. Als ich vor Kurzem mit ihr darüber sprach, bewegte sie das sehr. Sie sagte, sie hatte damals tatsächlich nur mein Talent fördern und meinen Selbstwert stärken wollen. Es war nie ihre Absicht gewesen, mir ihren Traum von einer Musikkarriere überzustülpen. Womöglich hat sie es ein Stück weit unbewusst getan. Aber es war schön zu erfahren, dass sie das nicht wollte. Dennoch war damals dieser immense Druck in mir. Und der Wunsch, sie glücklich zu machen. Wie eben bei jedem Kind. Ich glaube, dass wir den Wunsch, den Eltern zu gefallen und uns durch bestimmte Dinge ihre Anerkennung zu verdienen, vielleicht nie ganz loslassen. Wir können nur versuchen, uns davon nicht zu sehr leiten zu lassen, bewusst Abstand nehmen und dann, wenn wir merken, dass das Bedürfnis wieder da ist, uns selbst die Zuwendung geben, die wir uns von ihnen wünschen. Aber ich glaube, das bleibt eine Übung. Damals, mit siebzehn, hatte mich dieser Wunsch jedenfalls noch fest im Griff.

Nach dem Aus in der Sendung wollte ich nie wieder singen. Und habe am Ende auch ein Jahr lang keine Musik mehr gemacht. Ich musste das einfach verarbeiten. Und dabei hat mir Jan und die Zeit mit ihm sehr geholfen. Er war mein Fels in der Brandung.

Doch obwohl Jan so liebevoll mit mir umging und uns so viel verband, war ich in der Beziehung und vor allem nach dem Desaster bei DSDS sehr unsicher mit ihm. Ich stellte ihm ständig Fragen dazu, wie er sich in bestimmten Situationen verhalten würde und ob er zu mir stehen würde – im Grunde, um zu erfahren, wie ernst er es mit mir meinte. Aber ich fragte auch Dinge wie: »Was ist deine Lieblingsaugenfarbe?«, und als er sagte »Braun«, war ich tödlichst beleidigt. Weil es nach wie vor so wichtig für mich war, für ihn schön zu sein. Oder noch besser: die Schönste! So wie meine Mutter für meinen Vater immer die Schönste gewesen war. Jan war an der Stelle einfach ehrlich gewesen, er dachte sich bei solchen Dingen nichts – und das hieß ja in keiner Weise, dass er mich nicht schön fand. Er war einfach unbedarft. Und das war es ja gleichzeitig auch, was ich so an ihm mochte: Er hatte im Grunde eine reine Seele. Natürlich war Jan nicht fehlerfrei, aber er hatte ein gutes Herz. Und er sah mich als Mensch, als die Person, die ich wirklich bin. Doch ich konnte damit nicht umgehen. Ich glaube heute, ich schaffte es auch deshalb nicht, weil ich nach DSDS einen zu großen Schmerz zu verarbeiten hatte. Da so gefallen zu sein, meine Familie so enttäuscht zu haben und für eine Weile alles verloren zu haben, von dem ich mir immer sicher gewesen war, dass ich es nie verlieren kann, das war eine echte Herausforderung. Und die hat meine Beziehung zu Jan letztlich schwer belastet. Er konnte das nicht alles kompensieren und mir die Bestätigung geben, die ich so sehr suchte. Ich glaube, ich wünschte mir genau das aber unbewusst. Jan sollte alles wiedergutmachen. Er sollte meine offenen Wunden schließen. Genau wie Evanescence damals sangen:

»Save me
Save me from the nothing I've become
Now that I know what I'm without
You can't just leave me
Breathe into me and make me real
Bring me to life.«[13]

Ich denke heute, ich lud Jan damit viel zu viel Verantwortung auf. Und ich glaube, das ist sehr häufig das große Missverständnis in Beziehungen und eine toxische Herangehensweise: Du heilst mich, du komplettierst mich, du machst alles gut. Nein! So läuft es eben nicht. Durch diese Erwartung entsteht so viel Verletzung. Weil das einfach niemals aufgehen kann.

So ging es auch zwischen mir und Jan nicht auf. Und aus meinem Frust heraus provozierte ich ihn. Ich zettelte Streit an oder ließ Dinge zu Dramen werden. Ich wusste einfach nicht, wie ich über meine Gefühle sprechen und meine Bedürfnisse konstruktiv äußern konnte. Ich war mit mir selbst nicht im Reinen und deshalb oft gemein und unfair ihm gegenüber. Ich weiß noch, dass ich oft laut und unerbittlich wurde und mich irgendwann, als keine Reaktion mehr von ihm kam, in die Ecke kauerte. Jan saß mir dann gegenüber und starrte in die Leere. Wir waren beide wie gelähmt. Ich konnte damals Konflikte nicht gut lösen. Dieses Gefühl, überhaupt keine Lösungsstrategie zur Hand zu haben, überhaupt nicht zu wissen, was man jetzt tun konnte, wie man über seinen Schatten springen und das Ruder wieder herumreißen konnte, das war so belastend. Dadurch entstand viel Distanz in der Beziehung.

Wahrscheinlich war das, was ich mit Jan erlebte, eine echte Liebe, eine gesunde Liebe. Und für die war ich offenbar damals, mit siebzehn, noch nicht bereit.

Ich flirtete immer öfter mit anderen und verletzte Jan unnötig. Er ertrug es eine Weile stillschweigend, aber irgendwann gab es eine Auseinandersetzung, in der er sagte: »Ich habe mir schon oft gewünscht, dass wir uns so sehr streiten, dass dann endlich Schluss ist!« Er war offenbar verzweifelt, konnte sich schwer von mir lösen und reagierte hilflos. Ich war es ebenfalls. Und beendete die Beziehung. Noch in der Nacht rief ich meine Eltern an und bat sie, mich in Amrigschwand abzuholen. Ein Teil von mir hoffte aber in diesem Moment, dass es nochmal zur Wendung kommen würde.

Es war kurz vorm Abi und ich lernte vor allem eins: was echter Liebeskummer ist. Ich rief Jan eine Woche später noch mal an und bettelte darum, dass wir es noch einmal versuchen. Aber Jan blieb ganz ruhig und gefasst und sagte Nein. Es war für mich kaum auszuhalten, dass ich nun nicht mehr an ihn herankam. So oft hatte ich ihn schlecht behandelt und war kalt gewesen, ja zuletzt wirklich verletzend – aber ich hatte nie mit diesen Konsequenzen gerechnet. Jetzt bereute ich alles. Er fehlte mir viel mehr, als ich geahnt hatte. Erst jetzt wurde mir klar, was ich an ihm gehabt hatte. Ich hatte nicht nur Jan verloren, sondern auch ein Zuhause, das ich bei ihm und seiner Familie gefunden hatte. Und genauso seine Freunde. Unsere gemeinsamen Unternehmungen. Unsere Träume. Alles war weg.

Und ich wusste, dass ich diese Beziehung kaputt gemacht hatte. Ich fühlte mich schrecklich schuldig. Dieser Schmerz war so grässlich. Und mein Vater litt wieder mit mir. Er versuchte alles, um mich zu trösten. Aber das half lange nichts. The Moody Blues waren die Einzigen, die mich verstanden:

»Nights in white satin, never reaching the end
Letters I've written, never meaning to send
Beauty, I'd always missed with these eyes before
Just what the truth is, I can't say anymore
Cause I love you
Yes, I love you
Oh, how I love you.«[14]

Über Monate hatte ich einen solchen Liebeskummer, dass mir in allen möglichen Situationen die Tränen kamen. Meine Tante sagte immer »The first cut ist he deepest«, wenn ich wieder anfing zu weinen, und dann nahm sie mich zur Ablenkung auf eine Shoppingtour nach Freiburg mit. Eine Umarmung hätte mir mehr geholfen. Aber wie gesagt waren die in meiner Familie ein rares Gut. Ich erinnere mich noch, dass es mir auch einmal im Unterricht passierte, dass ich plötzlich heulen musste. Ich lief sofort aus dem Klassenzimmer, um mich auf dem Gang zu beruhigen. In diesem Moment kam ausgerechnet der Schulleiter vorbei. Aber zu meiner großen Verwunderung schickte er mich nicht zurück in die Klasse, sondern fragte, was vorgefallen sei. Als ich ihm ganz ehrlich sagte, meine erste Beziehung sei nach zweieinhalb Jahren zu Ende gegangen, reagierte er erstaunlich verständnisvoll. Er sagte, auch er wüsste noch genau, wie schrecklich dieser allererste Cut sich damals angefühlt hätte. Und er schien mich zu verstehen, als ich ihm sagte, dass es so wäre, als wenn ein Teil von mir gestorben sei und ich alles Glück der Welt verloren hätte.

Ich schwor mir, wenn ich noch einmal die Chance haben sollte, einen so tollen Menschen zu treffen wie Jan, dann würde ich es zu schätzen wissen und alles dafür tun, mein Glück zu bewahren.

FROZEN

You only see what your eyes want to see

Ich habe das Abi trotz allem überstanden. Zum Glück hatte ich treue Freundinnen, die zu mir hielten. Das war meine Rettung. Und der Gedanke, den Südschwarzwald bald endlich zu verlassen, hielt mich über Wasser! Bei den meisten meiner Freundinnen war das anders. Viele blieben nach der Schule in Waldshut-Tiengen und leben heute noch dort oder in einem Nachbardorf. Sie haben geheiratet und Kinder bekommen. Obwohl sie auch mal andere Ambitionen hatten. Ich werfe ihnen nichts vor. Auch wenn ich weiß, dass Meike auf anderen Wegen eine herausragend erfolgreiche Schriftstellerin geworden wäre und Vicky die zweite deutsche Bundeskanzlerin – und nein, es ist nicht die Schuld der beiden, dass wir immer noch unter sexistischen Narrativen leiden und die deutsche Politik sich in einem derart desaströsen Zustand befindet. Sie haben sich für einen anderen Weg entschieden und das ist absolut in Ordnung so. Zum Glück habe ich allen Grund zu der Annahme, dass die beiden nicht dem tradierten Frauenbild folgen, das uns vorgelebt wurde. Und ich bin sogar recht sicher, dass sie glücklich mit ihrem Lebensentwurf sind und sich in ihren Beziehungen gleichberechtigter fühlen als unsere Mütter. Dennoch finde ich es interessant, dass sich zwei Lager entwickelten unter den Teenagerinnen der Neunziger in Waldshut-Tiengen. Und ich gehörte, wie man sich langsam denken kann, zum entgegengesetzten.

Für mich gab es die Option einfach nicht, die meine Freundinnen wählten. Und das nicht etwa, weil mir nach der Schule urplötzlich ein Licht aufging, ich geistesgegenwärtig die Gefahr der transgenerativen Übertragung erkannte und bewusst entschieden hätte, etwas anderes zu leben als meine Eltern. Heute glaube ich zwar tatsächlich, ein Teil von mir hatte das entschieden. Aber wenn er das getan hat, dann ohne mein bewusstes Zutun. Vordergründig war ich damals nach der Trennung von Jan der Meinung, das Leben hätte mich bei der Glücksverteilung einfach übergangen. Die Story, die ich mir selbst innerlich erzählte, war: Mich hatte keine große, dauerhafte Liebe gefunden im Südschwarzwald. Ich war eben nicht auserwählt worden, um dort in der Geborgenheit einer zärtlichen Beziehung in einem hübschen Haus zu leben, mit einem Mann, der mich liebte und umsorgte, vor der Welt beschützte und mit mir lustige Kissenschlachten machte. Mir gegenüber zeigte das Leben all seine Unbarmherzigkeit und zwang mir eiskalt auf, mein Glück anderswo zu suchen. Ob ich das wollte oder nicht.

Nachdem ich meinen Traum mit der Musik aufgrund des DSDS-Fiaskos ebenfalls als gescheitert ansah, musste ich zudem auch beruflich dringend eine Alternative finden. Und die hieß: Literatur-, Kunst- und Medienwissenschaften studieren in Konstanz. Ehrlich gesagt, weil ich ganz einfach nicht wusste, was ich sonst mit mir anstellen sollte. Dieses Studium erschien mir als ein guter Mix aus Themen, die mich interessierten. Und ich war tatsächlich offenbar auch begabt für Worte und die Wissenschaft. Auch wenn ich leider nie wirklich entflammte für die Literatur, waren meine Profs begeistert von meinen Klausuren und ich bekam schnell eine Stelle als Tutorin. Meine Jahre am Bodensee waren ansonsten geprägt von endlosen, wunderbar warmen Tagen und Nächten am Wasser. Das Wetter lud einfach viel zu oft dazu ein, in den See zu springen, als dass man alle Zeit am Schreibtisch hätte verbringen können. Und nachts gab es immer irgendwo eine Party am See oder in einer der coolen WGs. Zum Glück klappte das mit der passablen Bachelor-Note am Ende dann trotzdem. Was leider mal wieder nicht aufging, war der Plan, die Männer aus meinem Leben zu verbannen.

Er hieß Marcel und wir lernten uns bei einem Umzug eines gemeinsamen Bekannten kennen. Marcel kam so spät, dass er nur noch eine einzige Kiste hochtragen musste, dafür hatte er Salz und Brot als Einzugsgeschenk dabei und dazu guten Wein und Käse. Das war natürlich ein charmanter Ausgleich und keiner konnte ihm böse sein. Außerdem hatte Marcel ein so einnehmendes Lachen und diesen klitzekleinen Akzent: Wie sich herausstellte, war er Halbfranzose. Ich war sofort Feuer und Flamme. Wir hatten uns auch direkt eine Menge zu erzählen und bevor er ging, fragte er nach meinem Facebook-Namen. Er schrieb mir noch am selben Abend. Wie entspannt, dachte ich: Keine Spielchen! Wir trafen uns auf ein Bier und noch einmal zum Kino und schon waren wir ein Paar. Es fühlte sich einfach total selbstverständlich an. Marcel sagte mir ständig, wie schön ich sei, und wie unglaublich froh er wäre, mich getroffen zu haben. Er war ein absoluter Entertainer und brachte mich dauernd zum Lachen. Und er redete ohne Punkt und Komma. Aber ich liebte es. Ich bewunderte ihn und schätzte ihn für seinen scharfen Verstand, seine Wortakrobatik und seine zärtlichen Küsse.

Allerdings schien er tatsächlich über ungefähr alles Bescheid zu wissen. Ich glaube, er hielt sich für hochbegabt. Er malte sich gerne eine großartige Karriere als Anwalt aus – obwohl er erst im dritten Semester Jura studierte. Er sah sich als einen, der die Rechtsprechung in ganz neue Sphären heben würde. Dass er nicht sonderlich beliebt war bei seinen Mitbewohnern und dass der Kumpel, über den ich ihn kennengelernt hatte, mich indirekt vor ihm warnte, war für mich kein Grund, ihn aufzugeben. Ja, er hatte wieder dieses leicht Aufschneiderische an sich, das ich auch bei Sven so anziehend gefunden hatte. Aber Marcel hatte auch Selbstironie und eben überhaupt viel Humor. Vielleicht ging es in dieser Beziehung für mich darum, seinem Selbstbewusstsein etwas entgegenzusetzen, seine Höhenflüge nicht allzu ernst zu nehmen, dafür aber mich selbst und meine Fähigkeiten. Und tatsächlich beeindruckte ihn meine Schlagfertigkeit und ich schaffte es immer wieder, ihn damit auf liebevolle Art schachmatt zu setzen.

Als ich einmal bei ihm übernachtete und er morgens zu einem Termin musste, ließ er mich ausschlafen und ich wartete auf ihn, während ich in seinem Bett Kaffee trank und mich auf eine Klausur vorbereitete. Erst jetzt fiel mir auf, wie unglaublich sauber und ordentlich alles in seinem Zimmer war. Wie geleckt. Als er zurückkam, sagte er nicht »Hallo«, sondern: »Hast du einen meiner Stifte benutzt?« Ich hatte mir tatsächlich einen Stift zum Schreiben genommen und ihn wieder zurück in den Becher getan – allerdings wohl nicht in der Art, die Marcel dafür vorgesehen hatte, und das fiel ihm auf. Die Reaktion erschreckte mich zwar ein wenig, aber sie erinnerte mich auch ein bisschen an meinen Vater. Der war nämlich auch pedantisch und wies regelmäßig alle in der Familie darauf hin, wie man was auf welche Art und Weise zu ordnen hätte. Und das in einem äußerst herrischen Ton. Oder er beschuldigte uns, Gegenstände »verschlampt« zu haben. Es gab deswegen oft Streit. Also zog ich den Schluss, dass einige Männer in dieser Hinsicht wohl eigen sind, das aber nichts weiter zu bedeuten hätte.

Auch dass Marcel mir immer öfter Dinge erklärte, mich als niedlich bezeichnete, wenn ich von Themen sprach, die mir wichtig waren, und mir die Flasche aus der Hand nahm, um sie für mich zu öffnen, fand ich zwar unangenehm und sagte ihm das auch – aber ich gab spätestens dann nach, wenn er mich mit Kälte strafte. Das konnte er gut. Nach einer Auseinandersetzung erlebte ich ihn als extrem still und ignorant. Er konnte sogar wunderbar einschlafen, während ich neben ihm weinte. Dann fühlte ich mich so klein und ungewollt. Nach den heftigen Streits mit Jan hatte ich gelernt, konstruktiver zu sein, und wollte mich immer vertragen – auch wenn es mal dramatisch zuging. Ich konnte leicht verzeihen und hoffte, mein Gegenüber könnte das auch. Marcel offenbar nicht. Er ließ mich hängen. Und es entstanden immer öfter Momente, in denen ich mich an seiner Seite sehr einsam fühlte.

Andererseits hatten wir einiges, was uns verband. Wir liebten die gleichen Filme und zusammen essen zu gehen. Wir machten tolle Ausflüge, einmal sogar mit einem Oldtimer. Wenn wir unterwegs waren, stimmte es einfach: Wir hatten auf die gleichen Dinge Lust und genossen unsere Zweisamkeit.

Dann schlug Marcel plötzlich vor, sich nur noch ein oder höchstens zwei Mal in der Woche zu treffen, das wäre ihm lieber. Das Studium würde ihn eben fordern, Jura wäre ja nicht wie Literatur und Medien, er müsse viel mehr lernen als ich. Ich versuchte, Verständnis zu haben, denn natürlich wusste ich, dass der Stoff in seinem Fach herausfordernd war. Dennoch hatte ich das Gefühl, dass dies nicht der einzige Grund für seinen Rückzug war. Er verhielt sich in meiner Wahrnehmung auch immer widersprüchlicher. Einerseits überschüttete er mich mit Komplimenten, sagte mir, wie glücklich er mit mir sei, und andererseits war er dann wieder so abweisend, dass ich emotional aushungerte. In dieser Zeit fühlte ich mich wieder nicht richtig, nicht liebenswert und zu dick. Ich achtete noch mehr als sonst auf meine Ernährung, um auf keinen Fall aus Kummer zu essen und zuzunehmen. Ich hatte mein Gewicht seit den Weight Watchers zwar gehalten, aber Essen bestimmte noch immer meinen Tag. Ewig zählte ich Kalorien und schämte mich für fast jeden Bissen, den ich aß. Ich war besessen davon, weiter abzunehmen beziehungsweise nie wieder zuzunehmen. Denn das wäre in meiner Vorstellung das Schlimmste gewesen, was mir nach dem Scheitern mit der Musik hätte passieren können. Hatte ich mir doch die zwanzig Kilo weniger so hart erarbeitet. All das entging Marcel natürlich nicht. Und irgendwann hatte ich ihm auch unter Tränen erzählt, dass mich meine Familie immer auf Diät gesetzt hatte, dass ich mich dauernd beobachtet und bewertet fühlte und immense Ängste davor hatte, zu viel zu essen.

Als wir ein paar Wochen später in einem kleinen Café frühstückten, sagte Marcel: »Ist das nicht ein bisschen viel Butter auf deinem Brot?« Eigentlich nur eine kleine Bemerkung. Aber sie triggerte mich, weil sie nun mal meinen wunden Punkt traf. Und das musste Marcel doch wissen. Ich fühlte mich total angegriffen. Aber ich versuchte, konstruktiv zu bleiben. Als ich ihm so ruhig ich konnte erklärte, dass er mich auf diese Art verletzte, zeigte er kein Mitgefühl. Er sagte nur tonlos, er hätte sich unter anderem in mich verliebt, weil ich so reflektiert und selbstkritisch sei. Das müsse ich bei diesem Thema wohl noch lernen. Ich wusste nicht, was ich dem entgegensetzen sollte.

Ich hatte immer mehr das Gefühl, dass Marcel unbedingt die Kontrolle in der Beziehung behalten wollte und dass ich mich dabei immer mehr verlor. Ich wollte es ihm recht machen, aber das ging nicht, ohne mich selbst zu verraten. Ich hatte immer öfter mit Panikkattacken zu tun. Ich befürchtete ständig, eine schlimme Krankheit zu haben und kämpfte mit Grübelschleifen und Schlafstörungen. Ich begann wieder eine Therapie, nahm sogar Antidepressiva und fühlte mich deshalb ohnmächtig und wie eine Loserin: Ich wollte doch nie wieder auf Hilfe angewiesen sein! Ich fühlte mich minderwertig auf ganzer Spur und dachte, dass ich Glück habe, dass mich so ein toller Mann wie Marcel überhaupt wollte. Ich glaubte, ich dürfe diese Beziehung auf keinen Fall vermasseln – denn so einen würde ich nie wieder finden. Dazu kam meine riesige Angst vor einem erneuten Trennungsschmerz. Ich glaubte, das nicht noch einmal auszuhalten. So versuchte ich immer wieder, mich auf die schönen Seiten der Beziehung zu konzentrieren. Allein unser gemeinsamer Humor war doch so viel wert. Ich schrieb damals sogar einen Song über uns, nahm ihn mit meinem Kumpel in dessen Studio auf und brachte ihn Marcel als Überraschung mit. »Süß von dir«, kommentierte er mein Geschenk, »aber deine Stimme tut mir in den Ohren weh.« Spätestens in diesem Moment wusste ich, dass Marcel mich nicht liebte. Irgendwann konnte ich es nicht mehr aushalten und machte Schluss.

Doch ich wollte den gigantischen Schmerz, der da in mir hochkroch, nicht zulassen. Diesmal wollte ich mich von meinem Liebeskummer nicht in die Knie zwingen lassen! Ich ging ständig aus, hatte Dates und dann auch eine Affäre. Als Marcel das mitbekam, versuchte er, mich mit allen Mitteln zurückzugewinnen. Er bekniete mich, noch einmal mit ihm zu reden, und als wir dann spazieren gingen, heulte er und sagte: »Es tut mir alles so leid! Ich wollte dich nie verletzen. Ich habe das alles nur aus Selbstschutz getan!« Er wolle diese Beziehung mit mir, aber er hätte eine innere Hürde. Jetzt erst erzählte er mir, was für eine schwere Kindheit er gehabt hätte. Er hatte sich von seinem Vater nie geliebt gefühlt und seine Mutter hatte die Familie früh verlassen. Wahrscheinlich war es seine Überlebensstrategie geworden, innerlich zu verhärten, wenn er intensive Gefühle entwickelte und sehr viel Nähe erfuhr – weil er das einfach nicht kannte und große Angst hatte, dass ihn dies in Gefahr bringen würde. Das alles nun zu wissen, machte mir Hoffnung! Ich fühlte mich ihm wieder so nah. Wollte ihn annehmen, mit all seinen Macken und Ängsten. Die hatte ich schließlich auch. War das nicht unsere Chance, gemeinsam zu wachsen, indem wir diese alten Wunden jetzt erkannten und heilen ließen? Wie Madonna in »Frozen« sang:

»Now there's no point in placing the blame
And you should know I suffer the same
If I lose you, my heart will be broken
Love is a bird, she needs to fly
Let all the hurt inside of you die
You're frozen, when your heart's not open
Mmm-mmm, if I could melt your heart
Mmm-mmm, we'd never be apart
Mmm-mmm, give yourself to me
Mmm-mmm, you hold the key«[15]

Heute frage ich mich, wie ich so grenzenlos naiv sein konnte. Marcel änderte sich nicht. Kaum waren wir erneut zusammen, war er in meinem Erleben wieder der Alte. Und ich war regelmäßig todunglücklich aufgrund seiner Belehrungen, seiner Kritik an mir und seiner Kälte im Streit. Irgendwann rief er mich an und sagte, es würde ihn zu sehr anstrengen, dass ich ständig unzufrieden sei, und seine beste Freundin hätte ihm klargemacht, dass wir einfach nicht zusammenpassten. Deshalb müsse er sich trennen. Wow! Nicht nur seine Worte machten mich sprachlos, sondern auch die Nüchternheit, mit der er die Sache jetzt abwickelte – nachdem er so darum gekämpft hatte, mich zurückzugewinnen. Er hatte nicht einmal den Mut und den Anstand, mir die Trennung persönlich mitzuteilen.

Ich fiel in ein tiefes Loch. Diesmal hatte ich doch so zu schätzen gewusst, was ich hatte, so sehr dafür gekämpft und auch versucht, bei mir zu bleiben, reflektierter zu sein, weniger Dramen heraufzubeschwören. Ich hatte mir doch so vorgenommen, bei einem nächsten Mann, der mich liebte, alles anders zu machen. Warum war es wieder nicht aufgegangen? Und warum hatte ich mich überhaupt immer wieder so schrecklich gefühlt bei diesem Mann? Lag das wirklich alles nur an mir und meiner Beziehungsunfähigkeit?

Erst nach und nach erkannte ich, dass Marcel nicht der großartige Mann war, den ich in ihm gesehen hatte. Im Gegenteil, er war schließlich sogar zu feige gewesen, sich zum Schlussmachen persönlich zu treffen. Und dass ich mich immer öfter klein gefühlt hatte, war auch kein Zufall gewesen oder nur aus meinen Minderwertigkeitsgefühlen entstanden: Marcel hatte sich über mich gestellt, indem er mir entweder übermäßige Komplimente gemacht oder mich belehrt, distanziert behandelt und auf Abstand gehalten hatte. Er hatte keine Augenhöhe zugelassen, mich vielmehr abgewertet, um sich selbst zu erhöhen. Plötzlich wurde mir klar, dass dieser Mann wahrscheinlich gar nicht so selbstbewusst war, wie ich geglaubt hatte. Er war sich seiner selbst wahrscheinlich kaum bewusst. Er reflektierte sich wohl recht wenig oder zog aus der Reflexion keine Schlüsse. Er hatte mir von seinen Ängsten, die aus seiner Kindheit stammten, erzählt, aber er war offenbar nicht in der Lage, daraus zu lernen und sich bewusst konstruktiver zu verhalten als bisher. Ich hatte ihm eindeutig zu viele Vorschusslorbeeren gegeben. All die positiven Dinge, die ich an ihm gesehen hatte, sie reichten eben nicht aus, um eine gesunde Beziehung zu führen. Mir wurde immer klarer, dass dazu wohl noch sehr viel mehr gehörte. Aber was konnte ich dafür tun? Ich fühlte mich leer, als hätte ich schon alles getan und gegeben, als wäre mein Liebestank, mit dem ich von Geburt an ausgestattet war, einfach schon ausgetrunken.

VIVA LA VIDA

Eine filmreife Leidenschaft, ein großer Irrtum und die Wiederentdeckung eines inneren Raums

Nachdem mit Marcel Schluss war, erzählte ich seinem gesamten Freundeskreis aus Rache, was er für ein Schisser sei, denn er habe am Telefon mit mir Schluss gemacht. Ich wollte wenigstens für ein bisschen Gerechtigkeit sorgen, nach allem, was er mir angetan hatte. Er bekam Wind davon und schrieb mir eine SMS mit den Worten: »Alina, fuck off and get a life!«

Nach dem ersten Schock musste ich zugeben, dass er ein Stück weit recht hatte: Ich wusste wirklich nicht mehr, worum es mir eigentlich ging im Leben. Ich hatte mich in dieser toxischen Beziehung vollkommen verloren. So sehr, dass ich mich zu einem so pubertären Verhalten hatte hinreißen lassen, Marcel bei seinen Freunden schlechtzumachen. Ich brauchte einen anderen Fokus. Auch was meine berufliche Zukunft anging. Denn mit dem Studium war ich auch nach über zwei Jahren nicht warm geworden. Und weder das Praktikum bei »Welt der Wunder« in München noch meine Tätigkeit als Literatur-Tutorin oder mein Engagement in der universitären TV-AG hatten mir eine echte Perspektive eröffnet. Ein Teil von mir hatte den Traum, Sängerin zu werden, noch immer nicht aufgegeben.

Gleichzeitig wollte ich mir das nicht recht eingestehen. Mir fehlte das große Ziel vor Augen – deswegen hatte auch ein Typ wie Marcel die Chance gehabt, mich komplett für sich einzunehmen. Wie sollte ich, wenn ich so wenig bei mir selbst war, auf gesunde Art bei einem anderen Menschen sein? Wenn ich nichts für mich hatte, das mir Halt gab, war es kein Wunder, dass ich ihn bei einem anderen Menschen suchte, mich von diesem abhängig machte und dann nicht die Kraft hatte, die Beziehung zu beenden, wenn sie mir nicht mehr guttat. Damit würde jetzt Schluss sein: Yes, I needed a life! Ich würde mir jetzt ein Leben erschaffen!

Mein dreiundzwanzigster Geburtstag stand an und ich wollte feiern. Meine Kunst-Kommilitonin Olga erzählte mir von dieser neuen Location im Konstanzer Industriegebiet, in der eine Gruppe Kreativer ein Theaterstück aufführte und eine Kunstausstellung über Design lief. Es wäre ein leerstehendes Gebäude, in das sie auch eine Bar gebaut hätten und am Wochenende spiele dort eine Jazzband bei einer Jam-Night. Das musste ich mir ansehen! Auch wenn ich allein dorthin gehen musste, denn Olga hatte keine Zeit und meine anderen Freundinnen waren auch busy.

Der Ort hatte eine unglaubliche Energie. Als ich im Dunkeln auf das Gebäude zulief, wirkte es von Weitem heruntergekommen und verlassen. Doch beim Näherkommen sah ich, dass es unzählige Teelichter in ein sanftes Licht hüllten. Die Leute, die im Treppenhaus bei Bier und Zigarette quatschten, trugen Tattoos, Nasenpiercings und ziemlich ausgefallene Klamotten. Es wurde mal auf Italienisch, mal auf Französisch, mal auf Englisch oder Deutsch gesprochen. Ich spürte direkt eine Verbindung zu den Leuten. Sie strahlten eine ganz besondere Offenheit aus, gepaart mit exzentrischer Quirkyness, die mir sehr sympathisch war. Das Gegenteil von Marcels Spießer-Welt!

Ich ging die Treppen hinauf und hörte die smoothen Klänge der Jazzband schon durch die Gänge wabern. Ich folgte dem Sound in den Konzertraum, in dem auch die Bar war. Dann stand ich lange da und lauschte den Improvisationen. Nach und nach lockerte sich die Stimmung im Raum und es kamen immer mehr spontane Jams mit den Gästen zustande. Einer nach dem anderen traute sich auf die Bühne, um einen Song zu performen. Alles war mehr rough als einstudiert, aber die Leute nahmen jeden, der auftrat, mit Begeisterung an. Auch meine Euphorie wuchs minütlich. Ich genoss die flirrende Atmosphäre im Raum und sang mit, wenn ich den jeweiligen Song kannte.

»Wow, you have a great voice. Are you a singer?«, fragte mich dann auch der unverschämt gutaussehende Brite, der schon den ganzen Abend neben mir stand. Nick war, wie sich herausstellte, Tänzer des Theater-Ensembles in Konstanz und schnell der Meinung, ich solle auch mal einen Song improvisieren. Oh Gott, dachte ich zuerst – das ist ja gar nicht mein Ding! Unvorbereitet auf eine Bühne? Never! Ohne eine perfekt vorbereitete Inszenierung trat ich nicht auf! Ich hasste es, wenn Menschen, nachdem sie herausgefunden hatten, dass ich singen kann, forderten: »Dann sing mal was!« Als ob eine Sängerin einfach so, unaufgewärmt, ohne Bühne, face to face, plötzlich eine Mega-Show abliefern könnte! Der kleinen Ronja in mir hätte das vielleicht nichts ausgemacht, die hätte aus dem Stegreif die Arie des »Phantoms der Oper« singen können. So wie damals im Bürolife, dem Laden meiner Eltern. Sobald ein Kunde den Shop betreten hatte, war Showtime gewesen! Doch Pubertät, unzählige Karaoke-Wettbewerbe und DSDS hatten das Blatt gewendet. Inzwischen hatte ich mit extremem Lampenfieber zu tun und brauchte immer sehr viel Sicherheit, um so eine Performance stehen zu können.

Doch die Magie dieses Abends und die Ermutigung von Nick beflügelten mich auf einmal dazu, es doch zu wagen. Ich atmete tief durch, nahm meinen ganzen Mut zusammen, lief diese drei Meter zur Band, um zu fragen, ob sie den Klassiker »Misty« von Ella Fitzgerald kennen würden. Und da stand ich plötzlich in meinem roten Mantel im rauchigen Nebel dieser Kunsthöhle und sang:

»On my own
When I wander through this wonderland alone
Never knowing my right foot from my left
My hat from my glove

I'm too misty, and too much in love
I'm just too misty
And too much
In love look at me!«[16]

Die Musik durchflutete mich förmlich. Und jeder Ton rollte als eine weiche Welle durch den Raum. Irgendwann reihte ich nur noch Silben aneinander und ließ Tonreihen über die Harmonien der Band fließen. Ich ließ das erste Mal seit Jahren wieder vollkommen los und begab mich in eine andere Dimension. Ich spürte die Musik wieder so, wie ich sie als Kind gespürt hatte. Sie war größer als ich, die Band und die Menschen, die sich von ihr treiben ließen. Ich war nur ihr Kanal. Endlich konnte ich mich dem wieder öffnen und das alles geschehen lassen. Ich war wie in Trance.

Als die Band den Schlussakkord gespielt hatte, folgte eine kleine Stille. Dann wurde ich durch den tosenden Applaus der Leute wachgerüttelt. Ich kam zurück in das Hier und Jetzt – und es erinnerte mich an den Moment, als ich damals als Siebenjährige bei meinem ersten Auftritt mit Beifall bejubelt worden war. Dieser hier fühlte sich genauso an wie mein allererster Applaus. Lets Twist again, like we did last Summer! Dieser Sommer, sechzehn Jahre später, sollte mich wieder zum Leben erwecken und die kleine Ronja in mir endlich wieder in die Freiheit entlassen. Ich wusste wieder, was meine Bestimmung war: Music was my first love and it will be my last!

Das Universum hatte mir nicht ohne Grund diese Stimme gegeben. Es wollte auch, dass ich sie nutze! Tom aus der Klinik-Werkstatt hatte es auch gewusst: Ich habe viel zu geben, aber es kommt darauf an, wie und wo ich das tue. Wenn ich wirklich frei bin, die Situation stimmt und ich mich mit dem Augenblick fließen lassen kann, dann komme ich in meine Kraft. Dann verliere ich nichts, wenn ich etwas gebe, dann empfange ich sogar ganz viel.

In den nächsten Wochen kam meine alte Energie zurück. Wir feierten meinen dreiundzwanzigsten Geburtstag in dieser magischen Fabrik. Ich saß mit Straßenmusikern unter Brücken und sang alle Klassiker der Welt. Ich lieh mir die Gitarre meiner Mutter aus und brachte mir autodidaktisch ein paar Akkorde bei. Ich wollte nur noch eins: Musik machen!

Aber wie und wo konnte ich das so ausgiebig wie möglich tun? Ich wollte weder Jazz noch Klassik studieren und ich musste an einen Ort, an dem ich mich entwickeln und connecten konnte. Meine Recherchen brachten mich schnell auf die Popakademie in Mannheim. Doch es hieß von immer mehr Seiten, die Aufnahmeprüfung solle richtig schwer sein. Neben einer Musiktheorie-Prüfung, die abzulegen war, musste man drei fertige Songs einreichen. Und es wurden pro Jahr nur etwa zehn Leute für den Studiengang Popmusikdesign mit Schwerpunkt Singer/Songwriter aufgenommen. Okay, dachte ich, Challenge accepted! Denn ich wusste, ich könnte es schaffen, wenn ich jetzt Gas geben würde! In mir schlummerte schließlich eine Räubertochter.

Beflügelt von der Idee, bald in Mannheim meinem alten Lebenstraum neuen Atem einzuhauchen, wuchs in mir ein riesiger Tatendrang. Ich schrieb unzählige Songs mit den vier Akkorden, die ich nun auf der Gitarre konnte, nahm die drei besten in diversen Wohnzimmerstudios auf und drehte mit Freunden und den Kameras der Campus-AG sogar zwei Musikvideos. Zudem lernte ich jeden Tag mit einem Musiklehre-Programm Rhythmus-Diktate und Harmonielehre für die Aufnahmeprüfung. Ich war sogar bereit, meinen anstehenden Bachelor in LKM einfach sausen zu lassen, als sich herausstellte, dass mir noch ein Schein fehlte, um für die mündliche Prüfung zugelassen zu werden. Der Berater sah mich mit großen Augen an, als ich ihm sagte, das wäre mir egal, dann halt kein Bachelor! Er konnte es nicht fassen und wollte mich zur Vernunft bringen – vier Jahre und eine sehr gut benotete Bachelor-Arbeit umsonst? Na gut, willigte ich ein, dann würde ich eben nochmal mit meinen Dozenten sprechen und schauen, was man da machen könne. Aber ehrlich: Es war mir so egal. Ich wusste wieder, wer ich war und warum ich auf diesem Planeten ein Dasein frönte! Alles machte auf einmal wieder Sinn. Ich hatte das Gefühl, der wahren Liebe näher zu sein als je zuvor. Und dann sah es plötzlich ganz danach aus, als hätte ich mit der einen Tür auch eine andere geöffnet …

Es war eigentlich ein ganz normaler Abend im Klimperkasten, der Bar, die innerhalb meines ersten Jahres schon zu meinem Lieblingsausgehort in Konstanz avanciert war. Ich war wie so oft mit meiner Freundin Mimi dort. Wir saßen an einem der hohen Tische im Fenster, direkt neben dem Tresen. Und plötzlich stand da dieser große, gut gebaute Typ mit den dunklen Locken. Er bestellte ein Bier und dann trafen sich unsere Blicke: einmal, zweimal und dann noch einmal für eine halbe Ewigkeit. Mimi starrte mich an. »Was geht denn hier ab?«, rief sie. Ich drehte den Kopf langsam zu ihr, ich war wie auf Zeitlupe geschaltet. »Ich – weiß – es – nicht«, sagte ich. Und konnte nicht anders, als erneut zum Tresen zu schauen. Der Typ sah auch wieder zu mir, dann stellte er sich an einen der Stehtische. Er schien allein da zu sein. Ich versuchte, bewusst nicht mehr hinzusehen. Aber das war unmöglich. Nachdem Mimi merkte, dass ich zu keinem anständigen Gespräch mehr in der Lage war, befahl sie: »Klemm ihm einen Zettel mit deiner Nummer unter den Bierdeckel! Den kannst du doch nicht laufen lassen!«

»Wie bitte!?«, gab ich sofort zurück. »Niemals! Wie peinlich wäre das denn?« Auch wenn ich nicht schüchtern war, aber so etwas kam für mich nicht infrage. Hatte mir meine Mutter doch immer eingetrichtert, eine Frau ließe sich erobern und hatte zu warten, bis der Mann aktiv wurde. Auch wenn ich mich in meiner wilden Jugend eine Zeit lang mit großem Enthusiasmus darüber hinweggesetzt hatte, fügte ich mich spätestens seit der bitteren Enttäuschung mit Sven nun längst wieder dieser Prämisse.

Doch der Typ warf mir immer wieder lange Blicke zu. Seine tiefbraunen Augen hatten etwas Mystisches. Und als ich zur Toilette an ihm vorbeiging, war es für einen Augenblick so, als hätten wir uns berührt, obwohl da mindestens zwei Meter zwischen uns waren. Es war magisch. Aber dennoch war ich nicht bereit, den ersten Schritt zu machen. Außerdem wollte ich doch überhaupt keinen Typen! Und wenn das Universum doch noch eine Liebe für mich vorgesehen hatte, sollte es bitteschön deutliche Zeichen schicken!

Als Mimi und ich Stunden später die Kneipe verließen, gestand sie mir, dass sie ihm, während ich auf der Toilette gewesen war, heimlich den Zettel mit meiner Nummer zugesteckt hatte. Mir rutschte das Herz in die Hose! »Das hast du nicht gemacht!?!?«, rief ich laut durch die verschlafenen Gassen. »Ich hoffe, er findet ihn nicht!« Nur um Sekunden später zu realisieren, dass ich mir natürlich das Gegenteil wünschte. »Danke, Mimi!«, schrie ich. »Du bist eine furchtbare Freundin!« Dann umarmte ich sie und wir bekamen beide einen Lachanfall. Für einen Moment fühlte ich mich wieder frei und die kleine Ronja in mir platzte fast vor Neugier und Vorfreude.

Die Zeit, bis er sich meldete, war kaum auszuhalten – schließlich hing davon auch ab, ob ich mich jemals wieder im Klimperkasten blicken lassen konnte, und das war nun mal die einzig coole Bar in meiner Nähe. Und dann schrieb er: »Hey, hier ist Kai. Danke für deine Nachricht in der Bar. Hast du Lust auf einen Drink in den nächsten Tagen?« Ich musste sie drei Mal lesen: So einfach konnte es sein?

Wir trafen uns in einem kleinen Restaurant, das er vorgeschlagen hatte. Unser Gespräch lief zuerst ziemlich hölzern. Aber dann kamen wir auf Musik und schienen exakt die gleichen Bands zu mögen. Er schwärmte derart vom neuen Coldplay-Album, das ich so vergötterte, dass ich es kaum glauben konnte – da hatte er natürlich schon mal einen riesigen Stein bei mir im Brett. Er erzählte mir, dass er in Meersburg wohne, Architekt sei und nebenbei Philosophie an der Uni Konstanz studierte, um dann Autor zu werden. Worüber er schreiben wollte, konnte er noch nicht genau sagen. Das Ganze klang irgendwie mehr nach Traum als nach Realität, dachte ich mir heimlich, aber ich konnte mich auch irren. Er war zwölf Jahre älter als ich, was man ihm keineswegs ansah. Aber es war für mich kein Problem, im Gegenteil. Ich hatte den Eindruck, dass er eine große emotionale Reife hatte. Denn er erzählte mir sehr offen und reflektiert von seiner streng religiösen Familie und wie er sich in den letzten Jahren von vielen Konventionen befreit hatte und es ihm gelungen war, seine Verwandtschaft auch von einigen neuen Sichtweisen zu überzeugen. Zum Beispiel davon, dass Frauen die gleichen Rechte haben sollten. Seine drei Schwestern schienen es ihm zu danken. Er hatte mit allen ein sehr gutes Verhältnis. Ich war beeindruckt. Und immer begeisterter von ihm. Bis er berichtete, dass er nicht mehr an die Monogamie glaubte.

Ich schluckte und hielt eisern dagegen. Für mich würde es nicht infrage kommen, meinen Partner mit jemandem zu teilen, und schon gar nicht, wenn ich diese Person liebe! Wir kamen auf keinen Konsens. Er hatte eine zehn Jahre lange, monogame Beziehung gehabt und sagte, ihm wäre das Herz so sehr gebrochen worden, dass er sich nicht mehr auf eine exklusive Geschichte einlassen könne. Es war offenbar reiner Selbstschutz. Aber was änderte das? Uns fehlte der common ground.

Trotzdem holten wir uns noch ein Wegbier, denn er bestand darauf, mich nach Hause zu bringen. Mir war klar, dass das nichts wird. Doch auf einmal küsste er mich. Ab da setzte mein Verstand komplett aus. Alles, was dann passierte, fühlte sich an wie ein Traum. Wenn es einen Menschen für mich auf dieser Welt gab, mit dem ich eine energetische Verbindung hatte, dann war es dieser Mann! Und was für eine Power sie hatte! Ich war komplett high von seinen Berührungen, seinem Geruch und davon, wie er schmeckte. Es war fraglos, dass wir die Nacht zusammen verbringen würden. Undenkbar, das, was wir da gerade entdeckten, gleich wieder loszulassen. Es war, als wären wir gemeinsam in einen Fluss gesprungen und nun trieben wir mit der Strömung. Alles geschah wie von selbst und fühlte sich leicht und vollkommen stimmig an. Und als ich aufwachte, streichelte er mich noch immer und blickte mir tief in die Augen. Diese Intensität hatte ich vorher noch nie erlebt. »Du hast gewonnen«, flüsterte er. »Ich will nur dich! Und keine andere.«

Das nächste Mal holte er mich mit seiner silbernen Vespa ab und wir cruisten durch die Stadt. Mir flatterte der warme Wind durch die Haare und Konstanz wirkte wie die Kulisse eines romantischen Kinohits an der Côte d'Azur. Ich fühlt mich plötzlich wie der Maincharacter in meinem Lieblingsfilm »The Notebook – Wie ein einziger Tag«: Ich als Allie kuschelte mich von hinten an ihn, Noah, und schrie hysterisch vor Glück – während wir zur Fähre heizten, um auf die andere Seite, zu seiner Wohnung nach Meersburg zu fahren. War das gerade wirklich mein Leben? Ich atmete tief ein und stellte fest: Ja, das ist mein Leben! Ich habe es verdient, dass einfach mal alles leicht ist!

Und das war es tatsächlich. Kai holte mich fast jeden Tag von der Uni ab. Dann hatte er meistens ein Picknick dabei und wir verbrachten den Abend am See. Oder er hatte eine teure Flasche Wein gekauft, die wir auf seinem Balkon in Meersburg tranken, während wir Coldplay hörten. Das Schönste war, dass wir nicht nur wunderbar reden konnten, sondern auch im Bett unglaublich harmonierten und Kai meinen Körper nicht etwa nur mochte, nein, er betete ihn an! Dieser Mann stand auf Frauen, an denen etwas dran ist! Er fand mich wundervoll, liebte all das an mir, was ich selbst oft abgelehnt hatte und was so viele Menschen an mir kritisierten. Er streichelte meinen Bauch und schwärmte von meinen Kurven. Das war so neu für mich und tat unglaublich gut.

Und so versanken wir für Tage in seinen weißen Laken, wie ineinander verschmolzen. Ich konnte nicht mehr unterscheiden, wo mein Körper anfing und seiner aufhörte. Dazu lief in Dauerschleife das Coldplay-Album »Viva La Vida«. Ich erinnere mich, wie ich für eine Zigarette auf den Balkon ging und nur mit einem dünnen Tuch umhüllt in den Sternenhimmel blickte. Chris Martin sang dazu: »Those who are dead are not dead, they're just living in my head.«[17] Dann stand Kai hinter mir und umarmte mich. War das Wirklichkeit? Noch nie fühlte ich mich so geborgen und so lebendig zugleich. Ich hatte schon andere Männer geliebt, aber es hatte sich nie so umfassend angefühlt und es war am Ende auch nicht gut ausgegangen. Ich hatte diese Männer verabschieden, diese Liebe begraben müssen und sie lebten doch noch wie Geister in meinem Kopf, die mich warnten. Ich fragte mich: War das hier anders? Kai zog mich zurück in die Wohnung, das dünne Tuch fiel von mir ab und über seine Lippen huschte ein »Ich liebe dich«, während wir uns umschlangen und zurück ins Bett glitten.

Es war alles wie im Film und doch so echt. Wir konnten uns von den schönsten und den traurigsten Dingen unseres Lebens erzählen. Und wir träumten von gemeinsamen Urlauben. Es passte einfach perfekt zwischen uns.

Ein paar Wochen später, als wir mal wieder eng beieinander lagen, veränderte sich plötzlich sein Gesichtsausdruck und seine Stimme klang ernst. Er müsse mir etwas sagen. Und dann eröffnete er mir, er könne sich doch keine monogame Beziehung mit mir vorstellen, auch wenn er spürte, dass er mich schon jetzt lieben würde. Er würde sich nie wieder in etwas so schnell hineinstürzen wollen, das hätte er sich geschworen, und deswegen würde er mit mir darüber ganz ehrlich sprechen. Er wünschte sich eine offene Beziehung.

Ich fiel ins Bodenlose. Es folgten tagelange Diskussionen, in denen ich ihm klarmachte, dass das für mich nichts wäre und ich ihn so sehr lieben würde, dass mich der Gedanke daran, dass er mit anderen schliefe, innerlich zerreißen würde. Er meinte, er würde sich nur »Kuschelfreundschaften« nebenher wünschen – erst mal. Was sollte das bitte heißen? So ein Schwachsinn! Ich sagte ihm, dass ich mich darauf niemals einlassen würde – damit würde ich mich sehenden Auges in die emotionale Hölle manövrieren. Ein Selbstmord wäre lachhaft dagegen. Ich stellte mir vor, wie ich zu Hause säße und wüsste, er ist bei einer seiner Kuschelfreundinnen! Während ich die ganze Nacht wach läge, fummelte er an ihren weichen Brüsten herum und ließ sich in den Schlaf wiegen. Ich konnte die Vorstellung schlicht nicht ertragen. Irgendwann rannte ich mitten in der Diskussion aus seiner Wohnung in den strömenden Sommerregen. Ich war so außer mir.

Ich kam nur etwa zwei Straßen weiter, da hörte ich das Brummen seiner Vespa. Er hielt neben mir an, stieg ab und spannte den Regenschirm für uns beide auf. Dann erklärte er mir, dass er mich nicht verlieren wolle und es wirklich mit mir probieren möchte. »Wir schaffen das!«, sagte er und nahm meine Hand. Wow, mit so einer Wendung hatte ich nicht gerechnet. Es war fast wie bei der berühmten Szene in »The Notebook«, wo Allie wütend über den verregneten Bootssteg läuft, sich zu Noah umdreht und ruft: »Why didn't you write me? It wasn't over for me. I waited for you for seven years and now it's too late.« Woraufhin er ihr erklärt, dass er ihr ein Jahr lang jeden Tag geschrieben hat. 365 Briefe. Danach küssen sie sich in einer der epischsten Kussszenen der Filmgeschichte. Genauso wie Kai und ich in diesem Moment. »It wasn't over. It still isn't over!« Nur dass Kai nicht ein Jahr lang um mich gekämpft und auch kein Haus für mich gebaut hatte mit Malzimmer und blauen Fensterläden, so wie Noah für Allie. Und der Unterschied war auch, dass unser Problem lediglich seines war. Aber jetzt schien er bereit zu sein, sich dem zu stellen, den alten Schmerz loszulassen und sich etwas Neuem zu öffnen.

Kurz darauf weihte ich ihn in meinen Plan ein, an die Popakademie zu gehen. Er war nicht gerade begeistert. Er selbst spielte Schlagzeug und hatte seinen Traum vom Rockstar-sein schon lange begraben. »Ich glaube nicht, dass du die Persönlichkeit dafür hast«, meinte er. »Für dieses Geschäft bist du viel zu sensibel.« Mehr hatte er dazu nicht zu sagen.

Als ich drei Wochen später von einer Exkursion aus dem Ruhrgebiet zurückkam, begann er plötzlich, an allem, was mich gerade begeisterte, herumzumäkeln. Ich las Stuckrad-Barres Soloalbum und er behauptete, dass das blöder Mist sei. »Popliteratur«, das sei doch lächerlich und Coldplay war gar nicht mal so cool. Und als wir zusammen am See zum Baden waren, lief er plötzlich mit großem Abstand zu mir ins Wasser, als wolle er nicht, dass jemand auf die Idee käme, wir seien ein Paar. Schließlich kam heraus, dass seine alternative Freundin aus Berlin zu Besuch war, die in einer Hippie-Kommune lebte und freie Liebe praktizierte. Sie hatte ihn wieder auf Spur gebracht. Er wisse wieder, dass er das für sich auch wolle.

Auch wenn es mir unendlich schwerfiel, trennte ich mich. Wieder stand ich da mit einem Scherbenhaufen. Und das, obwohl ich mich diesmal endlich hatte schützen wollen, mir doch vorgenommen hatte, genau hinzusehen, hinzuspüren, auf mein Innerstes zu hören. Ich war so verwirrt! Ich hatte es doch gespürt: Es war doch so anders gewesen, hatte sich so viel intensiver, so richtig, so klar angefühlt. Wie konnte ich mich so getäuscht haben? Ich hörte Tag und Nacht Chris Isaaks »Wicked Games«:

»The world was on fire, and no one could save me but you
It's strange what desire will make foolish people do
I never dreamed that I'd love somebody like you
And I never dreamed that I'd lose somebody like you
No, I don't wanna fall in love (This world is
only gonna break your heart)«[18]

Ja, da war eine Verbindung gewesen zwischen uns, eine ganz enorme sogar. Und die hatte sich vor allem in unserer Leidenschaft gespiegelt. Körperlich waren wir uns so nah gewesen, waren fast verschmolzen. Aber seelisch gab es diese Verbindung offenbar nicht. Oder zumindest war sie nicht stark genug, um gegen andere, destruktive Kräfte anzukommen, die aus meiner Sicht in Kai wirkten. Mein Verständnis für seine alten Wunden war zu weit gegangen. Ich hatte in all der Romantik, die mich derart benebelt hatte, weil sie so sehr meinem

Urbild von Liebe entsprach, zu meinem großen Traum seit meinen frühpubertären Tagen, und in der großen Hoffnung, jetzt könne für uns beide alles gut werden, etwas übersehen: Zur Heilung gehörte auch, dass beide sich einer Entwicklung öffneten und jeder bereit war, seine eigenen Verletzungen und daraus resultierende Verhaltensweisen zu reflektieren. Ja, dass die Voraussetzung für ein gemeinsames Wachsen genau in dieser Offenheit lag, das, was den Schmerz verursacht hatte, noch einmal ganz ehrlich anzusehen und dann zu verabschieden. Erst dann konnte man ja einer echten Veränderung Raum geben. Kai hatte sich dieses neue Beziehungsmodell aus Selbstschutz ausgesucht. Wahrscheinlich war er eben nicht bereit, die alten Verletzungen zu verarbeiten und loszulassen.

Ich war traurig und enttäuscht, aber das erste Mal war ich nicht am Boden zerstört, nicht haltlos. Ich setzte mich einfach hin, weinte und schrieb alles auf, was in meinem Kopf war. Und dann kam da plötzlich eine Melodie. Ich sah auf meinen Zettel und begann, die ersten Worte darauf zu singen. Dann die folgenden. Ich wiederholte sie, dann kam der nächste Satz und die Melodie verwandelte sich. Es ging alles wie von selbst. Und am Ende des Tages hatte ich einen neuen Song geschrieben. Diese Geschichte mit Kai hatte mich nicht leer ausgehen lassen! Ich hatte neue Inspiration! Ich konnte diese bitteren Gefühle verwandeln, sie als Energie nutzen: für meine Musik. Etwas Besseres konnte es doch gar nicht geben.

In diesem Moment spürte ich wahrscheinlich das erste Mal in meinem Leben, dass es nichts gibt, was absolut schlecht ist, dass es nichts gibt, was einen tatsächlich von außen bestimmt, sondern dass man immer einen Einfluss hat – zumindest die Wahl, sich in eine andere Richtung zu öffnen. Ich spürte, dass die Musik tatsächlich ein Ventil sein konnte, durch das meine Schmerzen einen Weg aus mir herausfanden. Ein bisschen so, wie es mir mit vielen Songs in meinem Leben schon gegangen war. Wenn Kurt Cobain, Mariah Carey oder Coldplay Töne und Texte für das Lebensgefühl eines bestimmten Moments bereithielten, wenn sie für mich die Wut, die Trauer oder die Sehnsucht in die Welt schrien. Aber plötzlich war etwas anders: Jetzt war ich es selbst, die die Töne hatte und ihre eigenen Worte. Jetzt war ich die, die ihren ganz eigenen Ausdruck fand.

IN MEINEM TRAUM

Neue Dimensionen der Liebe und ein anderes Ich

Nur weil es in Mannheim eine Schokoladenfabrik gibt, bedeutet das nicht, dass es in dieser Stadt den ganzen Tag lecker duftet. Tatsächlich lag hier immer ein bitterer, unangenehm aufdringlicher Geruch in der Luft und die Industrie war auch optisch omnipräsent. Allerdings gewöhnte man sich daran. Und was mir diese Stadt für meinen weiteren Weg bieten konnte, wog alles auf. Überglücklich, die Aufnahmeprüfung bestanden zu haben, stürzte ich mich mit aller Energie in mein neues Studium. In der Popakademie konnte ich meine Leidenschaft endlich in vollem Umfang leben. Ich hatte großartige Dozenten und einen bereichernden Austausch mit meinen Kommiliton*innen, produzierte einen Song nach dem anderen und lernte, wie man eine Band aufbaut und zusammenhält. Zwei wunderbare Freund*innen fand ich auch schon kurz nach dem Umzug: Henrik und Fabienne. Die beiden wohnten in einer WG und studierten Management. Ich wusste damals noch nicht einmal, was Booking ist. Über die beiden erfuhr ich es. Und auch eine Menge darüber, wie das Pop-Business ansonsten funktioniert und worauf ich als Künstlerin bei der Arbeit mit Manager*innen und A&Rs, die in den Redaktionen der Plattenfirmen sitzen, achten muss.

Während ich am Tag ohne Pause an meinen Songs feilte, verbrachten wir die Abende in Henriks und Fabiennes WG oder im »Rhodos«. Das griechische Restaurant war im Grunde unser aller zweites Zuhause und der Besitzer unser Lieblingsonkel. Er hieß Saki, aber wir nannten ihn »die griechische Sonne«. Er strahlte immer, wenn man das Lokal betrat, hatte für uns Musiker gefühlt durchgehend geöffnet und, wenn wir kamen, immer schon ein Tablett voll mit Ouzo bereitgestellt. Er servierte uns zu nachtschlafender Zeit das beste Gyros der Stadt und am Ende tanzten wir auf den Tischen. Es waren legendäre Nächte.

Endlich unter Gleichgesinnten zu sein, veränderte alles. Mit diesen Menschen teilte ich meine Passion, mit ihnen konnte ich nächtelang über Siebenachtelnoten, Twang-Sounds und Loopstations reden. Wir hörten praktisch durchgehend Musik und diskutierten alle wichtigen neuen Platten, die Looks und Auftritte der Stars und Indie-Sternchen und unsere eigenen Visionen. Und es war großartig, das, was wir produzierten, zu teilen. Endlich war ich unter Profis. Alle waren zudem sehr eigenwillig und fielen ständig aus dem Rahmen. Und genau das war hier gewollt! So konnte auch ich meine Extravertiertheit völlig neu leben. Hier war es auf einmal kein Problem mehr, dass ich keinen Raum betreten konnte, ohne aufzufallen. Hier war ich nicht mehr zu laut, zu viel, zu doll! Im Gegenteil. Mein Stimmvolumen war auf einmal grandios, meine Präsenz gewünscht, meine Emotionalität ein wertvolles Tool.

Das erste Mal in meinem Leben hatte ich das Gefühl, ganz genau am richtigen Platz zu sein und genau so richtig, wie ich war. Nur stellte ich nach einer Weile fest, dass die meisten meiner Kommiliton*innen allein mit sich selbst beschäftigt waren. Man interessierte sich nur in einem ganz gewissen Maß für die anderen. Über Zweifel und Ängste wurde erst recht nicht gesprochen. Auch wenn der Austausch in den Seminaren noch so intensiv war, wir uns noch so sehr füreinander freuten, wenn es bei einer oder einem von uns einen Erfolg zu feiern gab, und wir noch so verbindende Momente erlebten, wenn wir uns gemeinsam im »Rhodos« betranken: Am Ende des Tages schien jeder seiner Wege zu gehen. Mit dem heutigen Abstand würde ich sagen, alle waren bis an ihre Grenze gefordert und vielleicht auch oft überfordert. Alle wünschten sich Aufmerksamkeit und Anerkennung. Das ließ uns vielleicht manchmal mehr Einzelkämpfer sein, als wir das eigentlich wollten. Mich machte das damals oft traurig. Ich wollte nicht nur die guten Momente teilen, sondern auch die schwierigen. Ich wollte die Menschen wirklich kennenlernen und nicht nur ihre Künstler-Persona.

In dieser Zeit hatte ich auch wieder mit extremem Lampenfieber zu kämpfen. Es war immer öfter eine riesige Herausforderung für mich, auf eine Bühne zu steigen. Dann kamen wieder Panikattacken dazu und immer wieder auch Angst, ganz alltägliche Dinge nicht tun zu können: ein Referat halten, Bus fahren, im Audimax in der Vorlesung sitzen. Aber ich entschied mich ganz bewusst, dieser Angst keine Macht zu geben und hindurchzugehen. In der Therapie in Konstanz hatte ich gelernt, dass Vermeidung das Problem nur verstärkt. Es geht darum, die Situationen, die angstbelegt sind, wieder zu normalisieren. Wenn man vom Pferd gefallen ist, soll man direkt wieder aufsteigen. Und so sagte ich mir: Du steigst einfach wieder ein in den Bus, du setzt dich einfach wieder in die Vorlesung, du stellst dich einfach vor die Gruppe und redest über dein Thema. Und es klappte.

Dass ich über diese Dinge in Mannheim mit niemandem reden konnte, war nicht so leicht für mich. Deshalb fühlte ich mich oft einsam. Es gab in all der Zeit auch keinen Mann in meinem Leben. Lange wollte ich es so, weil ich die Schnauze einfach voll hatte, die Musik mir viel wichtiger war und ich mich davon nicht mehr ablenken lassen wollte. Aber nachdem es schon Jahre waren, in denen ich nun als Single durchs Leben ging, stellte sich immer öfter eine große Sehnsucht ein. Doch ich wollte mich auf nichts Halbgares mehr einlassen. Dann blieb ich lieber für mich. So verkroch ich mich oft, wenn mich die alten Wunden wieder quälten und versuchte, sie allein zu pflegen.

Die Antidepressiva, die ich in Konstanz verschrieben bekommen hatte, hatte ich abgesetzt. Das war auch absolut richtig so. Ich hatte jetzt eine neue Medizin: die Musik! Ich verbrachte in Mannheim so viel Zeit allein und mit Songwriting wie noch nie in meinem Leben. Und das fast immer sehr gerne. Selbst wenn ich traurig war und mich beschwert fühlte, spürte ich mich selbst und das war heilsam. Im Nachhinein würde ich sagen, so dunkel diese Zeit auch manchmal war: Ich bin dabei unglaublich gewachsen. Als Mensch. Und als Künstlerin: Endlich konnte ich für mich erkennen, dass ich das war.

Dazu trug unter anderem auch eine gemeinsame Idee von Henrik und mir bei. Ich hatte in einer Bar namens »Nelson« gejobbt und irgendwann sagte Henrik: »Das ist doch nichts, dass du hier nur Bier zapfst! Du musst hier auftreten! Lass uns mal was auf die Beine stellen!« Wir setzten uns zusammen, entwickelten die Idee zu einer Veranstaltungsreihe und überzeugten auch den Besitzer sofort. Henrik war einer, der nicht nur quatschte, sondern auch Nägel mit Köpfen machte, und so startete wenig später »Nelsons's Acoustics«: Jeden zweiten Montag luden wir eine Band ein, die ich auswählte. Wir machten Werbung über Facebook und natürlich an der Akademie. Und die Bar war schon am ersten Abend rappelvoll! Es war vereinbart, dass ich als Moderatorin durch den Abend führe. Ich hatte allerdings keine Sekunde darüber nachgedacht, wie ich das mache, fand mich plötzlich am Mikro wieder und hörte mich selbst reden. Erstaunlicherweise lief es hervorragend. Ich improvisierte so vor mich hin – und die Leute amüsierten sich bestens. Das war der Moment, in dem ich mein Entertainment-Talent entdeckte. Vorher hatte ich auf Bühnen immer nur gesungen. Jetzt konnte ich den Ort noch vielfältiger nutzen und für mich erkennen: Wenn ich unabhängig bin, wenn es keine Regeln gibt, wenn ich ganz im Hier und Jetzt sein kann, dann bin ich in meinem Element! Auch wenn ich vorher Lampenfieber hatte: Ich schaffte es immer besser, trotzdem mit Elan loszulegen und mich kontinuierlich zu steigern. Nach meiner Anmoderation sang ich noch einen Song und übergab danach an die Band des Abends. Nach dem eigentlichen Konzert folgte noch eine Jam-Session, bei der jeder, der Lust hatte, auf die Bühne kommen konnte. Schon ab dem zweiten Gig standen die Leute kilometerlang an: Die halbe Stadt wollte dabei sein! Es war also nicht nur ein ganz persönlicher Erfolg für mich, sondern auch eine success story für alle.

An der Akademie war das mit Abstand Spannendste für mich die regelmäßig stattfindende Songwriting Week. In dieser Woche schrieben und komponierten wir Songs auf ein ganz bestimmtes Briefing hin. Und am Ende gab es ein Treffen mit Verlagen, die sich die Songs anhörten und sie bewerteten. A hieß »super«, B hieß »nochmal daran arbeiten« und C »taugt nix«. Ich hatte oft Songs in der A-Kategorie. Doch dann hieß es wieder, ich hätte zwar eine super Stimme, aber müsste noch an meinen Songwriting-Skills arbeiten. Mir fielen Melodien tatsächlich extrem leicht. Aber Texten fand ich herausfordernd.

In einer der Songwriting Weeks gab es dann eine echte Wende. Zwei Kommilitonen hatten an einem Song gearbeitet, zu dem ich dazugeholt wurde, weil die Dozentin sicher war, dass meine Stimme perfekt dazu passen würde. Die Nummer hieß »Attack«. Der Song war mehr funky und ging fast in Richtung Beth Dittos Band»Gossip«. Mit fetter Band, fast rockig. Zuerst feilten wir gemeinsam noch an den Lyrics und dem Sound. Und dann verstellte ich meine Stimme so, dass sie extrem viel Twang hatte und damit extra soulig klang. Das war damals absolut im Trend – der Amy-Winehouse-Sound. Außerdem legte ich noch Distortion auf meine Stimme, verzerrte sie also bewusst, was sie rauchig klingen ließ wie Janis Joplin. Das fühlte sich gut, aber auch extrem unnatürlich an. Wir machten die Nacht durch, mit ein paar Bier im Studio, weil wir immer wieder auf neue Ideen kamen. Es war wahnsinnig euphorisierend. Ich weiß noch genau, wie ich da in der Aufnahme-Kabine stand und es weggerockt habe. Ich bin in eine Rolle geschlüpft und konnte sie in diesem Moment komplett ausfüllen. Und als wir die Sache dann in den frühen Morgenstunden im Kasten hatten, fühlten wir uns für diesen Moment sehr verbunden.

Der Song schlug ein wie eine Bombe! Er wurde später sogar auf eine offizielle Compilation aufgenommen, die die Popakademie herausgab. Das war ein Schlüsselmoment für mich. Denn damit wurde ich noch mal völlig anders wahrgenommen. Alle waren hin und weg von meiner Stimme. Was mich eigentlich hätte happy machen müssen, deprimierte mich aber. Ich hatte bei »Attack« meine Stimme verstellt und einen auf arschcool gemacht – und das kam an! Aber im Grunde war das doch gar nicht mein Style. Zudem hätte ich auf diese Art auch keine kompletten Konzerte singen können, ohne mir die Stimmbänder zu ruinieren. Das Ganze brachte mich in einen extremen Zwiespalt. Denn auf einmal bekam ich diesen riesigen Zuspruch. Alle sahen in mir die krasse Sängerin, die Powerfrau mit der Powerstimme. Und das Soulige, Rauchige, Krasse wäre ja so meins. Doch ich fühlte es nicht. Irgendetwas war daran nicht stimmig. Ich wollte melodische, emotionale Popmusik machen, mit Texten aus einer weiblichen Perspektive. Doch damit konnte in Mannheim keiner etwas anfangen. Die Dozentin war hellauf begeistert von dem Song im Gossip-Style und spornte mich an, genauso weiterzumachen. Sie organisierte mir sogar ein Date mit einem bekannten britischen Songwriter, der schon mit Amy Winehouse gearbeitet hatte. Ich sollte nach London fliegen, um ihn zu treffen. Es schien wie ein Sechser im Lotto. Aber irgendetwas fühlte sich daran nicht gut an. Ich hatte für mich in dieser Zeit die großen Diven des deutschen Chansons entdeckt: Marlene Dietrich, Hildegard Knef, Alexandra. Oder besser gesagt, ich hatte sie wiederentdeckt, denn kennengelernt hatte ich diese beeindruckenden Frauen bereits in meiner Kindheit. Meine Eltern hatten unzählige Platten von ihnen besessen. Wenn wir als Familie spazieren gegangen waren, hatten wir oft gemeinsam im Wald gesungen:

»Illusionen blüh'n der Wirklichkeit
Zum Tanz der Jugendzeit
Ein erster Hauch von Leid

Wird sie verweh'n
Doch solang ein Mensch noch träumen kann
Wird sicher irgendwann
Ein Traum ihm in Erfüllung geh'n.«[19]

Das Lied von Alexandra passte so gut zu meiner Familie: Träumen konnten wir alle gut. Das war auch etwas, das uns verband. Nur manchmal fühlten sich meine Eltern für mich dadurch auch nicht sehr greifbar an. Sie hatten manchmal wenig Bodenhaftung. Dennoch bin ich ihnen unglaublich dankbar, dass sie mir die Fähigkeit zu träumen mitgaben – denn ohne sie könnte ich nicht sein, wer ich heute bin, und hätte nie den Mut entwickelt zu all dem, was ich künstlerisch tue. Und die großen deutschen Diven über meine Eltern kennenzulernen, war ebenfalls ein Geschenk.

Eines Nachmittags, es war ungefähr zwei Wochen vor meiner geplanten Reise nach England zum Treffen mit dem Songwriter, saß ich in meinem WG-Zimmer in Mannheim und probierte Sounds in meinem Producing-Programm durch. Es war einer dieser traurigen Momente. Ich fühlte mich überfordert vom Druck an der Akademie, von der Trostlosigkeit der Stadt, von der Oberflächlichkeit meiner Freundschaften. Und ich hatte Angst vor dem, was kommen würde. Doch plötzlich blieb ich an einem Sound hängen: Eine Celeste spielte eine wehmütige und doch verspielte, wunderschöne Melodie. Sie erinnerte mich an die leichten Momente meiner Kindheit. Ich hatte unzählige Bilder von damals vor Augen: einen Ausflug mit meinen Eltern im Schwarzwald, diesen einen Sommer im Freibad und meinen ersten Applaus als Siebenjährige. Ich begann zu singen, fand Worte, dann Sätze. Ich ließ es einfach geschehen, ließ dieses Lied seine Form finden, ließ die Töne gleiten. Die Musik floss durch mich hindurch und meine Geschichte erzählte sich wie von selbst. Ich war in tune mit dem Universum. Der Zauber, den ich in Konstanz in der alten Fabrik mit der Jazzband empfunden hatte, hatte mich wieder ergriffen. Und auf einmal war aus den Erinnerungsfetzen ein Song geworden: auf Deutsch.

»Als ich noch ein Kind war
Sprach ich heimlich mit dem Wind
Und bei jedem Windstoß
Glaubte ich ernsthaft
Er sei nur für mich bestimmt
Ich wollte immer stark sein
Doch dann gibt es wenige Schultern
An die man sich anlehnen kann
Ich wollte gern bekannt sein
Doch unter so vielen Bekannten
Findet man nur selten einen Freund
Komm, lass uns nochmal Kind sein
Und wir verlassen diese graue Stadt
Und wenn wir auf die Knie fallen
Stehen wir auf und spielen weiter
Und leben nur von Tag zu Tag«[20]

Ich nahm den Song auf, loopte in meinem Schnittprogramm die Celesta, die die Melodie perfekt umrahmte, und hatte auch direkt eine Idee für das Video. Ich suchte die alten Clips, die ich in unseren Urlauben an der Adria und bei unseren Familienausflügen gedreht hatte. Dann filmte ich mich, wie ich mit einem tiefrot geschminkten Mund in meinem Mannheimer Zimmer saß und später noch ein paar der Mannheimer Hochhäuser. Daraus schnitt ich das Video zum Song. Das machte etwas ganz Neues mit mir. Es war anders als mit jedem anderen Musikstück zuvor.

Ich war so erfüllt davon, dass ich sofort meine Dozentin anrief. »Ich muss auf Deutsch singen!«, rief ich. Ich wusste, dass sie nicht gerade durchdrehen würde vor Freude, sie sah mich schließlich als nächste Beth Dito oder Adele. Und natürlich sollte ich auf Englisch singen. Aber ich klang in diesem Moment am Telefon wahrscheinlich so sonnenklar, dass kein Zweifel daran bestand, dass ich mich bereits für einen anderen Weg entschieden hatte. Die Dozentin versuchte gar nicht, mich davon abzubringen. »Soll ich das Treffen in London absagen?«, fragte sie. Ich schluckte. Es war vielleicht eine Once-in-a-lifetime-Chance. Aber sie passte nicht zu mir. Das spürte ich. Und ich wusste, dieses Meeting machte auch für den Songwriter keinen Sinn, wenn ich gerade im Begriff war, einen ganz neuen Weg einzuschlagen, der komplett ungewiss war. Er wurde am Anfang schließlich nicht bezahlt und konnte nur auf eine längerfristige Zusammenarbeit setzen, die sich in meinem Fall nach dem aktuellen Stand nicht abzeichnete. »Ja«, gab ich zurück. Und damit war die Sache geklärt.

Ich hätte sagen können, ich gehe diesen vorgezeichneten Weg, wenn sie mich als Soulqueen sehen, dann werde ich die jetzt. Aber das war eben nicht ich und deshalb war das keine Option. Ich merkte, ich würde darin keine Freiheit haben, mich auszudrücken. Es wäre darum gegangen, eine Rolle zu erfüllen. Und das wollte ich nicht. Ich wollte, dass das, was da in mir nach außen drängte, frei war. Ich wollte echt sein dürfen. Dafür war ich bereit, etwas zu opfern.

Als ich »Kind sein« schrieb und mit diesem Titel auf meine Muttersprache zurückkam, hatte ich sofort eine viel größere Nähe zu meinen Gefühlen empfunden. In meiner Jugend und in meinen ersten englischen Songs hatte ich natürlich auch Emotionen verarbeitet. Aber weniger konkret. Die Texte waren noch recht allgemein und einfach gewesen. Es war mir darum gegangen, dass es cool klingt. Ich hatte noch nicht das Bedürfnis gehabt, mich in meiner Musik persönlich mitzuteilen. Das Performative hatte im Mittelpunkt gestanden. Aber jetzt konnte ich beim Songwriting meine Erlebnisse viel besser greifen, beschreiben, verarbeiten. Auf einmal hatte ich nicht nur das Ventil der Musik, der Melodie, sondern auch das sprachliche Ventil. Jetzt konnte ich meine ganz eigenen Geschichten viel klarer, intensiver erzählen. Und auch all die traurigen Liebesereignisse aufarbeiten und einordnen. Plötzlich spürte ich, dass im Songwriting eine transformative Kraft für mich lag.

Ich erinnere mich noch, dass mich einmal ein Mann fragte, was er tun müsse, um in einem Song von mir verewigt zu werden. Und ich antwortete: »Mir das Herz brechen.« Das war ein zynischer Scherz. Aber im Grunde die Wahrheit. In meinen Songs verarbeitete ich vor allem meinen Liebesschmerz. Er wurde zu einer unerschöpflichen Quelle meiner Kreativität. Manchmal frage ich mich heute, ob sich meine Künstlerseele die komplizierten Geschichten auf eine Art suchte, weil sie darin so viel Inspiration fand. Auf jeden Fall nährte sie sich immer schon durch intensive Erlebnisse.

Ein solches war auch die Begegnung mit einem Gast-Produzenten aus Berlin. Als ich ihm meine deutschen Songs zeigte, war er sofort angetan. Wir wollten unbedingt zusammenarbeiten. Und da ich noch ein dreimonatiges Praktikum zu absolvieren hatte, entschied ich kurzerhand, dies in der Hauptstadt zu tun. Ich suchte mir ein WG-Zimmer, organisierte mir einen Praktikumsplatz in einem Musikverlag und ging nach Berlin. In den drei Monaten hatten wir dann vielleicht drei oder vier Sessions. Nicht gerade viel für diesen Zeitraum. Aber genug, um absolut beflügelt zu sein und bestärkt auf meinem Weg. Außerdem hatte ich mich Hals über Kopf verliebt: in Berlin. Diese Stadt schien eine wahre Heimat für Künstlerseelen. Sie war so bunt, offen und vielschichtig und bot schier unbegrenzte Möglichkeiten. Zurück in Mannheim, wusste ich, dass meine Zeit dort vorbei war. Ich hatte in diesen drei Jahren unendlich viel gelernt und alles erreicht, was ich mir vorgenommen hatte. Ich hatte mich neu entdeckt. Und jetzt hatte ich in Berlin eine neue Wirkungsstätte und mein ideales Inspirationsfeld gefunden. Die Entscheidung war getroffen. Ich brach mein Studium ab und zog nach Berlin. Für eine Musikkarriere würde ich keinen Abschluss brauchen, sondern meinen Stil – und ich wusste, ich musste dort sein, wo ich diesem näherkam.

Auch wenn ich noch keine Ahnung hatte, was genau in Berlin passieren würde, wovon ich leben konnte, wie ich mit meinen Ängsten und Zweifeln umgehen würde: Es war jetzt dran für mich, den nächsten Schritt zu gehen.

Einer der letzten Songs, die ich noch in den Popakademie-Studios aufnahm, hieß »In meinem Traum«:

»Mit geschlossenen Augen viel klarer sehen
Mit schwankenden Beinen am Abgrund gehen
Und in meinem Traum bin ich Flieger
Hinfort mit der Sicherheit, hinfort mit dem Stolz
Ich brenne und fliege ja noch«[21]

DIE EINZIGE

Die Transformation eines Schmerzes

Nach meinem Umzug nach Berlin wartete erst mal eine ganz neue Art von Beziehung auf mich. Und zwar mit einer schwarz-weißen Katzendame namens Missy. Als ich mit Lena und ihr zusammenzog, hatte ich zwar schon an Tag eins mein Herz an dieses schöne Tier verloren, aber noch keinen Schimmer davon, was sich da zwischen uns entwickeln würde. Denn erst mal zeigte mir Missy die eiskalte Schulter. An gemeinsame Abende vor dem Fernseher, an denen man gemütlich vereint auf dem Sofa lag und sie sich stundenlang kraulen ließ, war nicht zu denken. Geschweige denn an Nächte, in denen sie an mich gekuschelt bei mir schlief und mich wärmte. Es brauchte tonnenweise Leckerlis, unzählige Spiel-Sessions mit Katzenangeln und Glöckchen-Bällen und sehr viel Geduld, bis sie sich überhaupt einmal streicheln ließ. Nach Monaten dieser systematischen Vertrauensarbeit war dann ein feines Band zwischen uns geknüpft. Nach Lenas Auszug bestand kein Zweifel daran, dass ich Wohnung und Katze in jedem Fall behalten würde. Und so leben wir heute noch zusammen in Friedrichshain. Missy ist eigen, wie die meisten Katzen, aber diese Beziehung ist eine bereichernde – und das noch immer, obwohl wir inzwischen schon zwölf Jahre zusammen sind.

Missy trug damals maßgeblich dazu bei, dass ich mich in Berlin so schnell zu Hause fühlte. Genauso wie meine fantastischen Kolleg*-

innen im ersten Bürojob meines Lebens. Diesen hatte ich mir sinnigerweise recht bald nach meiner Ankunft zugelegt. Denn auch wenn feststand, dass ich in Berlin war, um eine erfolgreiche Musikerin zu werden, konnte ich von diesem Beschluss allein keine Miete bezahlen. Ich jobbte anfangs noch als Background-Sängerin, hörte damit aber schon bald wieder auf. Ich wollte im Musik-Business auf keinen Fall als Dienstleisterin wahrgenommen werden. Dem Status als Künstlerin kann das leider schnell abträglich sein. So bewarb ich mich in einem völlig anderen Bereich: als Office-Managerin in der Gründerszene. Zu meinem Erstaunen bekam ich den Job und die Sache fiel mir leichter als gedacht. Das Schönste an dieser Anstellung war, dass mein Büro bereits nach kurzer Zeit zum »Disco Departement« avancierte. Wir markierten mitten im Raum einen kleinen Bereich als Bühne, auf der die Belegschaft jederzeit performen durfte. Die Kolleg*innen liebten es. Für gute Stimmung sorgte ich also in jedem Fall dort. Aber sagen wir es mal so: Inhaltlich konnte ich bei dieser Tätigkeit nicht unbedingt alle meiner Kernkompetenzen einsetzen.

Als mein Vertrag nach einem Jahr auslief, war es Zeit für etwas Neues. Ich entschied mich, diesmal etwas zu machen, was näher an meinen Interessen lag: Ich wurde Make-up-Artist und verpasste ab jetzt in allen möglichen Kaufhäusern Berlins willigen Kund*innen »Photoshop aus der Tube«. Meinen Spaß am Schminken hatte ich ja schon früh entdeckt – Oma Regina war daran nicht unschuldig gewesen, allerdings nicht nur durch ihre inspirierenden Looks, sie hatte damals auch für die Marke »Avon« bei Hausbesuchen Make-up verkauft. Inzwischen sammelte ich seit Jahren schon jegliche Sorten Lidschatten, Kajal und Lippenstifte und probierte immer neue Styles an mir aus. Es stellte sich heraus, dass ich ebenfalls ein Händchen dafür hatte, auch andere zu schminken und anschließend das verwendete Make-up zu verkaufen. Die Sache lief bestens. Ich war binnen kürzester Zeit eine der erfolgreichsten Verkäuferinnen des Teams. Diese kreative Arbeit war mein Ding und ich genoss die Abwechslung und die kurzen, nicht selten sehr persönlichen Begegnungen mit den unterschiedlichsten Frauen.

Auch im KaDeWe hatte ich regelmäßig Dienst. Und dort schaute natürlich auch die ein oder andere ältere Dame im Pelzmantel vorbei. Das waren fast immer besonders interessante Gespräche. Nur eines hat bis heute einen herben Nachgeschmack bei mir hinterlassen: Eine Kundin fragte mich ganz direkt, ob ich einen Freund hätte, und als ich verneinte, sagte sie, ihre Enkelin hätte das gleiche Problem wie ich, die fände auch keinen, weil sie so dick sei. Leider kam es in meinem Leben immer wieder vor, dass eine fremde Person mich auf mein Gewicht ansprach und ungefragt ihre Meinung zum Besten gab. Es ist für mich immer wieder erstaunlich: Warum um alles in der Welt glauben so viele Menschen, ihre Gedanken zu den Körpern anderer sei von Relevanz? Und begreifen offenbar gar nicht, dass sie mit dieser Art Kundtun Beleidigungen austeilen? Ich habe mir davon zum Glück nicht den Spaß verderben lassen und noch eine ganze Weile weiter mit Begeisterung Berliner Ladies verschönert. Aber auch dieser Job konnte nur für den Übergang dienen. Irgendwann war es an der Zeit, mich komplett der Musik zu widmen.

Ich hatte schon direkt nach meinem Umzug weiter intensiv mit dem Produzenten gearbeitet, den ich in Mannheim kennengelernt hatte. Er liebte meinen Chanson-Ansatz und fand, meine Stimme hätte einen gewissen Hilde-Knef-Sound, den wir versuchten, noch mehr herauszuarbeiten. Ich befasste mich in dieser Zeit intensiv mit ihr als Künstlerin. Hildes Texte waren so versiert, intellektuell, vielschichtig, feministisch und trotzdem witzig. Dabei war der Sound ihrer Stimme nicht klassisch schön, aber unglaublich kraftvoll. Ich war fasziniert von dieser Frau, die in ihrem Leben viele Ups and Downs erlebt hatte. Sie war eine unglaublich unabhängige, starke Person gewesen, die sich über die Konventionen hinweggesetzt hatte. So hatte sie sich als erste Deutsche nackt in einem Hollywood-Film gezeigt. Dafür war sie in Deutschland angefeindet worden. Als sie später in den USA als Schauspielerin Karriere gemacht hatte und zurückkam, wurde sie auf einmal auch hier gefeiert. Aber das ist ihr nie zu Kopf gestiegen. Sie war eine Grand Dame, aber keinesfalls eingebildet. Sie war immer unangepasst, hat in ihren Texten viel reflektiert und ihre Unabhängigkeit immer wieder postuliert. Sie hätte einen noch viel größeren Erfolg verdient gehabt.

Eine meiner allerersten Veröffentlichungen war dann tatsächlich auch ein Cover von »Für mich soll's rote Rosen regnen«, das auf einem Hilde-Knef-Jubiläumsalbum landete. Aber es gab noch so viele andere Songs von ihr, die mich beflügelten: »Von nun an ging's bergab«, »Sei doch mal verliebt« oder »Das Mädchen im 18. Stock«. Eine Freundin von mir hat Hilde Knef nochmal in hohem Alter auf einer Bühne gesehen. Danach sagte sie: »Auch wenn sie einen Gehstock hatte, war sie immer noch so würdevoll.« Hildegard Knef hatte eine solche Stärke – ein bisschen wie Oma Regina: aufrecht stehen bis zum bitteren Ende. Sie war ein Vorbild und eine wichtige Inspiration für mich.

Die Arbeit mit dem Produzenten und an meinen deutschen Liedern war wahnsinnig bereichernd. Wir betraten ganz neues Terrain. Und entwickelten eine klare Vision, in der ich mit einem riesigen Orchester auf den ganz großen Bühnen stand. Der Produzent sprach dann bald auch schon mit den ersten Labels. Inzwischen war ich parallel dazu beim Musikverlag meiner ehemaligen Dozentin aus Mannheim als Songwriterin unter Vertrag. Auch sie hatte große Pläne mit mir und nahm mich auf alle wichtigen Events im Musikbusiness mit. Ich weiß noch, wie ich bei der Aftershow-Party der Echos Peter Fox, die Toten Hosen und unzählige weitere Stars, Produzenten und Songwriter traf. Das waren einzigartige Momente. Und all das ließ mich spüren, dass ich auf dem richtigen Weg war und meinem Traum immer näherkam. Es war ein solches Bitzeln in der Luft. Ich genoss es mit jeder Faser meines Seins.

Allerdings hatte ich in der Zusammenarbeit mit dem Produzenten irgendwann das Gefühl, er wollte eine zweite Hilde aus mir machen.

Es ging nur noch um sie und alles, was ich tat, wurde mit ihr verglichen. Ich hatte das Gefühl, ich sollte ihr in allem folgen. Es dauerte fast drei Jahre, aber dann war mir klar: Das bin nicht mehr ich. Ich will ich selbst sein und keine Kopie einer anderen Frau! Und ich will Popmusik machen. Keine Chansons. Es war ein wichtiger Schritt, das zu erkennen und mir neue Partner zu suchen. Wieder musste ich mich von einer fixen Idee eines anderen befreien, um nicht in eine Schublade gesteckt zu werden.

Ich fing ich an, mit ganz unterschiedlichen Leuten zu arbeiten und mich weiter auszuprobieren. Schließlich fand ich immer mehr zu meinem Stil – und meine musikalische Heimat bei Dasmo und Mania, einem Produzenten-Duo aus Kreuzberg, mit dem ich später auch mein Debütalbum aufnahm. Den Kontakt hatte ich über John bekommen, einen supersmarten, herzlichen Typen, den meine Verlegerin mir vorgestellt hatte: Seines Zeichens Musikmanager – und kurz darauf meiner. Mit ihm entwickelte ich die Idee, eine Indie-EP herauszubringen. Die meisten Labels, die er versuchte, dafür zu gewinnen, verstanden allerdings überhaupt nicht, wer ich als Künstlerin war und was meine musikalische Identität sein sollte. Sie fragten: »Ist sie nun Chanson, Pop, Soul oder Schlager?« Mich nervte das irrsinnig. War das nicht gerade das Spannende an meiner Musik, dass sie nicht auf ein Genre festgelegt war, dass sie anders und eigensinnig war? Da mein Manager und sein Geschäftspartner nicht nur eine Management-Agentur besaßen, sondern auch ein Label, boten sie mir an, mich unter Vertrag zu nehmen und diese erste EP mit ihnen zu realisieren. Ich willigte ein. Obwohl mich meine Verlegerin davor warnte, diesen Interessenskonflikt einzugehen. Denn ich trat meine Rechte als Künstlerin in einem Exklusivvertrag an John ab. Da ein Management die Interessen seiner Künstler*innen gegenüber allen anderen Parteien vertreten soll, entsteht natürlich eine heikle Situation, wenn das Management auch gleichzeitig das Label ist. Was das Label will, hat in so einem Fall deutlich mehr Gewicht. Später sollte ich lernen, welche verheerende Konsequenzen das haben konnte.

Aber zunächst hatte ich andere Sorgen. Und zwar gewaltige: Bei mir wurden Ödeme auf den Stimmbändern diagnostiziert. Dabei handelte es sich um Verhärtungen, die oftmals eine Stimmband-OP notwendig machen. Meine Ärztin riet mir zu einer Stimm- und Körpertherapie, die ich auch direkt startete. Die Behandlung war weit intensiver, als ich erwartet hatte. Denn es ging nicht nur um ein paar Übungen, die helfen sollten, die Stimmbänder zu lockern. Teil der Behandlung war auch die Bearbeitung von Traumata, die mein Körper gespeichert hatte. Die Therapeutin sensibilisierte mich für ganz detaillierte Körperempfindungen. Ich lernte mich immer deutlicher zu spüren: Wo im Körper hielt ich Spannungen fest? Wie konnte ich diese loslassen? Beim Kaffeekochen, unter der Dusche oder an der Ampel stehend machte ich meine Übungen, ließ dabei bestimmte Muskelgruppen bewusst los, lockerte die Knie, versuchte das Becken beweglich zu halten. Ich übte täglich, in der Hoffnung, die OP zu umgehen. Und entwickelte eine immer größere Angst, nicht mehr singen zu können. Ich hatte doch gerade erst zu meiner Kunst gefunden! Das durfte mir doch jetzt nicht direkt wieder verloren gehen!

Diese Körperarbeit war nicht nur Bewegungstraining und Achtsamkeitskurs, es war auch eine Form psychologischer Arbeit, weil sie mein Bewusstsein schärfte und mich in die Reflexion brachte: Plötzlich musste ich mich fragen, wer ich ohne meine Stimme bin, ob ich einen Wert habe ohne sie. Und ich hatte erst mal keine Antwort. Ich hörte auf zu rauchen und zu trinken, versuchte, laute Orte zu meiden, immer bewusst sanft zu sprechen. Ich lebte das absolute Kontrastprogramm zu meiner Zeit in Mannheim.

In den folgenden Wochen musste ich auf meinem Weg zur Stimmband-Therapie jedes Mal an dem Gebäude einer der großen Plattenfirmen vorbei. Was für ein krasser Zufall oder gar Schicksal? Die riesigen Buchstaben des Logos sprachen förmlich zu mir. Sie schienen mich zu fragen, ob das noch einmal etwas werden sollte – mit der Musik und mir. Oder ob alles schon wieder vorbei wäre, bevor es richtig losgegangen war. Zum Glück unterstützte mich mein Manager sehr. Er sprach mir immer wieder Mut zu und machte mir klar, dass sich das Blatt sicher bald wenden und etwas Großartiges auf mich warten würde. Doch mich beruhigte das nur bedingt. Ich machte mir einfach große Sorgen und hatte auch Angst vor der möglichen OP.

In dieser Zeit fühlte sich das Single-Sein schwer an. Ich sehnte mich nach Geborgenheit. Nach einem Teamgefühl. Nach dem einen Menschen, der zu mir hält und mit dem ich alles teilen kann. Aber den gab es nicht. Und ich war inzwischen müde geworden, nach ihm zu suchen. Anfangs war ich in Berlin immer wieder auf Dates gegangen. Doch die Typen hatten entweder ein Drogenproblem, extreme Bindungsangst, esoterische Anwandlungen oder plötzlich eine neu entfachte Liebe zu ihrer Exfreundin. Ich wurde ständig geghostet und ließ das Ganze irgendwann bleiben.

Das schaffte mehr Raum für meine Musik. Sie gewann an Kraft und gab mir auch immer mehr zurück. Die ungestillte Sehnsucht nach einem Partner war dennoch mein ständiger Begleiter – und gleichzeitig mein Motor und weiterhin die Inspirationsquelle für unzählige Songs. Einmal sagte ich zu meinem Manager, dass ich mich sicherlich nicht für den Weg der Musik entschieden hätte, wenn ich die große Liebe gefunden hätte. Heute weiß ich nicht mehr, ob ich damit meinte, dass ich dann keinen Anlass gehabt hätte, Songs zu schreiben, oder ob meine Liebe zur Musik gar nicht so groß geworden wäre – aller Wahrscheinlichkeit nach werden wir das nie erfahren. Und es spielt auch keine Rolle mehr, denn ich bin verdammt froh, dass alles so gekommen ist.

Damals war ich es nicht. Ich fühlte mich abhängig von meiner Stimme und kam schwer gegen die Panik an. Dann kam die Nachricht: Meine Übungen hatten nicht ausgereicht. Die OP war unvermeidbar. Aber tatsächlich lief sie gut und war der entscheidende Wendepunkt. Nach einer Regenerationsphase war ich schnell wieder in meiner alten Form – nein, in meiner bis dahin besten!

Was folgte, war erst mal nur Aufwind. Wir realisierten das geplante Mini-Album mit fünf Songs und hielten damit endlich ein greifbares Produkt in den Händen, mit dem John dann noch einmal bei den großen Playern die Runde drehen konnte. Und so kam es zu den sogenannten »Showcases«, bei denen ich in mehreren Städten für die großen Labels spielte. Schließlich auch im Berliner AusterClub.

Ich wusste, dass jemand von einer der größten Plattenfirmen Deutschlands kommen würde, um mich an diesem Abend live zu sehen. Und war gottfroh, dass mein Auftritt so perfekt lief. Danach sprach mich der Plattenboss direkt an und wir hatten ein langes und intensives Gespräch an der Bar. Er hatte offenbar sehr genau auf meine Texte geachtet und auch auf meine Ansagen zwischen den Songs. Das schmeichelte mir. Irgendwann sagte er, dass er es großartig fände, wie persönlich meine Texte seien, aber dass er das Gefühl hätte, da ginge noch mehr. An manche Themen hätte ich mich vielleicht noch nicht herangetraut.

Stimmte das? Diese Frage beschäftigte mich in den folgenden Wochen immer wieder. Einmal, als ich gerade Wäsche zusammenlegte und über mein Single-Sein nachdachte, stiegen Wut und Traurigkeit in mir auf und ich dachte mit einem Mal: Bin ich die Einzige, die für immer allein bleibt? In diesem Augenblick wusste ich, das ist es, das Thema, das ich noch vermieden hatte! Das Thema, das der Plattenboss gemeint hatte. Ich spürte, dass da so viel Scham in mir war, Scham dafür, dass »mich keiner wollte«, dass ich unvermittelbar zu sein schien. Nicht einmal in Gesprächen mit Freunden wollte ich es mir anmerken lassen, wie verzweifelt ich über mein Alleinsein war. Wer sagt schon gerne über sich: Hey, ich bin übrigens Dauer-Single, leide wie nichts Gutes und habe offenbar rein gar nichts von der Liebe begriffen! Aber genau das war es, was ich herausschreien wollte.

Ich startete die Audio-App meines Handys und improvisierte a cappella. Ganz ähnlich wie bei »Kind-Sein« kam es auch jetzt aus mir herausgeflossen. Wenn ich mir vollkommen im Klaren darüber war, worüber ich singen wollte und was die Emotion dahinter war, kamen Text und Melodie einfach zu mir. Und dieser Song wollte verdammt noch mal raus! Es fühlte sich so an, als ob zwischen meinem Bauch und meiner Brust ein Schwarzes Loch wäre, in dem ein ewig pochender Schmerz saß, den ich ständig zu vermeiden versucht hatte. Doch jetzt durfte er endlich raus. Und zu Musik werden! Er durfte zu dem Song werden, der mein Leben komplett auf den Kopf stellen sollte.

Der Refrain war schnell geschrieben. Dann machte ich eine kurze Pause, ging ein paar Lebensmittel kaufen, fing an zu kochen. Während ich das Gemüse schnitt, dachte ich: Vielleicht bin ich schon viel zu lange allein, so nur mit mir, ganz ohne Kompromiss? Vielleicht habe ich verlernt, was es heißt, zu zweit zu sein … Das war die erste Strophe! Ich tippte die Zeilen in die Notiz-App meines Handys und schrieb weiter. Dann rief ich meinen Gitarristen Robert an. Ich sagte ihm, dass wir sofort einen neuen Song zusammen ausarbeiten müssten, und noch am selben Abend trafen wir uns in seinem Studio: ein kleiner Kellerraum, ohne Glamour, aber liebevoll eingerichtet. Ich mochte diesen Ort. Hier waren auch schon ein paar Songs entstanden, die mir viel bedeuteten. Dass dieser neue ein so wichtiger werden würde, ahnte ich in diesem Moment nicht. Obwohl meine Aufregung eine besondere war. Ich spürte, dass ich anders bewegt war. Robert probierte ein paar Akkorde aus und der Song bekam direkt etwas Klassisches, Zeitloses. Dann schrieb ich den Mittelpart:

»Mir wurde schon so oft versprochen,
Die Liebe steht für dich bereit.
Mein Herz schon viel zu oft gebrochen.
Wie soll ich's glauben? Nach all der Zeit?
Wie geht man auf den anderen zu,
wenn alle schon vergeben sind?
Wo finde ich den neuen Mut,
damit ich nicht mehr einsam bin?«[22]

Die Demo, die wir an diesem Abend fertigstellten, beinhaltete nur Stimme und Gitarre. Reduziert und klar. Mit diesem und ein paar anderen Tracks im Gepäck trafen mein Manager John und ich uns einige Wochen später zum allerersten offiziellen Meeting mit dem Plattenboss. Und zwar in den heiligen Hallen seines Labels. Meine Aufregung war unbeschreiblich, als wir im Lift standen. Und sie steigerte sich noch, als der Boss dann ins Vorzimmer, in dem wir gewartet hatten, trat. Er trug einen schwarzen Mantel mit Fellkragen und bat uns mit einer ausladenden Geste in sein Büro. Dort fiel mein Blick sofort auf die beiden voll verglasten Wände. Von hier aus hatte man einen unfassbaren Blick über die Stadt. Auf der anderen Seite des Raums befanden sich Regale, voller goldener Schallplatten und anderer Auszeichnungen. Schnell entdeckte ich eine meiner Lieblingskünstlerinnen dieser Zeit: Lana Del Rey. Ihr Album »Born to die« stand dort als »Paradise Edition« auf Vinyl. Die Sängerin im Vordergrund, fast puppenhaft in ihrer kühlen Aura, im Hintergrund ein Pool und Palmen, die in einem diffusen Nachmittagslicht verschwammen. Über allem ihr Name, in großen goldenen Lettern. Majestätisch blickte sie zu mir herab.

Der Plattenboss saß nun in seinem riesigen Schreibtischstuhl und rauchte. Erst jetzt sah ich das bunt bestickte Seidenfutter seines Mantels. Auf dem dicken Eichenholz-Schreibtisch vor ihm stapelten sich Unterlagen. John und ich warfen uns immer wieder verschmitzte Blicke zu. Das hier war einfach alles wie im Film.

Der Plattenboss sagte noch einmal, wie begeistert er von meinem Konzert gewesen wäre und auch von dem ein oder anderen Song, den er dort bereits gehört hatte. Irgendwann nahm ich meinen Mut zusammen und sagte ihm, dass ich ihm noch zwei neue Stücke mitgebracht hätte, die ich ihm gerne vorspielen würde. Er nickte und hielt mir ein Kabel entgegen, das mit seiner Anlage verbunden war. Ich schloss mein Handy an und startete den ersten Titel. Er zeigte keine Regung. Aber ich hatte ja noch einen zweiten dabei. »Den nächsten Song habe ich dir zu verdanken«, sagte ich. »Du hast mich dazu inspiriert.«

Mit zitternder Hand drückte ich auf Play. Laut tönten die ersten Zeilen durch den Raum, unvollkommen und rudimentär, nur meine Stimme zu den leisen, gezupften Tönen der Akustik-Gitarre. Es ist immer ein ganz besonderes Gefühl, einen Song vorzuspielen. Und ehrlich gesagt bin ich immer etwas aufgeregt und verlegen. Aber diesmal schlug mir mein Herz wirklich bis zum Hals und ich wagte nicht, den Plattenboss anzusehen, während der Track lief. Aber ich spürte, wie die Spannung im Raum zunahm. Und zwar nicht nur meine.

Als der Track vorbei war, nickte der Plattenboss ganz langsam.

SIGN OF THE TIMES

Von Giga-Bühnen, zu viel Adrenalin und einer rettenden Entscheidung

Danach ging alles ziemlich schnell. Wir wurden direkt zum nächsten Meeting eingeladen, das nur eine Woche später stattfinden sollte und nur bedeuten konnte, dass irgendetwas gut gelaufen war – sonst wären wir niemals sofort wieder im vollen Terminkalender dieses Mannes gelandet. Als wir uns wieder trafen, erfuhren wir, dass mein Song bereits in einem A&R-Meeting vorgestellt worden und sehr gut angekommen war. Man hätte den Track auch intern noch an verschiedene Abteilungen weitergeleitet, die allesamt extrem positiv reagiert hätten. Schließlich eröffnete uns der Plattenboss, dass man sich vorstellen könnte, ein Album mit mir zu produzieren. Jetzt ginge es darum, weitere Titel zu generieren.

Als ich nach Hause kam, hatte ich Atemnot. Ich konnte mich kaum beruhigen. Ich war so glücklich – und gleichzeitig spürte ich, wie der Druck in mir stieg. Die nächsten Tage verbrachte ich fast durchgehend mit Robert in seinem Keller und die folgenden Wochen im Studio mit Dasmo und Mania. All die Songs, die ich in den letzten Monaten begonnen hatte, fanden jetzt ihre fehlenden Teile. Ich schrieb neue und sang so viel wie noch nie in meinem Leben.

Endlich konnte ich all diesen bitteren Liebesgeschichten einen Raum geben, in dem sie eine neue Form fanden, sich zu etwas Schönem, Wertvollem verwandelten – und nicht nur für mich eine Aussage hatten, sondern vielleicht auch für viele andere Menschen.

Die Songs »Nie vergessen« und »Immer wenn es wehtut« waren inspiriert von Kai und dem Wissen darum, dass manche Menschen einen bleibenden Eindruck hinterlassen, der bei allem Schmerz auch wertvoll ist. »Für mich schon Liebe« thematisierte ein hoffnungsloses Verliebtsein, in dem ich mir unrealistische Luftschlösser baute. Liebe in meinem Kopf war einfacher als in der Realität. »Schönheitskönigin« handelte von dem Wunsch danach, endlich schön genug zu sein. In »Zurück zu mir« reflektierte ich die Geschichte mit einem Typen, der mir am Ende so auf den Geist gegangen war, dass ich überglücklich war, nach der Story wieder bei mir selbst anzukommen. »Herzstreik« handelte von all meinen gescheiterten Beziehungen. Und »Haut aus Glas« erzählte von mir als Ronja Räubertochter, die sich Hals über Kopf verlieben konnte – im Vergleich zu der einsamen und verletzten Alina, die innerlich gebrochen war und den Glauben an die Liebe fast aufgegeben hatte.

Ich war so inspiriert, arbeitete Tag und Nacht. Alles ging wie von selbst, ich konnte es gar nicht steuern. Und in den weiteren Songs verarbeitete ich auch vieles andere: »Mit Größe gehen« handelte von einer Trennung meines Bruders. Mit »Auch wenn du fehlst« verabschiedete ich mich von meinem verstorbenen Großvater und erinnerte mich daran, niemals meine Träume aufzugeben. »Kompass« erzählte von meiner Mutter, die traurig war, dass ich immer noch ein Stück weiter wegzog. Mit »Titan« dankte ich meinem Vater, der mir beigebracht hatte, an mich selbst zu glauben und nicht aufzugeben, und der mir auch den Mut gab, freie Künstlerin zu werden. Und »Worte sind Mörder« sprach davon, was Menschen einander mit Worten antun können – eine Botschaft an alle meine Mobber. Es war eine so intensive Zeit und ich spürte, dass sich gerade alles veränderte.

Dass sich etwas Großes ankündigte, schien allerdings nicht nur ich zu bemerken. Fremde Leute, denen ich auf irgendwelchen Partys der Musikbranche oder im Studio über den Weg lief, hatten angeblich schon von mir gehört. Alle wussten scheinbar, dass sich ein ganz gewisser Plattenboss meine Musik zum Thema gemacht hatte.

Diesen ganz gewissen Plattenboss trafen John und ich jetzt regelmäßig. Es wurde immer klarer, dass bald tatsächlich mein Debütalbum bei diesem Giga-Label erscheinen würde. Und trotz aller Euphorie: Von Meeting zu Meeting wuchsen ein zermürbender Zweifel und eine quälende Angst in mir. Ich hatte das Gefühl, ich müsste aller Welt beweisen, dass ich es wert war, in dieser Position zu sein. Dabei dachte ich insgeheim: Was, wenn sie herausfinden, dass ich gar nicht so gut bin?

Es ist eine Sache, einen großen Traum zu haben, und eine andere, diesen plötzlich umzusetzen – und mit Leben füllen zu müssen. Mir wurde regelrecht schwindlig, wenn in den Marketing-Meetings darüber beraten wurde, in welchen TV-Sendungen ich platziert werden könnte. Live im Fernsehen aufzutreten war meine absolute Horrorvorstellung. Sie brachte die Erinnerungen an DSDS zurück – und vor allem an mein Scheitern dort. Doch all das konnte ich niemandem anvertrauen. Ich hatte Albträume, Panikattacken und immer wieder Schmerzen in meinen Gelenken. Ich wusste nicht, wie mir geschah, und gleichzeitig war ich auch so glücklich und dankbar. Es war für mich kaum zu glauben, was sich da in meinem Leben gerade ereignete. Ich hatte oft das Gefühl, gar nichts mitzubekommen, obwohl ich dabei war.

Die Promo-Tour begann dann schon vor dem Album-Release. Ich spielte auf der Waldbühne Berlin, beim LEA Live-Award und eine Woche vor der Veröffentlichung auf dem »Schlagerboom« von Florian Silbereisen – mit zehntausend Menschen in der Dortmunder Westfalen-Halle und fast fünf Millionen Zuschauern vor den Fernsehern. Ich hatte Schwindelattacken und ein Lampenfieber, das mich fast zum

Durchdrehen brachte. Allein auf dieser riesigen Bühne zu stehen, vor diesen Massen an Menschen, überforderte mich – aber alles ging glatt.

Als die Platte erschienen war, bekam ich unzählige Nachrichten auf Facebook. Hunderte von Menschen schrieben mir, wie sehr ihnen »Die Einzige« aus dem Herzen sprach und wie großartig sie auch meine Live-Performances fanden. Dann ging es von Sendung zu Sendung: »RTL Frühstücksfernsehen«, »ZDF Fernsehgarten«, »Privat-Konzert« mit Kim Fisher und Wigald Boning, »Adventsfest der 100.000 Lichter«, »Silvester am Brandenburger Tor«, »Schlag den Star«. Und sogar bei der »NDR Talk Show« war ich eingeladen. Ich saß an diesem Abend zwischen Jürgen Vogel, Diane Kruger und Fatih Akin und sang live. Es herrschte eine sehr besondere Atmosphäre im Studio. Völlig anders als bei den Auftritten auf den großen Bühnen. Es war so intim und meine Performance ganz anders intensiv. Als ich Diane Kruger danach ansah, hatte sie Tränen in den Augen. Wir sprachen in dieser Runde auch über Körperformen und ich konnte mein erstes Statement zu Body Positivity abgeben. Damit hatte sich einer meiner ganz großen Jugendträume erfüllt. Und auch meine Tour brachte ich trotz aller Aufregung und Imposter-Syndrom ohne Zwischenfälle hinter mich. Nach jedem Auftritt stiegen die Follower-Zahlen auf all meinen Kanälen und die iTunes-Verkäufe schnellten in die Höhe. Bei RTL lief sogar Werbung für mein Album. Und meine Mutter schickte mir immer wieder Artikel aus Magazinen, in denen ich auftauchte. Ich war völlig erschlagen von diesem enormen Erfolg und gleichzeitig natürlich überglücklich.

Und dann hieß es, »Die Einzige« wäre bei den Schlagersendern absolut eingeschlagen, ich würde da dauernd gespielt und sollte jetzt auch noch in der Sendung »Schlagerchampions« auftreten. Ich war verwirrt. Ich meinte mich zu erinnern, dass wir in einem der Marketing-Meetings darüber gesprochen hatten, dass ich in ein oder zwei Schlagershows auftreten würde. Damit war ich auch einverstanden gewesen und hatte diese Auftritte erfolgreich absolviert. Nur wohl gefühlt hatte ich mich absolut nicht in diesen Sendungen. Diese Gigahallen voller Menschen und das Millionenpublikum an den Bildschirmen waren mir zu viel gewesen. Das war für mich zum Einstieg einfach eine zu große Challenge. »Die Einzige« war zudem ein Song, mit dem ich mich so sehr zeigte, ja, komplett nackt machte. Das fühlte sich vor einer solchen Masse von Menschen nicht gut an. Ich wünschte mir einen intimeren Rahmen. Oder zumindest keine Millionen.

Hinzu kam die Tatsache, dass Schlager nicht meine Welt war. Doch plötzlich hatte ich das Gefühl, ich wäre über Nacht in dieses Genre einsortiert worden. Ich verstand überhaupt nichts mehr. Warum denn Schlager? Ich machte doch Pop! Daran hatte ich nicht den geringsten Zweifel. Ich bat meinen Manager John um ein Treffen. Doch er war krank, kam dann sogar in die Klinik. Seine Vertretung war sehr jung und wirkte auf mich komplett unerfahren. Sie versuchte mich zu beruhigen. Aber das funktionierte nicht. Als ich endlich ein Meeting mit dem Plattenboss bekam, konnte ich ihn nicht überzeugen. Scheinbar sah er meinen Weg jetzt im Schlager.

Ich war fassungslos. Meine eigene Naivität hatte mich offensichtlich in eine Sackgasse geführt. Ich hatte wohl nicht richtig aufgepasst, die Verträge nicht komplett verstanden, in den Marketing-Meetings nicht alles mitbekommen – und zu sehr darauf vertraut, dass alle an meiner Seite standen, meine Vision teilten, meinen Weg mit mir gehen wollten. Jetzt stellte es sich auf einmal so dar, dass vielmehr ich es war, die mitgehen sollte. Einen Weg, den andere Menschen für mich entworfen hatten. Menschen, die mit mir Geld verdienen wollten. Ich konnte es ihnen nicht verübeln.

Ich ließ mich zu diesem einen Auftritt in der Schlagershow noch überreden, mit der Bedingung, dass ich diesmal nicht völlig allein auf der riesigen Bühne stehen, sondern von meiner Band begleitet werden würde. Dem wurde zugestimmt. Doch in letzter Sekunde vor dem Auftritt hieß es, es würde optisch einfach besser wirken, wenn ich allein aufträte. Das war ein echter Schock für mich. Warum hielt man sich nicht an unsere Abmachung? Warum nahm man keine

Rücksicht auf meine Bedürfnisse und Wünsche? Warum sollte ich funktionieren wie eine Maschine?

Ich hatte zu diesem Zeitpunkt schon drei Monate Promo-Tour hinter mir und mich quälte eine heftige Bronchitis, die ich seit Wochen nicht loswurde. Ich hatte panische Angst, dass meine Stimmbänder wieder so sehr leiden würden, ich gar noch mal operiert werden müsste. Ich hatte all meine Energiereserven für diesen Auftritt zusammengekratzt und jetzt stand ich da und sollte genau das tun, was ich eben nicht gewollt hatte. In diesem Moment fühlte ich mich absolut verlassen. Ich brach in Tränen aus und mir wurde schwindelig. Ich hatte das Gefühl, ich könnte den Auftritt gar nicht schaffen. Irgendwann kam der Nachfolger meines Managers und beschwichtigte mich. Ich sammelte mich, dachte an all die Fans, die mir vorher geschrieben hatten, wie sehr sie sich auf meinen Auftritt freuten – und trat trotz allem auf. Es war ein echter Kraftakt. Aber es lief überraschenderweise sehr gut.

Allerdings hörte ich danach aus mehreren Ecken, ich wäre da aufgefallen, ich wäre schwierig gewesen, eine Diva. Es machte mich sprachlos und traurig. Es hatte eine Abmachung gegeben, an die man sich nicht gehalten hatte, das hatte mich in eine sehr unangenehme Situation gebracht. So sehr, dass ich sogar geweint hatte, was mir peinlich genug war. Und nun sagte man mir nach, ich sei schwierig? Ich stand ganz am Anfang und hatte doch bereits so viel investiert für dieses Album, so viel auf mich genommen für all die Auftritte, immer wieder so sehr gegen mein Lampenfieber und meine Ängste gearbeitet und das alles, um jetzt im Schlager zu landen – einer Welt, in der ich mich gar nicht am richtigen Platz fühlte und in der ich offenbar dann auch direkt unangenehm auffiel, weil ich eigene Wünsche hatte. Ich spürte ganz klar: So konnte es nicht weitergehen. Das war nicht mein Weg.

Ich machte mir selbst riesige Vorwürfe, dass ich nicht besser aufgepasst und mich nicht besser geschützt hatte. Aus meiner heutigen Perspektive würde ich sagen, es war damals alles schlicht zu viel auf einmal für mich gewesen. Und ich war absolut unerfahren in der Musikbranche. Heute kann ich meinem jüngeren Ich verzeihen. Welcher Anfänger in diesem Business kann all die Gepflogenheiten, all die Fachtermini, all die etwaigen Fallstricke überblicken? Ich glaube, dass viele junge Künstler*innen, die es schaffen, entweder sehr viel härter im Nehmen sind oder eben auch vielfach Glück haben. Wie immer ist Erfolg eine Mischung aus vielen Komponenten. Meiner war hier bereits zu Ende.

In den folgenden Monaten versuchte ich mit allen Mitteln, das Ruder noch mal herumzureißen. Ich bat immer wieder um neue Termine beim Plattenboss, um alternative Wege zu eruieren. Einmal brachte ich sogar eine PowerPoint-Präsentation mit, in der ich darstellte, welches neue Branding ich mir für mich vorstellen könnte und welche Kooperationen mit anderen Künstler*innen eventuell den Dreh bringen würden. Vergebens. Nichts davon schien zu überzeugen. Wie es aussah, hatte ich nur zwei Möglichkeiten: Den Schlagerweg gehen oder das Label verlassen. Da ich Ersteres nicht wollte, versuchte ich mich mit der zweiten Option anzufreunden. Aber so einfach war die Sache nicht. Ich hatte ja einen Exklusivvertrag mit meinem Manager und dessen Label geschlossen. Dieser wiederum hatte mich vertraglich so an den Big Player gebunden, dass ich alle meine Rechte an diesen abgetreten hatte. Ich konnte gar nicht gehen!

Also versuchte ich einen neuen Ansatz, erweiterte mein Netzwerk, arbeitete mit neuen Songwritern und Musikern zusammen, bot neue Songs an für ein weiteres Album. Aber ich bekam weder No noch Go. Das Problem war, dass ich meine Musik nicht bei anderen Plattenfirmen anbieten durfte, solange mein Vertragspartner das Material nicht abgelehnt hatte. So lag meine Kunst am Ende fast drei Jahre auf Eis. Ich war musikalisch tot. Und das eben auch für meine Fans, die auf ein neues Album von mir warteten und mich auch wieder auf einer Bühne sehen wollten.

Und dann kam mein Song für Helene Fischer. Ich hatte im Rahmen einer Ausschreibung ein paar Tracks für sie angeboten. Und tatsächlich wurde ein Song ausgewählt, den sie realisierte. »Die Erste deiner Art« kam auf das Album »Rausch« und war ein Volltreffer. Das war meine Chance! Denn nun hatte ich beim Plattenboss wieder einen Stein im Brett und es kam zu einem weiteren Meeting. An dessen Ende war klar, dass unsere Vorstellungen einfach nicht zusammenpassten. Er ließ mich gehen.

Ich trauerte um einen Traum, der geplatzt war. Und Harry Styles schien mir mit seinem Nummer-Eins-Hit zu antworten:

»Just stop your crying, it's a sign of the times
We gotta get away from here
We gotta get away from here
Stop your crying, baby, it'll be alright
They told me that the end is near
gotta get away from here«[23]

Im Rückblick ist es noch immer schmerzhaft für mich, dass ich diesen Weg, der so fantastisch begonnen hatte, nicht weitergehen und mit einem zweiten Album nicht direkt an den Erfolg des ersten anknüpfen konnte. Aber es gibt eben auch noch eine andere Seite in mir. Diese ist alles in allem zutiefst dankbar, dass ich diese gigantische Chance überhaupt hatte, mit einem so großen Label ein Album herauszubringen. Und diese Seite in mir weiß auch, dass es unglaublich wertvolle Erfahrungen waren, die ich dadurch sammeln durfte. Ich hatte einmalige Momente des Glücks erlebt, als ich meine Musik mit so vielen Menschen teilen konnte. Ich hatte unglaublich spannende Persönlichkeiten kennengelernt, ich hatte mit inspirierenden Partnern gearbeitet und ich hatte in renommierten Shows und auf großen Bühnen gesungen. Das alles waren außergewöhnliche Erlebnisse, die ich nicht missen will. Und auch die Herausforderungen lehrten mich so viel und brachten mich schließlich dahin, wo ich heute stehe. An einem Punkt, an dem ich auch weiß: Ich selbst und meine Vergangenheit spielten eine entscheidende Rolle in dieser Geschichte. Und meine Suche nach

Liebe. Meine Sehnsucht nach Anerkennung und mein Bedürfnis, gesehen und verstanden zu werden, waren von Anfang an ein starker Antrieb gewesen. Beides war mein Leben lang nicht gestillt worden und umso mehr fühlte ich mich plötzlich erkannt, als erst der smarte Manager und dann der Platenboss dieses Megakonzerns mich auserwählte!

Ja, es war im Grunde die gleiche Situation, die ich schon so oft mit einem Mann erlebt hatte, in den ich verliebt gewesen war. Ich fühlte mich so geehrt, wenn derjenige mich zur Freundin haben wollte, dass ich völlig übersah, dass es da elementare Punkte gab, die uns trennten. Ich war auch bei diesem Plattenboss buchstäblich blind vor Liebe. Endlich erkannte jemand mein Talent, sah jemand, wer ich wirklich war und was ich zu geben hatte. Endlich schenkte mir jemand seine ganze Aufmerksamkeit und glaubte zutiefst an mich. Es war genau das, was ich als Kind bei meinem Vater gesucht und nicht in dem Maße gefunden hatte, wie ich es vielleicht gebraucht hätte. Ich suchte es bei den Männern! Und wenn es auch nur den leisesten Anschein hatte, dass ich nun bekommen würde, was ich mir so sehnlichst wünschte, tat ich alles dafür und gab mich komplett hin.

Bis ich feststellen musste, dass die Anerkennung und Zuneigung meines Gegenübers nicht bedingungslos waren. Es hat mich einige Jahre gekostet, zu begreifen, dass die Schuld hier nicht beim anderen lag. Weder ein Sven, ein Marcel oder Kai noch ein Manager oder Plattenboss sind verantwortlich für mein Seelenheil! Keiner dieser Männer kann mich bedingungslos lieben, wie ein Kind es von seinen Eltern braucht. Keiner von ihnen kann die alte Wunde, die in meiner Kindheit entstanden ist, heilen. Aber genau das hatte ich wohl gehofft. Und diesen Menschen damit zu viel Macht gegeben. Ich hatte sie überhöht und zu Rettern erkoren. Ich hatte ihnen mehr vertraut als mir selbst. Das hatte nicht gut gehen können.

Auch wenn ich damals nach dem Bruch mit dem Big Player erst mal mit leeren Händen dastand: Ich hatte unglaublich viel gelernt, ich hatte am Ende zu mir gestanden und meine Ideale nicht verkauft. Und jetzt war der Weg endlich frei für einen Neuanfang.

HABIBI

Inspiration von einer orientalischen Diva und vielen Worten für die Liebe

Einige meiner männlichen Bekannten können bis heute nicht verstehen, warum ich Nein gesagt habe zu einer Karriere, die mir bei dieser Plattenfirma »auf dem Silbertablett« angeboten worden war. Aber das waren Menschen, die selbst noch nicht in einer solchen Situation gewesen sind. Ich weiß noch genau, wie sich damals jede Zelle meines Körpers gegen diesen Weg gesträubt hatte. Mir wäre alles vorgeschrieben und meine Entscheidungsfreiheit genommen worden. Ich hätte mich wie enteignet und meiner Selbstständigkeit und künstlerischen Freiheit, die schließlich mein höchstes Gut sind, beraubt gefühlt. Es hatte sich ja schon bei den wenigen Dingen, die ich gegen meinen Willen getan hatte, so angefühlt, als wären mir mehrere Gliedmaßen amputiert worden. Ich war in meinem Leben nie unglücklicher gewesen als in dieser Zeit.

Sie lehrte mich viel. Auch dass ich mich, was meine Möglichkeiten als Frau angeht, ziemlich getäuscht hatte. Hatten sich meine allerersten Schritte in Richtung Musikkarriere noch wie das Betreten eines gigantisch großen Universums angefühlt, in dem ich frei schweben könnte, hatte ich schnell erkennen müssen, dass diese Freiheit eine Fata Morgana war. Nach meinem Umzug nach Berlin, mit dem ich mich immer weiter von der vermeintlichen Schwarzwald-Idylle und ihrer Enge entfernt hatte, hatte ich die irrsinnige Vorstellung entwickelt, dass mir die Welt zu Füßen läge. Ich hatte mit einem Mal geglaubt, ich wäre eine freie Frau, eine ganz andere Frau als meine Mutter, ja, als all die Mütter, die ich in meiner Kindheit und Jugend beobachtet hatte. Ich spielte das alte Spiel ja nicht mehr mit! Ich war eine Frau, die machen konnte, was sie will. Denn die Emanzipation war doch, wie ich inzwischen außerhalb von Waldshut-Tiengen festgestellt hatte, schon erledigt. Der Feminismus hatte doch schon alles erreicht. Darum hatten sich netterweise andere Vertreterinnen meines Geschlechts gekümmert. Das war doch alles schon abgearbeitet!

Wie naiv dieser Gedanke war, musste ich schmerzlich lernen, als ich plötzlich, mitten auf dem Weg des Erfolgs, kein Mitspracherecht mehr hatte über die Richtung. Auf einmal wurde mir klar: Wir sind absolut noch nicht weit gekommen mit der Emanzipation! Ich bin überhaupt nicht frei und kann tun, was ich möchte. Im Gegenteil: Auf einmal war ich gefühlt eine Leibeigene. Chancengleichheit gab es für mich als junge, weibliche Künstlerin nicht. Und das zeigte sich leider auch später immer wieder: Als Frau wird man leider nicht so bezahlt wie männliche Kollegen. Musikerinnen verdienen in Deutschland teilweise bis zu 30 Prozent weniger als Musiker. Da Liveauftritte 70 Prozent des Einkommens ausmachen, sind diese eminent wichtig, aber es ist für Frauen nach wie vor weit schwerer, ein Booking zu bekommen. Bei Rock am Ring standen 2019 knapp dreihundert Künstler*innen auf der Bühne – 97 Prozent davon waren Männer und nur 3 Prozent Frauen. Hinzu kommt, dass das Meiste der staatlichen Kulturgelder an männliche Künstler geht. Die Männer dominieren die Branche noch immer: Von den Charts bis in die Vorstandsetagen der großen Labels. Frauen sind in allen Bereichen des Musikgeschäfts unterrepräsentiert.[24] Es gibt viel weniger weibliche Künstlerinnen und viele von denen, die erfolgreich sind, haben sich angepasst und einem alten weißen Mann und seiner Vision gebeugt oder wurden dazu auf perfide Art gezwungen. Britney Spears ist natürlich eines der traurigsten Beispiele. Aber es gab und gibt leider viele davon.

Ich hatte mich damals anders entschieden und lieber auf den weiteren Erfolg verzichtet, als am Ende fremdbestimmt zu sein. Und so bitter es war, danach auszuhalten, wieder ein Niemand zu sein: Diese Erfahrung hat mir eindeutig aufgezeigt, dass ich ein Mensch bin, der Dinge gestalten möchte. Ich möchte ich selbst sein. Ich möchte authentisch sein und ich möchte die Sachen anfassen und mir die Hände schmutzig machen. Ich möchte mitdenken, mitfühlen, mitmachen, etwas kreieren, einen Mehrwert schaffen und ich möchte nicht, dass Menschen über mich hinweg entscheiden können. Weder im Job noch in der Liebe.

Ich beschloss, dass die Dinge auch in Sachen Partnersuche ab jetzt anders laufen müssten. Ich wollte Männern zum einen nicht mehr so eine große Macht über mich, mein Leben und meine Gefühle einräumen. Und zum anderen wollte ich endlich jemanden treffen, mit dem sich alles von Anfang an auf Augenhöhe bewegte. Irgendetwas machte ich wohl schon bei der Wahl meiner Beziehungspartner grundlegend falsch. Aber was war das? Ich befragte die, die es höchstwahrscheinlich aus einer anderen Perspektive betrachteten: meine männlichen Freunde. Ich erfuhr, dass diese einfach jede Frau, die ihnen in einer Dating-App angezeigt wurde, liketen. Man könne ja im Nachhinein noch aussortieren. Und man müsse so viele wie möglich daten. So würde man die Chancen deutlich erhöhen, dass eine dabei war, die passte.

Ich konnte es kaum glauben! Ich hatte das Gegenteil getan. Ich war extrem wählerisch gewesen und hatte gefühlt nur jedem fünfzigsten Typen überhaupt eine Chance gegeben. Wobei mir während des Chattens jedes Mal schnell klar geworden war, dass der es nun auch nicht sein könne – womit ich meine Suche von vorne begann. Nachdem ich nun von der Vorgehensweise meiner Kumpels wusste, startete ich einen neuen Selbstversuch und wischte nach rechts. Endlos viele Male. Ich machte sogar zwischendurch die Augen zu. Es fiel mir extrem schwer und ich musste mich wirklich überwinden, denn immer, wenn ich doch mal geblinzelt hatte, fiel ich vor Schreck fast vom Stuhl, beim Anblick dessen, was sich mir darbot. Beim anschließenden Scannen meiner neuen Matches und in den ersten Konversationen wurden mir nach und nach bestimmte Muster beziehungsweise Kategorien von Männern klar:

Kategorie 1: Die Verberger – Sie zeigten sich direkt auf dem Haupt-Profilbild mit Sonnenbrille, oft sogar auf allen Bildern. Schlechtes Zeichen: Wer nicht mal seine Augen zeigt, hält ganz sicher noch mit einigem mehr hinterm Berg.

Kategorie 2: Die Halbnackten – Diese Männer traten mit freiem Oberkörper oder auch nur in Badehose in Erscheinung: Wie schnell klar wurde, nahezu ein Garant dafür, dass sie auch beim Daten möglichst schnell textilfrei werden wollten.

Kategorie 3: Die Dauercamper – Auf diesen Profilen fanden sich ausschließlich Urlaubsbilder. Das Leben dieser Männer schien ausnahmslos aus Abenteuern am Meer und in der Wildnis zu bestehen. Sie hingen an Lianen über Wasserfällen, baumelten über Felsspalten oder trugen Surfbretter durch die Gegend. Wie ich im Austausch dann merkte, waren diese Typen in Wahrheit entweder ziemliche Stubenhocker und die Fotos jahrzehntealt. Oder diese Männer waren tatsächlich permanent auf Reisen, meistens nicht länger als ein paar Wochen an einem Ort und somit kaum verfügbar. Dann beschlich mich auch der leise Verdacht, dass sie womöglich vor irgendetwas davonrannten – möglicherweise vor sich selbst?

Kategorie 4: Die Stone-Boys – Männer, die sich gerne mit Statuen fotografierten und auf den Bildern aussahen, als wären sie ganz sicher, dass das richtig originell, cool und witzig sei – Creeps.

Kategorie 5: Die Legastheniker – Hier sind nicht etwa Männer gemeint, die keine Rechtschreibung beherrschen, sondern solche, die als Allererstes die Frage stellten: »Was suchst du hier?« Offensichtlich waren sie des Lesens nicht mächtig, denn in meinem Profil stand für alle gut sichtbar: »auf der Suche nach einer Beziehung«. Wie sich immer öfter zeigte, war diese Frage eigentlich ein Statement: 99,99 Prozent dieser Spezies wollten etwas völlig Unverbindliches.

Eine weitere meiner Lieblingskategorien bildeten diejenigen, die maximal Fragen von mir beantworteten, aber selbst keine einzige stellten – die Aufmerksamkeitssucher.

Die Sache wurde also auch durch eine Vergrößerung der Grundgesamtheit nicht einfacher. Es nervte. Und dann wurde ich auch noch gesperrt! Ich habe nie erfahren, warum, nehme aber an, dass mich einige der Typen, denen ich auf ihre Sex-Angebote nicht geantwortet hatte, gemeldet hatten.

Ich wollte eigentlich schon aufgeben, installierte mir aber für einen letzten Versuch eine neue App, die mir ein Freund empfohlen hatte, und matchte direkt mit Jamal. Er hatte ein anziehendes Lächeln und war mir direkt sehr sympathisch. Das Schreiben war angenehm und unkompliziert. Also willigte ich ein, als er mich nach einem Date fragte. Wir trafen uns an einem heißen Sommertag an der Spree, holten uns ein Bier am Kiosk und setzten uns ans Ufer. Die Konversation floss und da war sofort ein Knistern zwischen uns. Wir hatten uns unglaublich viel zu erzählen. Jamal stellte Dutzende Fragen, konnte super zuhören und sprach von Dingen, die mich brennend interessierten. Wir hatten direkt eine Verbindung. Und vor allem spürte ich: Dieser Mann war verbindlich. Und, wie ich wenig später auch noch feststellen durfte, konnte er wahnsinnig gut küssen. Jamal erinnerte mich daran, wie es sein konnte, wenn alles leicht war, wenn man sich einfach so ineinander verliebte und alles zuließ. Wenn man dem anderen in die Augen blickte und sich darin verlor – und eine neue Galaxie fand.

Die folgenden Tage und Nächte waren bunt und belebend und voller Musik. Jamal rezitierte für mich orientalische Gedichte und ich lernte, dass die arabische Sprache unglaublich facettenreich und bildhaft ist. Im Gegensatz zum Deutschen gibt es im Arabischen sehr viele verschiedene Begriffe für unser Wort »Liebe«. Liebe in so vielen unterschiedlichen Formen: Das faszinierte mich total. Wir tranken Wein auf meinem kleinen Balkon und blickten immer wieder in die funkelnden Sterne. Im Hintergrund lief Umm Kulthum. Die größte arabische Sängerin, die es je gegeben hatte. Während wir uns liebten, übersetzte mir Jamal flüsternd die vor Sehnsucht und Romantik nur so strotzenden Texte ihrer Lieder. Er erklärte mir, dass sie eine der ersten arabischen Künstlerinnen war, die von verbotener Liebe sang. Und sie hätte etwas in der Stimme, das ganz tief aus ihrer Seele käme. Keine andere hätte ihre Gefühle auf diese Weise in Töne verwandeln können, keine hätte so berühren können wie Umm Kulthum. Jeder arabische Mann sei verliebt in sie.

Als wir einmal spät in der Nacht aneinander geschmiegt auf meinem Bett lagen, zeigte Jamal mir eine Live-Aufnahme von ihr: Ein Schwarz-Weiß-Video, in dem sie mit einem riesigen Orchester auf einer Bühne stand. Ihre Erscheinung hatte eine solche Würde und Größe. Sie strahlte förmlich vor Erhabenheit, während das Orchester ein mehrminütiges Intro spielte. Man konnte selbst durch diese alte Filmaufnahme spüren, wie gespannt der ganze Saal auf ihre ersten Töne wartete. Und als sie ansetzte und aus den Tiefen ihrer Altstimme ein gesungenes Stöhnen drang, ging ein Raunen durch die Reihen, wie ich es noch selten gehört hatte.

Wie mir Jamal erzählte, hatte Umm Kulthum eine fast sechzigjährige Bühnenkarriere absolviert und vor allem in den 1940ern und 1950ern größte Erfolge gefeiert. Nachdem sie als Kind begonnen hatte, in Jungenkleidern aufzutreten und religiöse Lieder zu singen – Mädchen war das damals noch nicht erlaubt gewesen. Offenbar war sie eine sehr moderne Frau und ihrer Zeit voraus gewesen. Man hatte ihr ein fast skandalöses Privatleben nachgesagt. Angeblich hatte sie einige Affären gehabt und der Texter ihrer Lieder wäre ein Leben lang unglücklich in sie verliebt gewesen. Aber das Spannendste für mich war, dass sie es offenbar geschafft hatte, ihre künstlerische Karriere komplett selbst zu verwalten und zu steuern! Und das zu dieser Zeit und in einem Land wie Ägypten. Wahrscheinlich hatte sie, wie ich später einmal las, auch deshalb erst so spät geheiratet: Sie wollte unbedingt vermeiden, dass ein Ehemann ihr verbot, als Sängerin zu arbeiten. Erst im Alter von fünfzig Jahren traute sie sich vor den Altar. Und zwar mit einem Mann, der aus ähnlichen Verhältnissen stammte und ihr charakterlich und in ihrem beruflichen Ehrgeiz stark ähnelte.

Umm Kulthum beeindruckte mich zutiefst. Sie erinnerte mich an eine Mischung aus Maria Callas, Hildegard Knef und Adele. Die Diva des Orients. Und während wir diese große Sängerin gemeinsam verehrten, verehrte Jamal mich. Er schien einfach alles an mir zu lieben – nach all den Jahren, in denen ich mich so sehr auf meine Musik konzentriert hatte, um meine Karriere, aber auch um meine Stimme, meinen Gesang und damit um meine Identität gesorgt hatte, zeigte Jamal mir jetzt, dass ich mehr war als das, was ich konnte. Und erinnerte mich daran, dass ich auch noch etwas anderes zu geben hatte als eine Performance. Wenn Jamal und ich so dalagen und uns einfach nur anschauten, fühlte ich nicht zwei Körper nebeneinander, sondern einen – ein warmes Gebilde aus Geborgenheit.

Dieser Sommernachtstraum sollte allerdings ein jähes Ende finden. Eines mittags rauchte Jamal gerade auf dem Balkon, während ich auf dem Bett lag, als neben mir sein Handy klingelte. Mein Blick fiel auf das Display und ich sah den Namen »Habibti«. Das ist im Arabischen die weibliche Form von »Schatz«. Das wusste ich, weil Jamal mich so nannte. Als ich ihn darauf ansprach, gestand er, die Anruferin sei seine Verlobte und lebte in Ägypten, seiner alten Heimat. Sie wären schon lange zusammen, doch seit er vor vier Jahren nach Deutschland zum Studieren gekommen war, führten sie eine Fernbeziehung. Er sagte, er würde mich ehrlich lieben und wenn es sie nicht geben würde, würde er mich heiraten. Doch er liebte sie eben auch und beide Familien hätten der Hochzeit zugestimmt. An dieser Verbindung hinge noch so viel mehr als nur das Versprechen der beiden. Er müsste als Mann seiner Pflicht nachkommen und er würde unter keinen Umständen seine und ihre Familie enttäuschen dürfen. Außerdem würde er bei einer Trennung Schande über sie bringen. Ich hatte keine Ahnung, wovon er sprach. Ich war einfach fassungslos. Diese so besondere Liebesgeschichte von uns beiden fühlte sich doch so echt an – wie konnte es sein, dass es da noch ein anderes Leben für ihn gab, eine andere Liebe in einer parallelen Realität?

Ich wusste, dass das im Grunde das Aus war. Aber ich konnte es nicht beenden. Ich hatte die irrsinnige Hoffnung, dass er sich am Ende doch für mich entscheiden würde. Jedes Mal, wenn wir uns verabschiedeten, standen wir eng umschlungen da, hörten Umm Kulthum und dachten, dieses Mal wird es das letzte Mal sein. Aber wir konnten nicht aufhören uns zu treffen. In der Zeit schrieb ich das Lied »Habibi«.

»Wir bringen die Wüste zum Erblühen
In dieser sternenklaren Nacht
Wir können die Stille übertönen
Und nein, wir denken nicht mehr nach
Wir bringen die Wüste zum Erblühen
In dieser sternenklaren Nacht
Wir können die Stille übertönen
Denn unser Echo hält uns wach

Eingefärbt in ein Gedicht
Hör' ich deine Worte nicht
Halt mich fest, bevor es zerbricht
Heute gibt es Morgen nicht
Habibi, mein Baby, Habibi
Habibi, mein Baby, Habibi«[25]

Jamal war zu Tränen gerührt, als er es zum ersten Mal hörte. Und dann stand plötzlich seine Hochzeit in Ägypten an. Ich hatte bis zur letzten Sekunde gehofft, dass er nicht in den Flieger steigen würde, als mich dann doch seine letzte Nachricht vom Flughafen erreichte.

PAST IN PRESENT

Wie sich unsere Vergangenheit in unsere Gegenwart schleicht

Zum Glück hatte ich kurz vor dem Ende mit Jamal eine weitere Therapie begonnen. Nicht selten saß ich jetzt schluchzend vor meiner Therapeutin und erklärte ihr, dass ich nicht verstehen könne, dass er diese Liebe zwischen uns aufgegeben hatte. Durch und mit meiner Therapeutin konnte ich sehr viel Schmerz zulassen und diese Zeit sehr bewusst und reflektiert erleben. Irgendwann sagte sie zu mir: »Lieben gibt es wie Sand am Meer und jede Liebe ist anders schön.«

Dieser Satz bewegte einiges in mir. Denn bis dato war ich der felsenfesten Überzeugung gewesen, es könne nur diesen einen Menschen geben, der für einen bestimmt war. Und wenn es mit dem nicht klappte, wäre man für immer verloren. Doch nun dachte ich das erste Mal, dass es womöglich viele Menschen gab, mit denen man zusammen sein konnte, die man lieben konnte – einfach nur auf unterschiedliche Art. Lauter verschiedene Formen der Liebe, so wie es all die verschiedenen Worte dafür gab im Arabischen. Das eröffnete mir einen komplett neuen Horizont. Vielleicht lag das Problem darin, dass ich noch immer an die Kugelmenschen-Theorie glaubte und meinen fehlenden Part suchte. Und das war wahrscheinlich auch der Grund für meine tiefe Verzweiflung bei jeder Trennung. Denn jedes Mal, wenn ich dachte, endlich dieser einzig wahren Person begegnet zu sein, und es dann nicht funktionierte, war das dramatisch für mich gewesen. Regelrecht existenziell. Wie konnte ich mich so sehr getäuscht haben? Ich hatte doch geglaubt, IHN endlich gefunden zu haben? Was für eine bittere Erkenntnis, dass auch er wieder nicht der Eine war. Warum hatte ich nur so viel Zeit und Energie verschwendet? Weil etwas nicht weitergegangen war, hatte ich mich schlecht und schuldig gefühlt, anstatt zu sehen, dass ich dennoch wertvolle Erfahrungen gemacht hatte und dass wir beide sicher etwas voneinander gelernt hatten.

Das versuchte ich mir nun klarzumachen. Auch wenn eine Liaison am Ende nicht gehalten hatte, war nicht alles daran falsch und die ganze Sache vergeblich gewesen. Dennoch wollte ich herausfinden, warum es mit den Männern, die ich mir aussuchte, nicht klappte. Vielleicht war es eben doch ein Typ Mann, mit dem es gar nicht funktionieren konnte?

In der Therapie eruierte ich dann, dass ich mir unbewusst immer wieder Männer suchte, die tatsächlich nicht verfügbar waren. Auch wenn es äußerlich so schien, als würden sich die Geschichten unterscheiden, als wären diese Männer grundverschieden, die Beziehungen und die Umstände des Scheiterns nicht vergleichbar – all diese Männer hatten eines gemeinsam: Sie waren emotional nicht erreichbar und nicht bereit gewesen, sich auf eine echte Bindung einzulassen. Bis auf Jan. Und hier war ich es wohl gewesen, die nicht die Reife besessen hatte, diese tiefe Nähe zuzulassen.

Aber was lag all dem zu Grunde? Wo war der Haken? Was brachte mich dazu, einen Mann abzulehnen, der mir nah kommen wollte, und stattdessen penetrant nach solchen zu suchen, die genau das fürchteten oder nur für eine ganz kurze Zeit aushielten? Es ergab keinen Sinn. Während ich diese Frage in mir und auch mit meiner Therapeutin bewegte, kam ich das erste Mal mit Stefanie Stahl in Kontakt. Auf einem Vortrag sprach sie über den bindungsängstlichen Beziehungstyp. Ich fragte mich sofort, was das wohl zu bedeuten hatte. Einerseits war ich sicher, dass ich von so etwas wie Bindungsangst ungefähr so weit entfernt war wie die Sonne vom Mond. Ich hatte ja mein Leben lang fast schon wie besessen nach einer Bindung gesucht. Zudem war ich immer eher der Typ gewesen, der auch dann noch am anderen festhielt, wenn es längst vorbei war. Ja, ich war sicher das, was man als Klette oder Klammeraffe bezeichnen konnte. Ich besorgte mir Bücher von Stefanie Stahl und fing an, ihren Podcast zu hören. Und auf einmal wurde mir klar: Ich bin genau das, ein bindungsängstlichster Typ! Denn zu klammern ist, wie ich feststellte, auch eine Form von Bindungsangst. Und mir Männer zu suchen, die nicht verfügbar waren, stand damit in direktem Zusammenhang. Wahrscheinlich spürte ich am Anfang der Begegnung schon unterbewusst, dass der Mann nicht zu 100 Prozent frei war. Und jetzt kommt das Paradoxe: Genau deshalb ließ ich mich komplett fallen. Denn unterbewusst registriere ich: Der kann mir nicht wirklich gefährlich werden, da wir ja niemals in eine weitreichende Verbindung kommen. Weil er nicht frei ist, kann auch keine dauerhafte Bindung entstehen. Ich kann mit ihm dabei aber eine Pseudo-Intimität entwickeln, eine Nähe leben, die immer ein Stück Fantasie bleibt, im Grunde Projektion – und damit kontrollierbar. Die Beziehung ist weit weniger bedrohlich als eine echte Bindung mit all ihren Herausforderungen und Ungewissheiten. Wenn ich mit einem Mann nie ganz verbunden war, konnte ich ihn auch nicht wirklich verlieren – der Schmerz war zwar vorprogrammiert, aber überschaubar.

Das war für mich ein so krasses Aha-Erlebnis! Das Großartige daran war, dass ich in diesem Moment checkte: »Ach so! Es liegt ja auch ein Stück an mir«, das war erschreckend und extrem erhellend zugleich. Denn mir war plötzlich klar: Wenn es einen Anteil in mir gab, der mich dazu brachte, mich ungewollt destruktiv zu verhalten und eine erfüllende Liebesbeziehung unbewusst zu verhindern, dann hieß das auch, dass ich daran arbeiten konnte! Ich meine, mit einem Typen, der dich ghostet, kannst du schwer in ein bereicherndes Gespräch über Verhinderungsstrategien gehen – mit deinem eigenen Inneren schon! Mir wurde bewusst, dass ich das, was ich an mir selbst als ungut enttarnte, ändern konnte! Das war genial und echte Selbstermächtigung. Sobald du etwas bemerkst, du dich, wie Stefanie Stahl sagt, selbst »ertappst«, kannst du umschalten. Was eben auch heißt: Wenn du es nicht bemerkst, dann bist du für diese Dinge blind, agierst unbewusst und hast eigentlich keine Chance, an die Wurzel des Übels heranzukommen und etwas zu verändern.

Ich glaube heute wirklich, es verhält sich mit den Themen, die man mit sich herumschleppt, nicht anders als mit körperlichen Beschwerden: Erst wenn die Ursachen geklärt sind und man genau weiß, was eigentlich Sache ist, kann man aktiv etwas dagegen tun. Der Moment also, in dem ich eine unbewusste Überzeugung, einen destruktiven Gedanken, ein fieses Verhaltensmuster bemerke, ist die größte Chance und ein echtes Geschenk! Denn da beginnt die Möglichkeit zur Veränderung.

Ich habe allerdings gelernt, dass es manchmal auch eine ganze Zeit lang nur darum geht, etwas immer wieder zu bemerken. Eckhart Tolle, von dem ich damals auch anfing, verschiedene Bücher zu lesen, sagt dazu, dass es eben ganz zentral ist, erst mal in die Achtsamkeit, in die awareness zu kommen. Also zunächst überhaupt wahrzunehmen, was in dir geschieht und wie du dich verhältst. Und dann kann es auch jahrelang so gehen, dass dir Dinge an dir selbst auffallen, zum Beispiel auch Dynamiken, in die du immer wieder gerätst, und du damit trotzdem noch nicht den Kniff raushast, ab wann und wie du gegensteuern kannst. Doch du lernst dich selbst dabei immer besser kennen. Bei mir war es jedenfalls so. Und ich habe dabei erfahren, wie krass das eigene Beziehungsverhalten durch die Kindheit geprägt ist, wie tief diese Erfahrungen und die daraus abgeleiteten Schlüsse in uns verankert sind und uns auf der unterbewussten Ebene lenken.

Stefanie Stahl nennt das Glaubenssätze. Überzeugungen, die du so sehr verinnerlicht hast, dass sie dir oft gar nicht mehr bewusst sind, die dich aber dennoch lenken. Eckhart Tolle würde sagen, Programme, die in dir ablaufen, die dir bestimmte Dinge als Wahrheiten vorgeben, von denen du dann fest ausgehst. Auch hier gilt wieder: Erst wenn du diese Muster erkennst, kannst du sie ändern!

»Ich bin nicht genug«, »Ich bin nicht liebenswert«, »Ich darf nicht weinen«, »Ich darf nicht schwach sein«, »Ich muss etwas leisten, um wertvoll zu sein«, »Ich bin nicht schön genug«. So oder ähnlich lauten diese Sätze, die wir uns unbewusst immer wieder selbst erzählen. Ich glaube, jeder trägt so einen kleinen Cocktail an Glaubenssätzen mit sich herum und betäubt sich damit ständig selbst. Denn das, was wir uns da erzählen, ist ja nicht die Wahrheit, es ist vielmehr eine völlig benebelte Sicht auf uns selbst. Auch wenn die Erfahrungen, die wir machen, die Menschen und Erlebnisse, mit denen wir in unserem Leben konfrontiert sind, diese Überzeugungen zu bestätigen scheinen: Es ist völliger Unsinn! Einfach ausgedacht. Allerdings natürlich aus gutem Grund. Die Erlebnisse und Eindrücke unserer Kindheit sind da wieder maßgeblich. Aus diesen ziehen wir unsere Schlüsse. Und glauben fatalerweise, dass es unsere Schuld ist, wenn es ein Problem gibt. »Wenn ich anders wäre, würde mich mein Vater lieben. Dass er es nicht kann, liegt an mir.« So einfach und so grausam ist die Logik eines Kindes.

Als ich diese Zusammenhänge begriff, war es für mich ein Kraftakt, meine falschen Überzeugungen überhaupt erst mal zu entlarven. Zu erkennen: Was ist denn das eigentlich, was da in mir mitschwingt? Diese Frage stelle ich mir übrigens immer wieder. Und ich habe auch manchmal wieder neue Antworten auf sie. Ich weiß, ich habe da immer noch einen Weg vor mir, womöglich hört das auch nie auf. Aber ich bin diesen Erkenntnissen schon ein paar große Schritte näher gekommen in den letzten Jahren, seit ich angefangen habe, mich bewusster damit zu beschäftigen. Ich weiß jetzt: Der Schlüssel zu so vielen Beziehungsproblematiken im Erwachsenenleben liegt oft in der Kindheit. Deswegen lohnt es sich so sehr, da hinzugucken und das aufzuräumen und aufzuarbeiten. Und es dann zu integrieren.

In meiner Therapie und meiner Beschäftigung mit Stefanie Stahl und Eckart Tolle kam ich dahinter, dass sich ein Teil von mir nicht liebenswert fühlte. Ich trug den Glaubenssatz mit mir herum: »Ich bin es nicht wert, die auserwählte Frau zu sein und eine Priorität für den Partner zu haben. Ich bin nicht genug!« Es tat weh, das zu erkennen. Aber gleichzeitig war es auch eine Wohltat. Jetzt hatte ich etwas, womit ich aktiv arbeiten konnte. Es gibt im Umgang mit Glaubenssätzen die Empfehlung, sich bewusst neue Überzeugungen zuzulegen und die alten damit zu überschreiben. In einer Übung, die ich damals machte, nimmt man sich ein DIN-A4-Papier und schreibt die alten, negativen Glaubenssätze in einer Spalte untereinander auf. In einer zweiten Spalte daneben verwandelt man diese dann in eine neue, positive Aussage. Die kann man sich dann als Affirmation immer wieder durchlesen. Oder einzelne Sätze, die einem besonders wichtig sind, irgendwo sichtbar aufhängen. Ich fand das inspirierend. Allerdings merkte ich, dass das in mir noch nicht den Schmerz löste, der mit der alten Überzeugung verbunden war.

Außerdem hatte ich im Zusammenhang mit Liebe immer wieder mit Schuldgefühlen zu tun. Genau dabei half mir dann ein Perspektivwechsel, den Stefanie Stahl bei der Inneren-Kind-Heilung vorschlägt: Du erinnerst dich dabei an eine konkrete Situation in deiner Kindheit, in der etwas für dich Unangenehmes oder Schmerzhaftes passiert ist. Ein Moment, in dem du dich ohnmächtig und überwältigt gefühlt hast, verbal oder körperlich. Und dann gehst du, als diese erwachsene Person, die du heute bist, noch mal in diese Situation und guckst dir das an. Als Außenstehende. Als neutraler Beobachter. Falls dir das schwerfällt, kannst du dich fragen: »Was würde denn jetzt eine unabhängige Richterin dazu sagen? Wie würde sie diese Situation bewerten?« Als diese Person kannst du dann zum Beispiel Partei für dich selbst ergreifen. Ich habe diesen Perspektivwechsel getestet und einen Moment aus meiner Kindheit noch mal durchlebt, in dem ich jetzt, als mein erwachsenes Ich sagen konnte: »Halt! Stopp! Dich trifft hier keine Schuld, Alina. Du bist ein Kind. Hier versagen gerade deine Eltern.«

Das hat mich unglaublich entlastet. So konnte ich mein eigenes Schuldgefühl loslassen, meine Eltern noch mal so sehen, wie sie wirklich waren, und feststellen, wie ungünstig manches Verhalten war, das sie an den Tag gelegt haben. Ich konnte aber auch wahrnehmen, dass sie es so gut gemacht haben, wie sie konnten. Ich konnte ihnen dann auch ein Stück weit vergeben.

Parallel dazu machte ich eine Hypno-Therapie. Dabei reiste ich ebenfalls in die Vergangenheit und traf als die erwachsene Alina mich selbst als verzweifeltes Kind. Hier ging es um die rein emotionale Seite. Ich war für dieses Kind da, tröstete es, nahm es in den Arm und sagte ihm, wie sehr ich es liebe und dass alles gut werde. In diesen Sitzungen weinte ich viel und hatte eine Welle an Gefühlen zu verarbeiten wie selten zuvor. Aber ich war danach wie befreit und merkte, dass sich eine Wunde in mir langsam zu schließen begann.

Durch diese Monate hindurch war das Album »The Reminder« von Feist mein ständiger Begleiter. Ich hörte es Tag und Nacht. Es war wie eine warme Umarmung. Und der Song »Past in Present« vertonte mein Gefühl zur Vergangenheit:

»So much present inside my present
Inside my present and
So, so much past inside my present
Inside my present inside my present
So, so …

Feeling it from dark to bright
When a wrong becomes a right
When a mountain fills with light
It's a volcano, it's a volcano
It's a volcano, it's a volcano«[26]

All diese Erfahrungen in meinen Therapien flashten mich total und ließen mich spüren: Wir können als Erwachsene Verantwortung für uns als Kinder übernehmen und jetzt die schützende, liebende Person sein, die wir damals gebraucht hätten! Wir können die Qualitäten, die unsere Eltern nicht hatten, in unsere Sicht auf die Vergangenheit miteinbringen und das Kind in uns dadurch ein Stück weit heilen. Das hieß für mich auch, das Bedrohliche da herauszunehmen, diesen Spuk aufzulösen, im wahrsten Sinne des Wortes. Dieses Gefühl der Ohnmacht und Machtlosigkeit vergehen zu lassen und wieder Kontrolle zu erlangen. Auf einmal konnte ich diese alte Last immer mehr loslassen. Ich verabschiedete nach und nach viele meiner alten, destruktiven Überzeugungen und fühlte mich das erste Mal wirklich frei – und bereit für eine ganz andere Art von Miteinander mit einem Mann. Wie würde es wohl sein, jemandem zu begegnen, wenn ich mich selbst anders sehen konnte und so viel bewusster war? Würde ich womöglich jemanden treffen, der dort auch schon angekommen war und sich, wie ich, nun weiterentwickeln wollte – gemeinsam mit einem anderen?

FIX YOU

Eine völlig neue Erfahrung

Die intensiven Begegnungen mit meinem inneren Kind und das Gefühl, langsam auf ganz tiefer Ebene zu heilen, ließen mich neuen Mut in Sachen Liebe schöpfen. Und so lud ich wieder eine Dating-App auf mein Handy. Aber machen wir uns nichts vor: Es ist immer wieder wahnsinnig ernüchternd und ermüdend, wieder genau da anzufangen, wo man aufgehört hat. Etliche Matchs verlaufen im Sand, Konversationen frieren ein, bevor sie überhaupt richtig losgehen – und spätestens, wenn einem die Männer angezeigt werden, die man noch aus der letzten Dating-Phase kennt, kommt man sich vor wie ein Restposten. Wir sind also die Übriggebliebenen. Die Unvermittelbaren.

Ich hatte immer wieder einzelne Dates, bei denen es zu keiner Fortsetzung kam. Aus guten Gründen! Einer der Typen wollte nicht mal eine zweite Runde Späti-Bier übernehmen, nachdem ich die erste spendiert hatte. Ein anderer ging im Restaurant mitten beim Essen an sein Handy, stand dann telefonierend auf und sagte im Gehen: »Sorry, muss weg, hab' einen Termin vergessen.« Bei einem kam es sogar zum zweiten Treffen. Nur idiotischerweise hatte ich mich auf einen Kinobesuch eingelassen. Er hatte eine ganze Couch im großen Kinosaal für uns gemietet und weil wir uns für die Nachmittagsvorstellung entschieden hatten, waren fast keine anderen Menschen anwesend. Kaum saßen wir, wurde mir klar, dass ich auf keinen Fall

Körperkontakt mit diesem Mann haben wollte. Ich rutschte ganz an den Rand der Couch und blieb dort den gesamten Film über in einer wenig entspannten Haltung sitzen. Wir sahen »Avengers 4: Endgame«, der Film dauerte drei Stunden: Die schlimmsten drei Stunden meines Lebens in einem Kino.

Eine andere Herausforderung beim Daten bestand für mich jetzt darin, dass ich seit meinem Debütalbum in der Öffentlichkeit stand und diesen Lebensbereich für den Anfang des Kennenlernens nicht ausklammern konnte. Was ich wirklich gerne getan hätte. Denn ich wollte, dass ein Mann erst mal nur mich als Person wahrnimmt und nicht die Projektion oder das Image in der Öffentlichkeit. Aber die Typen hatten natürlich jedes Mal schnell herausgefunden, was ich beruflich mache und dass ich eine Platte bei einem großen Label veröffentlicht hatte. Ich spürte dann oft, dass das mächtig Eindruck hinterließ. Manche Männer kamen aus dem Schwärmen gar nicht mehr heraus und überhöhten mich auf irritierende Weise. Andere wirkten richtiggehend eingeschüchtert, hatten fast schon Angst in den Augen. Und dann gab es die, die meinen Werdegang großspurig abtaten und direkt dazu übergingen, von ihren eigenen Höchstleistungen zu berichten. Mir war all das einfach nur unangenehm und ich hätte meine musikalische Laufbahn deshalb am liebsten komplett verschwiegen.

Als ich diese Tatsache in meiner Therapie thematisierte, fand ich heraus, dass ich einen alten Glaubenssatz, von dem ich dachte, ihn längst abgelegt zu haben, noch immer mit mir herumtrug: »Ich bin zu viel!« Nicht nur, dass ich durch meine Körperfülle, meine Präsenz und meine sehr direkte Art schon immer aufgefallen war. Jetzt hatte ich auch noch eine gewisse Bekanntheit und etwas erreicht, von dem viele träumten. Es gab nun ein Bild von mir, das irgendwie larger than life wirkte. Und aus den Reaktionen der Männer schloss ich, dass das nicht gut war, eben »zu viel«. Ich kenne dieses Problem auch von Freundinnen, die Karriere gemacht haben. Frauen, die nicht unbedingt in der Öffentlichkeit stehen, aber zum Beispiel erfolgreich ein Unternehmen gegründet haben und sehr viel Geld verdienen. Sie spüren, dass Männer damit ein Problem haben. Vor Kurzem las ich auch, dass Männer Studien zufolge tendenziell Frauen bevorzugen, die einen niedrigeren Bildungstand und weniger Einkommen haben als sie selbst.

Kurz gesagt: Die Sache mit dem Dating stellte sich schon wieder kompliziert dar. Bis ich mich auf einmal in einem sehr netten Chat wiederfand: Er hieß Niam, war knapp zehn Jahre jünger als ich und wirkte gleichzeitig extrem erwachsen, ruhig und liebevoll. Es folgten weitere Chats und ein Video-Call. Dann fragte er mich nach einem Date. Und nun stand er an der Kreuzung vom Rosenthaler Platz mit T-Shirt, Rucksack und einer Plastiktüte. Ich fand ihn nicht unattraktiv mit seinen dunklen Augen und seinem Dreitagebart. Aber er wirkte so gar nicht cool. Ich dagegen war ziemlich aufgestylt, da ich gerade von einem Meeting mit einer Model-Agentur kam, die über Instagram auf mich aufmerksam geworden war: blauer Longblazer, Jeans und Sneakers, knallrote Lippen. Aber Niam reagierte nicht groß auf mein Outfit, was ich erst mal sympathisch fand.

Wir machten es uns in einer nahegelegenen Bar gemütlich und nach einer Weile meinte Niam, er hätte ein kleines Geschenk für mich. Er holte die Plastiktüte hervor und packte eine rote Schachtel mit goldener Schrift aus. Es waren syrische Süßigkeiten. Wow, sowas hatte ich noch nie erlebt, ein Geschenk bei einem ersten Date! Ich war gerührt. Aber wie immer, wenn ich ein bestimmtes Maß an Freundlichkeit nicht gewohnt war, spaltete sich in mir etwas ab und ich wurde extrem kühl und distanziert. Ich dachte: Das kann ja nichts Gutes heißen! Der Typ hat doch bestimmt nicht alle Latten am Zaun!

Erstaunlicherweise war das Date aber wirklich angenehm und ich ließ mich darauf ein, weiter in Kontakt zu bleiben. Niam war verlässlich, meldete sich regelmäßig, hörte geduldig zu, stellte Fragen, war offenbar tatsächlich ungebunden und sagte offen, dass er hoffe, mich bald wiederzusehen. So etwas war ich einfach nicht gewohnt von einem Mann! Hatte ich das überhaupt schon mal erlebt? Ich musste an Jan denken. War Niam vielleicht wieder ein potenzieller »Good Guy«? Und war ich jetzt bereit, mich auf so einen Menschen einzulassen? Noch mehr Nähe zuzulassen?

Das Gute war, dass ich dazu keine schnelle Entscheidung treffen musste. Denn mit Niam war vor allem eines anders: Es fing sehr langsam an. Das lag auch daran, dass zwischen uns einige Kilometer lagen. Niam kam aus Dresden. Er war in der App nur in meiner Auswahl aufgetaucht, weil er in Berlin zu Besuch gewesen war. Da wir uns also nicht so easy wiedersehen konnten, verbrachten wir die ersten Wochen damit, uns sehr viel über WhatsApp zu schreiben und zu telefonieren. Und relativ bald stellte sich ein wohliges Gefühl bei mir ein. Es war nicht so wie bei Jamal, Kai oder Sven. Kein ständiges Kribbeln im Bauch oder Herzflattern. Keine Aufregung. Es war einfach nur schön, sicher und konstant. Wir sahen uns immer öfter an den Wochenenden und langsam entwickelte sich eine immer stärkere Verbindung zwischen uns. Erst drei Monate nach unserem Kennenlernen kamen wir dann offiziell zusammen.

Was für mich ebenfalls neu war und ich sehr schätzte an Niam, war, dass er viel Empathie hatte und sich gut in Situationen und andere Menschen einfühlen konnte. Wenn ich zum Beispiel eine schwierige Situation mit einem Kollegen hatte oder enttäuscht war von einer Freundin oder einem Familienmitglied, konnte er die Dinge erstaunlich gut erkennen und zusammenfassen. Auch wenn er mir dabei manchmal kritisches Feedback gab, spürte ich immer, dass er hinter mir stand. Wir hatten außerdem viel gemeinsam, genossen die Zeit zusammen sehr, machten kleine Ausflüge oder größere Reisen und konnten sogar zusammen shoppen gehen. Außerdem bewertete Niam glücklicherweise das, was ich beruflich mache, nicht über. Er fand es toll und sagte mir auch, wenn er das Geld hätte, würde er mich finanziell bei meinen Projekten unterstützen. Allerdings betrachtete er die ganze Branche und alles, was ich darin erlebte, mit sehr viel Abstand – ganz ähnlich wie Jan damals. Das tat mir extrem gut. Und gab mir viel Rückhalt und Energie für meine Musik.

Ich arbeitete in diesen Jahren sehr aktiv an meiner neuen EP »Lavendelfelder« und investierte da enorm viel. Endlich war ich wieder unabhängig und konnte neu loslegen! Auch wenn mich die Absagen von einigen Labels, die ich anfragte, schmerzten, stand ich immer wieder auf und machte weiter. Umm Kulthum und ihre selbstbestimmte Karriere waren mir im Hinterkopf geblieben und ermutigten mich. So entschied ich mich für den durchaus schwierigen, aber freien Weg und setzte alles independent um. Das hieß erst mal, dass ich bei Record Jet veröffentlichte und alles Nötige selbst realisierte und finanzierte. Alles Musikalische setzte ich zusammen mit meinem engen Freund Johannes und der Band um und alles Administrative machte ich selbst. Und zwar wirklich alles: einen Zeitplan für den Release und die PR erstellen, offizielle Pressetexte verfassen, die Musik für die Radiopromotion hochladen, die Musikvideos planen und selbst produzieren und die Pressearbeit übernehmen. Als ich Ende 2021 mit der ersten Single für die EP »Langsam aber sicher« rausging, ließ ich alle meine Pressekontakte spielen und nutzte das Storytelling rund um den Song von Helene Fischer. So featurte mich ein guter Freund bei Bunte-Online groß in einem Artikel, Bild-Online berichtete und sogar RTL Exclusiv führte ein Interview mit mir.

In dieser Zeit entstand dann auch der Song »Selbstgemacht«:

»Wieso einfach machen, wenn es auch schwierig geht?
Lieber kreuz und quer als den geraden Weg
Hätt' ich gestern gewusst wo ich heute steh'
Würd' ich ohne zu zögern diese Richtung wählen
Ich bereue nichts, was in die Brüche ging
Sammel' Scherben auf und bau' mir mein eignes Ding
Bin mit hundertachtzig gegen die Wand gerauscht
Hab' den Bausparvertrag lang schon aufgebraucht
Ein kleines bisschen Drama ist das Salz in mei'm Gericht
Mein Karma kann mir gar nichts, weil mein Karma mache ich!

Vom Anfang bis zum Ende
Ich nehm's in meine Hände
Wer hätt's gedacht dass ich das pack'?
Ich bin voll und ganz dabei
Mit Liebe zum Detail
Wer hätt's gedacht, das ist selbstgemacht
Ohh-oh, ohh-oh
Ohh, ohh

Yeah ich geb' noch nicht auf
Nehm' alles in Kauf
Ich hab' was es braucht
Ich steh' meine Frau«[27]

In der Beziehung mit Niam fühlte ich mich immer authentisch, stark und frei. Niam und ich konnten über alles sprechen und waren füreinander da, auch emotional. Er hat mir ermöglicht, meine noch sehr frischen Erkenntnisse über meine Trigger und hinderlichen Glaubenssätze zu nutzen, immer noch mehr darüber zu erfahren und zu lernen, innerhalb der Beziehung zu reflektieren und dann konstruktiv zu agieren. So fanden wir auch Wege, unsere Konflikte relativ aggressionsfrei zu lösen. All das war für mich sehr außergewöhnlich. Denn in der Vergangenheit hatten mich meine Trigger schließlich so oft fest im Griff gehabt.

Eckhart Tolle spricht in diesem Zusammenhang vom Schmerzkörper. Der Schmerzkörper ist der Teil in uns, der alten Schmerz gespeichert hat und durch bestimmte Schlüsselreize aktiviert wird. Stefanie Stahl nennt diesen Teil das Schattenkind: der innere Anteil, der Kind geblieben ist, mit Problemen nicht umgehen kann und daher überreagiert. Dieses Schattenkind bleibt normalerweise im Verborgenen, aber bestimmte Erlebnisse in der Gegenwart, die an früher erinnern, fördern es zu Tage. Es hat viele negative Überzeugungen aus der Kindheit verinnerlicht und die ruft es ab, wenn es getriggert ist, und handelt danach. Im Prinzip beschreiben beide Begriffe den Bereich in unserer Psyche, in dem alle negativen Annahmen und Glaubenssätze, die wir in unserem Leben gelernt haben, gespeichert sind. Diese sind nur leider unserem Bewusstsein in der Regel nicht zugänglich. Sie werden in dem Moment, wo unser Schmerzkörper oder unser Schattenkind aktiviert wird, getriggert und führen zu destruktiven Verhaltensweisen. Wir reagieren unbewusst. Als wären wir im Überlebensmodus. Es ist, als würde eine zweite Persönlichkeit durchkommen, und wenn diese erst mal die Oberhand gewonnen hat, ist sie nur sehr schwer zu stoppen. Die Kunst ist es, gar nicht erst in diesen automatisierten Modus zu kommen. Es geht darum, den Schmerzkörper oder das Schattenkind als das zu erkennen, was es ist, die jeweiligen Trigger, auf die es reagiert, ausfindig zu machen und den alten Schmerz bewusst loszulassen. Ich habe lange gebraucht, um das zu lernen. Und ich glaube, ich bin immer noch dabei. Heute kann ich aber zumindest früher erkennen, wenn solche Momente entstehen, und ich kann früher gegensteuern. Viele Dinge bringen mich auch nicht mehr so auf die Palme wie früher.

Bei Jan war mein Schmerzkörper sehr oft maximal aktiv gewesen und damit all meine negativen Glaubenssätze. Als mir Jan zum Beispiel erzählte, dass er braune Augen am schönsten fände, wurde mein Schmerzkörper aktiviert und damit der falsche Glaubenssatz: »Ich bin nicht schön genug.« Weil mir das aber damals nicht bewusst war, reagierte ich unbewusst und brach sofort einen Streit vom Zaun. Ich war in meinem Muster gefangen. Und die Reaktion war eine aus meiner Kindheit. Denn innerhalb meiner Familie waren Konflikte nicht wirklich gelöst worden. Es waren viel mehr Dramen inszeniert worden und am Ende hatte es eigentlich nie eine Lösung gegeben. Ich hatte zu Hause also leider nicht lernen können, Konflikte auf gesunde Art zu lösen.

Hinzu kommt an dieser Stelle meine Extraversion. Mir sieht man meine Stimmungen sofort an und ich habe Probleme, Dinge nur mit mir auszumachen oder zurückhaltend zu sein. Ich bin einfach ein offenes Buch und das war ich auch schon immer, das ist meine Natur. Meine Gefühle so zu zeigen und zum Ausdruck zu bringen, ist natürlich für meine Musik wahnsinnig wertvoll. Aber in Beziehungen war das nicht immer von Vorteil. Besonders wenn ich zum Beispiel krasse Wut entwickelte und dann aus der Haustür stürmte oder in anderer Form ausrastete. Darin spiegelte ich das Verhalten meiner Eltern eins zu eins.

Mit Niam lernte ich eine ganz neue Streit- und Gesprächskultur. Einmal führten wir ein Gespräch über mein Gewicht. Ich hatte kurz zuvor die Diagnose PCOS[28] erhalten, eine Hormonstörung, die nur Frauen bekommen und die oft mit Übergewicht einhergeht. Ich erzählte ihm davon und sagte ihm, dass ich aufgrund dessen nicht so einfach abnehmen kann wie andere Menschen und dass mich das sehr frustrierte.

Er fragte ganz ruhig, ob ich schon mal über eine Magenverkleinerung nachgedacht hätte, eine Cousine von ihm hätte diese OP gemacht und wäre seitdem schlank. Diese Äußerung irritierte mich erst mal. Ich fragte mich, ob er sich wünschte, dass ich schlanker bin. Ich flippte daraufhin aber nicht aus und veranstaltete eine Riesenszene, sondern konnte den Moment noch abpassen, bevor ich in ein reaktives Muster gerutscht wäre. Am Ende besprachen wir es in aller Ruhe und ich sagte ihm, wie ich mich dabei fühle, wenn er mir so etwas empfiehlt. Er konnte das nachvollziehen, erklärte mir seine Perspektive und entschuldigte sich.

Ich glaube heute, dass eine gekonnte Konfliktlösung zu den wichtigsten Werkzeugen für eine erfüllende Beziehung gehört. Denn die schöne Zeit, die kann jeder. Aber die Momente zu durchstehen, in denen es schwierig wird, in denen du selbst an Themen rankommst, die dir wehtun, die dich triggern, die dich hässlich werden lassen, menschlich, wo du merkst: Krass, so etwas ist in mir!? – das ist next level! Die Herausforderung ist dabei vor allem, die eigenen wunden Punkte zu erkennen, zu begreifen, was in dir passiert, wenn dir jemand nah kommt und du dich bedroht fühlst. Das ist schon eine

Aufgabe. Und die nächste ist, das dem Partner dann auch sagen zu können. Sagen zu können: »Hey, ich merke gerade, ich bin getriggert, ich merke, das trifft mich voll. Was du gerade gesagt hast oder getan hast, das löst eine extreme Unsicherheit in mir aus.« Oder auch einfach nur: »Das tut mir jetzt gerade weh!« Im Idealfall kann ich sogar die Geschichte zu meinem Trigger erzählen, weil ich weiß, wo er entstanden ist. Aber auch, wenn ich das nicht kann, ist es sehr wertvoll, überhaupt zu äußern, dass ich getriggert bin. Und ja: Das ist unglaublich herausfordernd! Aber es hilft so sehr. Denn dann übernehme ich die Verantwortung für meine Gefühle und helfe dem Partner, mich besser zu verstehen. Dann kann er mir vielleicht sogar die Hand reichen, wenn ich unter den alten Wunden leide.

Im nächsten Schritt schaffe ich es dann vielleicht schon, den Partner ganz aus der Sache herauszuhalten. Wenn ich mir nämlich bewusst mache, dass es hier nur um meine eigenen alten Muster geht, dass mein Partner nur ein Wort geäußert oder ein Verhalten an den Tag gelegt hat, das mich an eine schmerzhafte Situation von früher erinnert hat, kann ich erkennen, dass er keine Schuld an meinem Schmerz trägt. Dann kann ich mir selbst innerlich Stopp sagen und wahrnehmen, dass das Problem in der Vergangenheit und nicht in der Gegenwart liegt.

Dass ich Niam gegenüber äußern konnte, was in solchen Momenten in mir geschah, ohne ihm direkt etwas vorzuwerfen, hat mich viel Arbeit gekostet. Es verlangte eine radikale Ehrlichkeit, zu der ich erst mal kommen musste. Und ich erfuhr: Eine radikale Ehrlichkeit zum anderen braucht eine radikale Ehrlichkeit zu sich selbst und eine radikale Selbstannahme. Das heißt, sich selbst mit seinen Bedürfnissen und Gefühlen erst mal komplett anzunehmen und zu wissen: »Das, was ich jetzt gerade empfinde, ist okay.« Sich nicht mehr zu schämen für die eigenen Gefühle und Bedürfnisse. Genau das hatte ich nämlich sehr lange getan. Und das ist eine schlechte Voraussetzung für eine Beziehung. Mit Niam kam ich der Ursache auf die Spur und merkte, dass ich irgendwo ganz tief in mir begraben diesen Gedanken hatte: »Ich darf das ja eigentlich gar nicht fühlen. Mir steht das gar nicht zu.« Dies als falsche Überzeugung zu erkennen und loszulassen, war ein echt großer Schritt. Danach konnte ich ganz langsam lernen, auch Niam gegenüber zu meinen Gefühlen und Bedürfnissen zu stehen, sie nicht mehr als »nicht der Rede wert« abzutun und sie auf eine gesunde und liebevolle Weise zu kommunizieren. Das war für mich wirklich eine bereichernde Erfahrung und hat unserer Beziehung sehr gutgetan.

Meine Therapeutin sagte damals, dass Niam mich als ganze Person sehen und mich für alles, was ich bin, lieben würde. Ich glaube, sie hatte recht, auch wenn ich anfangs meine Schwierigkeiten hatte, das wirklich zu verstehen und anzunehmen. Schließlich hatte ich von meiner Mutter gelernt, als Frau müsse ich maximal gut aussehen, um für einen Mann wirklich wertvoll zu sein. Meine alte Überzeugung war, das allein mache mich liebenswert, der Rest von mir wäre gar nicht von Bedeutung. Und es waren wie erwähnt diverse weitere Überzeugungen in mir aktiv, die ich erst nach und nach enttarnen und auflösen konnte.

Diese Programme, die wir aus der eigenen Familiendynamik mitgenommen haben, sitzen tief, aber wenn man ihnen auf die Spur kommt, kann man sie ändern. Mit Niam habe ich erfahren, dass das möglich ist und wie befreiend es sein kann.

Wir verbrachten drei sehr schöne Jahre miteinander. Schlussendlich trennten wir uns, weil er auf jeden Fall später eine Familie gründen wollte und ich nicht wusste, ob ich überhaupt Kinder möchte – wenn es für ihn dann so weit gewesen wäre, wäre ich schon zu alt gewesen. Hinzu kam, dass ich durch meine PCOS keinen regelmäßigen Zyklus und ohne hormonelle Unterstützung gar keine Monatsblutung habe. So wäre es für mich schwieriger gewesen, schwanger zu werden. Und je älter ich wurde, desto weniger sehnte ich mich danach, Mutter zu werden.

Diese Trennung war anders als alle anderen zuvor, denn ich konnte hundertprozentig nachvollziehen, warum sie sinnvoll war, und sie verlief sehr friedlich und liebevoll. Das war also auch möglich! Das Schöne daran war, dass wir beide im gesamten Prozess des Abschieds füreinander da waren und uns Zeit damit ließen. Außerdem wussten wir, keiner würde den anderen hinter sich lassen und es würde sich nicht das Gefühl einstellen, als wäre der andere gestorben – auch wenn ich einen sehr großen Verlust erlitt, den ich erst einmal verwinden musste. Heute sind wir sogar befreundet und auch das hätte ich nie für möglich gehalten. Ich bin Niam unendlich dankbar dafür, dass er mir gezeigt hat, wie stärkend, schön und gesund eine Beziehung sein kann. In dieser Zeit konnte so viel in mir heilen und wachsen – und nicht, weil Niam mich therapierte, sondern einfach weil wir uns auf eine gesunde Weise ehrlich liebten, komplett füreinander da waren und uns zeigten, wie erhebend das sein kann. Durch Niam lernte ich einen Song von Coldplay ganz neu kennen. Seitdem höre ich ihn anders und voller Dankbarkeit.

»And high up above or down below
When you're too in love to let it go
But if you never try, you'll never know
Just what you're worth

Lights will guide you home
And ignite your bones
And I will try to fix you.«[29]

SAD BUT TRUE

Ein Mensch mit zwei Gesichtern und die Unmöglichkeit, einander zu heilen

Die Zeit mit Niam hatte mir viele wertvolle und schöne Erfahrungen geschenkt. Doch eine Wunde war zurückgeblieben: Er hatte seiner Familie und seinen syrischen Freunden in Dresden nie von mir erzählt. Und das, obwohl wir drei Jahre zusammen gewesen sind. Das hatte mit seiner kulturellen Prägung zu tun. Er hätte mich erst offiziell vorstellen können, wenn wir verlobt gewesen wären. Eine Beziehung ohne Heiratsabsichten war in seinem Umfeld nicht akzeptiert. Doch trotz dieses Wissens hatte es mich getroffen. Auch diese Verletzung schlug in eine alte Kerbe: Ich hatte oft in meinem Leben das Gefühl gehabt, maximal die Affäre von jemandem sein zu können. Eine Geliebte, eine Gespielin im Bett. Den Grund dafür sah ich in meinem Äußeren. Meine Überzeugung lautete: »Ich bin nicht gut und nicht schön genug als richtige, dauerhafte Freundin. Selbst wenn einer mich liebt, bin ich keine zum Vorzeigen. Ich bin eben kein Statussymbol!«

Ich versuchte, diese Enttäuschung, die ich nun wieder bestätigt sah, nicht zu groß werden zu lassen, mir klarzumachen, dass es bei einem anderen Mann ganz anders sein konnte. Und ich nahm mir fest vor, mich das nächste Mal nur auf einen einzulassen, bei dem ich spürte, dass er sich in jeder Hinsicht sicher war, dass er mich wollte – und das auch mit allen Menschen in seinem Leben teilen würde.

Dann lernte ich Ron kennen. Eine gemeinsame Bekannte stellte uns einander bei einer Ladeneröffnung in Charlottenburg vor. Ein blonder Mann mit blauen Augen, Ende dreißig wie ich, breites Kreuz, ein bisschen Bauch und Rechtsanwalt in Beelitz: Ron war wirklich nicht mein Typ. Aber er war witzig und charmant und umgarnte mich so lange, bis ich Ja zu einem Date sagte. Wir trafen uns auf einen Kaffee, gingen danach spazieren, dann essen, später in eine Bar, redeten ohne Pause, lachten und weinten sogar zusammen und schließlich verbrachten wir die nächsten drei Tage gemeinsam in meiner Wohnung. Wir waren so sturzverliebt, dass kein Zweifel darin bestand, dass wir ein Paar sein wollten. Auch wenn wir uns noch wenig kannten und ich mir nach Niam vorgenommen hatte, es von nun an immer langsam anzugehen: Ron und ich wussten einfach beide sofort, dass wir alles auf eine Karte setzen und es zusammen probieren wollten. Ron sprach sogar schon direkt davon, wie sehr er sich darauf freue, mich seiner Familie vorzustellen. Er war vom ersten Augenblick an begeistert von mir, sagte offen und anerkennend, wie sehr er meine Arbeit bewundere, und überhäufte mich mit Komplimenten.

Auch zu meiner Figur. Das hatte ich tatsächlich noch nie in dieser Weise erlebt! Ja, es hatte Männer gegeben, bei denen ich im Bett genau gespürt hatte, dass sie auf meine Kurven standen. Aber es war etwas völlig anderes, dass jemand das auch außerhalb einer intimen Situation zeigte und äußerte, dass er dazu wirklich stand. Auch vor anderen. Ron war derjenige, der mich darüber aufklärte, warum sich viele Männer so schwer damit taten, ihre Vorliebe offen zu leben: Er erzählte mir, dass er früh festgestellt hatte, dass er mehrgewichtige Frauen anziehend fand, aber genauso schnell erfahren musste, wie abschätzig andere Jungs darüber urteilten. Er war in der Schule in ein Mädchen verliebt gewesen, dass ein paar Kilo mehr auf den Rippen hatte, und als sie sich immer öfter trafen, kommentierten die anderen aus der Clique es mit den Worten: »Du kommst ja hoffentlich nicht mit der Dicken zusammen!« Diese Jungs hatten die Haltung, die viele als die »normale« und deshalb »richtige« ansehen: Eine Frau soll an den richtigen Stellen kurvig sein – aber eben bitte nur da und nicht zu sehr. Ron empfand das anders. Aber damals entschied er sich für die Anerkennung seiner Jungs und gegen die Liebe. Heute würde er das, wie er sagte, nie wieder tun. Aber in seiner Jugend hätte er einfach nicht den Mut besessen, in diesem Punkt zu sich zu stehen. Inzwischen wäre es ihm völlig egal, was andere darüber dachten.

Dass er das ernst meinte, bestätigte sich schnell. Denn wenn wir zusammen unterwegs waren, hatte ich das Gefühl, Ron war sogar stolz, mich als Freundin zu haben. Das war für mich ein völlig neues Erleben. So viel Bestätigung hatte ich von einem Mann noch nie erfahren. So komplett angenommen und geliebt hatte ich mich noch nie gefühlt! Das tat mir unfassbar gut.

Einen ersten Moment der Unruhe gab es allerdings schon nach den ersten drei Tagen, die wir nonstop gemeinsam verbracht hatten: Ich hatte eine Panikattacke. Obwohl ich mich so wohl mit Ron gefühlt und seine Nähe so genossen hatte, hatte ich plötzlich Atemnot bekommen und dann einen heftigen Heulkrampf. Das war seit Ewigkeiten nicht passiert und beunruhigte mich. Doch dann wurde mir klar, dass einfach zu viel auf einmal geschehen war. Ich brauchte Zeit, um alles zu verarbeiten. Und so bat ich Ron, mich für eine Nacht allein zu lassen. Ich sagte ihm, dass diese Begegnung wunderschön für mich wäre, aber auch aufwühlend und ich etwas Raum für mich bräuchte. Ron nickte, zog seine Jacke an und wirkte völlig genknickt. Ich verstand, dass er nicht gerne ging. Aber war meine Erklärung nicht auch total nachvollziehbar? War es nicht verständlich, dass ein Mensch, nach so einer intensiven gemeinsamen Zeit, mal Luft holen und allein sein wollte? Wieso hatte er das Bedürfnis nicht? Oder zumindest Verständnis für meines?

Er akzeptiere es dann zwar, aber es fühlte sich nicht entspannt an. Mich beschäftigte dieser Moment noch eine Weile, aber dann beschloss ich, daraus kein Problem zu machen. Wir trafen uns bald wieder und waren uns genauso nah wie beim ersten Mal. Es folgten Wochen voller Spaß und Leidenschaft. Ron lud mich ein und bekochte mich, wir gingen ins Kino oder hörten gemeinsam Musik. Auch meine Songs berührten ihn und er liebte meine Stimme. Und tatsächlich stellte er mich schon nach kurzer Zeit seinen Freunden vor und wenig später auch seiner Familie. Was für ein schöner Liebesbeweis nach dem, was ich mit Niam erlebt hatte!

Verrückterweise sah Ron auch eine potenzielle Mutter in mir. Wenn ich doch noch Kinder wollte, sagte er, würden wir es eben so lange probieren, bis es klappte. Er ging mit mir sogar in eine Kinderwunschklinik, um zu checken, welche Möglichkeiten es gab, trotz PCOS schwanger zu werden. Er war oft so rührend und liebevoll, schenkte mir ständig Blumen und Schmuck und sagte fast täglich, wie schön er mich fände. Ich badete in dieser Zuwendung wie in Milch und Honig. Es war Seelenbalsam! Wie oft hatte ich mir in meinem Leben gewünscht, dass ein Mann mich mal so begehren und bedingungslos lieben würde, genauso wie ich war. Mit allem Drum und Dran!

Was mich allerdings zunehmend störte, war, dass ich das Gefühl hatte, Ron versuchte, mich zu bevormunden. Wenn wir eine Straße überquerten, nahm er meine Hand und ermahnte mich, nicht zu schnell zu gehen. Wenn ich über eine Entscheidung nachdachte, sagte er mir überdeutlich, was er dazu dachte und für richtig hielt. Und oft nannte er mich »Kleine«. Klar kann man das auch als erwachsene, selbstbewusste Frau mal genießen. Aber es kommt auf den Kontext an und auf die Häufigkeit einer solchen Äußerung. Mich richtiggehend klein zu machen und mich zum Beispiel »süß« zu finden, wenn ich mich für etwas schämte, fühlte sich nicht gut an. Er behandelte mich in solchen Momenten wie ein Kind, kommentierte von oben herab oder spielte sich als Beschützer auf.

Eine weitere Sache, die mich irritierte, war, dass immer wieder andere Frauen Thema waren. So beispielsweise eine ehemalige beste

Freundin von ihm, die offenbar weitergehend an ihm interessiert sei. Seit acht Jahren wäre das unklar. Ich verstand diese Konstellation nicht, aber merkte, dass ihm das zusetzte. Einmal weinte er bei mir unter der Dusche und als ich dazukam, beichtete er mir, dass es ihretwegen sei. Ich tröstete ihn, sagte ihm aber auch, dass er da eine klare Haltung finden müsse und dass unsere Beziehung keine Chance hätte, wenn er die andere Sache nicht geklärt habe. Er stimmte mir zu, zog kurz darauf einen Schlussstrich und beendete den Kontakt. Danach sagte er, er wäre sehr erleichtert. Doch kurze Zeit später erzählte er von einer Arbeitskollegin, die in ihn verliebt wäre. Er erwähnte immer wieder neue Frauen, die angeblich heiß auf ihn wären, sodass ich den Eindruck bekam, er wollte mich bewusst eifersüchtig machen.

Leider funktionierte das auch. Und ich wurde immer unsicherer. Dennoch suchte ich in ruhigen Momenten das Gespräch, sagte ihm, dass ich mir wünschte, dass er meine Grenzen respektiert und nicht ständig von anderen Frauen spricht. Er lachte mich aus und behauptete, ich würde mich anstellen. Oder er fand mich wieder »süß«. Er schien meine Eifersucht zu genießen. Und es kam mir immer öfter so vor, als wolle er spüren, dass ich traurig oder verletzt war. Einmal teilte ich diesen Eindruck mit ihm – wieder ganz ruhig und vorsichtig. Er entgegnete, dass er das nicht spüre und sich innerlich taub fühle. Dennoch entschuldigte er sich dann sofort und gelobte Besserung. Zwei Tage später ging das Spiel von vorn los.

Ich hatte immer mehr das Gefühl, dass Ron versuchte, seine eigenen Unsicherheiten zu kaschieren. Einerseits wirkte er so selbstbewusst und andererseits erfuhr ich immer mehr über seine offenbar traumatische Vergangenheit, in der er viel Gewalt erfahren hatte. Ich merkte, dass er diese Erlebnisse noch nicht verarbeitet hatte, und mir wurde immer klarer, dass er eine schwere Depression gehabt hatte – oder sogar noch drinsteckte. Er sagte mehrfach zu mir: »Ich habe das Gefühl, du heilst mich so!« Er hatte sich offenbar vorher nie wirklich jemandem anvertraut und natürlich schätzte ich seine Offenheit mir gegenüber. Andererseits war mir auch klar, dass ich ihn nicht heilen konnte. Ich wusste ja aus der Beziehung mit Jan, dass so etwas nach hinten losging – auch wenn die Rollen damals umgekehrt waren und ich mir von ihm die Rettung erhofft hatte. Mir war klar: Partner*innen können einander weder retten noch Therapeuten füreinander sein.

Dennoch war ich hin- und hergerissen. Denn ich wollte natürlich für ihn da sein. Und durch meine eigenen Therapieerfahrungen war ich in gewisser Weise Expertin in diesen Dingen geworden. Ich spürte seinen Schmerz. Und ich kannte einiges von dem, was er mir erzählte, aus meiner eigenen Vergangenheit. Wie ich heute weiß, verband uns tatsächlich genau das auf eine sehr tiefe Art. Als würden sich unsere inneren Kinder umarmen. Immer wieder sah ich den kleinen Ron vor meinem inneren Auge und er tat mir unendlich leid. Einmal sagte ich ihm: »Der kleine Ron ist liebenswert und hat alles Glück dieser Welt verdient. So wie du, der Große!« Auch wenn es ihm nicht leichtfiel, das anzunehmen, spürte ich, dass es ihm guttat.

Ein anderes Mal lagen wir im Park und ich schlug ihm eine Atemübung vor. Er willigte ein. Es war ein warmer Sommerabend und wir blickten gemeinsam in die Sterne und atmeten. Nach der Übung erzählte er mir, dass eine schlimme Erinnerung zurückgekommen sei, die er lange verdrängt hatte. Ich dachte in diesen Momenten: Jetzt ist er auf dem Weg. Und doch wurde mir immer klarer, dass ich diese Rolle der Helferin verlassen musste. Ich wusste, wenn er nicht an sich arbeitete, konnte ich das nicht abfedern. Deshalb stellte ich in den Raum, dass es vielleicht hilfreich wäre, wenn er sich professionelle Unterstützung suchte. Er stimmte mir tatsächlich zu. Und dann hatten wir den Deal, dass er eine Therapie macht. Doch er unternahm nichts in der Richtung.

Wir hatten immer öfter Diskussionen und Streit und so sehr ich versuchte, dabei diplomatisch zu bleiben, es auch schaffte, meine Trigger nicht ans Steuer zu lassen und einen Raum zu öffnen, in dem wir wieder zueinander finden könnten: Es half nichts. Ich weiß, dass ich in dieser Beziehung, was das anging, oft über mich hinauswuchs. Ich blieb in Konfliktsituationen viel ruhiger und mehr bei mir. Aber das alles zehrte an mir. Ich ließ meine Musik mehr und mehr schleifen. Ich konnte nicht mehr 200 Prozent geben, wie es mir sonst entsprach. Normalerweise bin ich extrem perfektionistisch und möchte in jeden Schritt eingebunden werden. Aber jetzt war ich so sehr mit Ron beschäftigt. Es fühlte sich so an, als wäre er meine Hauptaufgabe. Ich arbeitete mich an ihm tatsächlich ab und verausgabte mich emotional so sehr, dass ich schlichtweg keine Kraft mehr für meine Kunst hatte. Eines Tages spielte ich dann aber endlich wieder ein Konzert – und Ron war das erste Mal dabei. Nach dem Gig benahm er sich merkwürdig. Er beteuerte zwar, es sei alles okay und ich wäre toll gewesen. Aber ich spürte, dass etwas nicht stimmte. In einem Streit etwas später kam dann heraus, was das Problem gewesen war: Er warf mir vor, dass ich auf der Bühne über einen anderen Mann gesungen und auch von ihm erzählt hätte. Das hätte ihn lächerlich gemacht, »vor allen Leuten«. Ich war völlig perplex. Was war mit diesem Mann los?

In diesem Moment begann ich zu ahnen, dass Ron mit meiner Stärke und meinem Selbstbewusstsein nicht zurechtkam. Auch wenn er diese Seite an mir angeblich so sehr schätzte, in Wahrheit schien er sich davon bedroht zu fühlen. Womöglich musste er mich auch deshalb permanent eifersüchtig machen und mir das Gefühl geben, er könne jederzeit eine andere haben? Mir wurde bewusst, dass er auch immer öfter Scherze auf meine Kosten machte und dass er es war, der rigoros über Nähe und Distanz in unserer Beziehung bestimmte. Er klinkte sich plötzlich aus Gesprächen aus und wurde eiskalt. Nach einer Phase intensiver Nähe, auch auf körperlicher Ebene, war er auf einmal abweisend und zeigte keinerlei Interesse mehr an Zärtlichkeiten oder Sex. Und manchmal meldete er sich auf meine Nachrichten einfach nicht zurück – obwohl ich schrieb, ich würde mir Sorgen machen und er solle mir ein Zeichen senden. Ich glaube, dass er das alles nicht mit böser Absicht tat. Wahrscheinlich war ihm nichts davon bewusst, weil er einfach überhaupt nicht in Kontakt mit seinen

Gefühlen war. Und so unterdrückte er auch eine große Portion Wut und seine höchst schwierige Beziehung zu seiner Mutter. Ich hatte immer mehr den Eindruck, dass sein Selbstbewusstsein gespielt war und er tatsächlich ein sehr fragiles Ego besaß. Er versuchte, das über Kontrolle zu kompensieren. Und über manipulative Spielchen. Einerseits trug er mich auf Händen. Andererseits versuchte er dann wieder, mich zu destabilisieren.

Als ich dann Geburtstag hatte, überraschte er mich mit einer Party. Ich war total gerührt, er hatte sich wirklich ins Zeug gelegt, um mir eine Freude zu machen. Doch er war gestresst, mir gegenüber gereizt, hatte deutlich mehr von seinen Freunden eingeladen als von meinen und als er schließlich zu einer Rede über mich ansetzte, kam da nicht etwa eine Liebeserklärung aus seinem Mund, sondern nur ein Witz über mich. Es war bitter und demütigend.

Trotzdem konnte ich mich noch nicht von ihm trennen. Mein Herz hing an ihm – und an der Hoffnung, dass sich alles noch drehen würde. Ich wusste doch, dass wir uns eigentlich liebten. Ich spürte das auch von ihm ganz deutlich. Aber schließlich nahm auch seine Zuwendung immer mehr ab. Dann hatte ich immer öfter mit einem Eisblock zu tun, an dem alles abprallte. Ich litt wie ein Hund darunter. In dieser Zeit nahm ich zum ersten Mal wahr, dass Alkohol für mich wie eine Art Kompensation funktionierte. Jedes Mal, wenn es schwierig zwischen uns wurde, was immer öfter der Fall war, hatte ich das Bedürfnis, etwas zu trinken, und tat das auch. Zudem rauchte ich viel. Ich hatte Schlafstörungen, sprach mit meinen Freunden in Dauerschleife über meine Probleme mit Ron, konnte an kaum etwas anderes denken. Ich riss mich innerlich richtig auf. Es war Selbstzerstörung, im wahrsten Sinne des Wortes.

Irgendwann signalisierten mir mein Körper und meine Seele aber zum Glück ganz klar: So geht es nicht weiter. Ich wusste, dass die Trennung das einzig Richtige war. Aber den Schritt zu gehen, war nicht leicht für mich. Mir fällt es generell schwer, jemandem zu sagen, dass es vorbei ist. Zudem bin ich eine Kämpferin und sehr resilient. Deshalb habe ich immer sehr lange Hoffnung, dass es weitergeht und sich wandelt. Aber in diesem Fall konnte ich diese ständigen Psychospielchen nicht mehr aushalten. Ich brauchte Unterstützung, um zu gehen. Also besprach ich alles mit meiner Therapeutin. Sie begleitete mich die ganze Zeit in diesem Loslösungsprozess. Durch jeden Schritt. Sie machte jedes Hin und Her und jedes Hadern mit. Diese Ansprache zu haben, dort so aufgehoben zu sein, half mir damals sehr. Mit ihrem Support konnte ich mich selbst und meine Grenzen wieder spüren und immer mehr erkennen, wie toxisch diese Beziehung war.

Wir hatten eine gänzlich ungesunde Dynamik entwickelt. Ron hatte mich mit seinem Verhalten immer mehr verunsichert und damit meine alten Wunden berührt, die eben doch noch nicht ganz geheilt waren. Mein Schmerzkörper war im Alarmmodus und alle alten Glaubenssätze traten wieder auf den Plan. Ich fühlte mich wieder einmal nicht liebenswert und nicht genug, strengte mich daraufhin immer mehr an, dachte, ich müsste mehr leisten und den Schmerz aushalten. Wie ich in der Therapie dann lernte, war das eine »Traumabindung« – Ron und ich waren über unsere jeweiligen Traumata verbunden. Wir bedienten jeweils die alten Muster des anderen. Und weil Ron nicht in die Bearbeitung ging, nicht in das Bewusstsein kam, konnten wir die Dynamik nicht gemeinsam aufbrechen. Dass ich allein versuchte, etwas zu verändern, reichte nicht aus.

Dann kam der Tag, an dem meine Frustrationsgrenze überschritten war. Auf einmal löste sich etwas in mir und ich hörte auf, mich anzupassen. Dann drehte ich den Spieß um und nahm für einen Tag mal Rons Masche an, machte provokante Bemerkungen und Scherze, die ihn trafen. Er war sichtlich irritiert. Als wir an diesem Abend bei einem Imbiss bei mir um die Ecke saßen, lief dort auf einem kleinen Fernseher ein dramatischer Liebesfilm. Ron schaute immer wieder hin und wirkte betroffen. »Na, kennst du den Film?«, fragte ich. Ron nickte. »Und an wen erinnert er dich?« Jetzt war ich so konfrontativ, wie ich es sonst in dieser Beziehung nie gewesen war. Und dann wurde Ron ganz kleinlaut und stammelte nur: »Ich sag' jetzt lieber nichts.«

Daraufhin zählte ich die Namen seiner Ex-Freundinnen und aller Frauen, die er in unserer Beziehung erwähnt hatte, alle nacheinander auf und bei einem nickte er. Es war die Frau, deretwegen er damals unter der Dusche geheult hatte. Und jetzt, viele Monate später, als er da in diesem Imbiss vor mir saß und zugab, dass er ihretwegen immer noch traurig war, war es für mich einfach vorbei. Ich sagte nur: »Wenn du immer noch so an ihr hängst, geh doch zu ihr zurück. Ich bin raus.«

Das saß richtig. Er sagte gar nichts mehr. Saß nur versteinert da. Und dann ging er bezahlen. Ich wusste, dass meine Bemerkung verletzend gewesen war und dass er mir das nicht verzeihen würde. Aber das war meine gesunde Wut. Man nennt es wohl auch Trennungsaggression. Ich glaube, sie ist wichtig, sie kann sogar lebensrettend sein. Denn irgendwann reicht es und dann kannst du nicht mehr. Ich hatte so oft versucht, es auf eine gute Art und Weise zu lösen und meine Bedürfnisse und Grenzen klar zu formulieren. Ich hatte ihm jede Chance gegeben, mit mir zu lernen. Aber er hatte sie nicht angenommen und deshalb war ich jetzt an diesem Punkt angekommen. Es war genug.

Tatsächlich konnte er mir das nicht verzeihen. Er meldete sich in den nächsten Tagen nicht und als ich ihn anrief, meinte er, er hätte keine Gefühle mehr für mich. Das tat mir zwar weh. Aber ich wusste, es war richtig, dass es vorbei war. Ich war trotzdem noch mal sehr traurig und weinte viel. Aber das war sicher auch die Erschöpfung, weil die Beziehung so kräftezehrend gewesen war, und ein Stück auch die Erleichterung.

Nun folgte eine Zeit, in der ich sehr stark und klar war. Ich fühlte, dass meine alte Energie zurückkam. Die Wut, die Enttäuschung und all die anderen fiesen Gefühle verwandelte ich wieder einmal in Musik. Ich schrieb neue Songs. Und ich hörte Metallica. Es gab jetzt fast nichts Besseres für mich, als mir gemeinsam mit James Hetfield die Seele aus dem Leib zu brüllen und die zwei Gesichter, die manche Menschen haben, und den Kampf, den das bedeutet, zu verdammen.

»You (You), you're my mask, you're my cover, my shelter
You (You), you're my mask, you're the one who's blamed
Do (Do), do my work, do my dirty work, scapegoat
Do (Do), do my deeds for you're the one who's shamed

I'm your dream, make you real
I'm your eyes when you must steal
I'm your pain when you can't feel
Sad but true
I'm your dream, mind astray
I'm your eyes while you're away
I'm your pain while you repay
You know it's sad but true
Sad but true«[30]

RESPECT

Wie Phönix aus der Asche

Und dann, sechs Monate später, meldete sich Ron noch einmal. Es hätte sich so viel bei ihm getan. Er wäre noch mal umgezogen und hätte im Job endlich mal so richtig durchgestartet. Er hätte auch alles, was uns anging, eingesehen. Ich ließ mich auf ein Treffen ein. Und tatsächlich wirkte er wie geläutert. Er schien an sich zu arbeiten. Ich fand, er hatte eine zweite Chance verdient. Doch nach kürzester Zeit war klar, dass sich nichts geändert hatte, und ich beendete es wieder.

Wie ich von meiner Therapeutin erfuhr, gibt es bei solchen toxischen Dynamiken häufig Rückfälle. Man hat immer wieder extreme Sehnsucht oder kommt sogar wieder zusammen. Manchmal mehrere Male. Das sind Wellen, die über Monate, manchmal sogar Jahre gehen können. Man hat dabei einen klaren Kopf und weiß, dass man loslassen sollte, aber das Gefühl ist stärker. Weil die Traumabindung so tief geht und die existenziellsten Muster und Glaubenssysteme aktiviert.

Ein anderer Grund dafür, dass es so schwer ist, einen Menschen nach einer so toxischen, aber eben auch enorm intensiven Beziehung zu verabschieden, ist, dass man immer der Zeit des Anfangs und den unglaublich schönen Augenblicken hinterhertrauert. Die Verbindung war doch so innig! Und dieser Mensch war doch so wunderbar! Man kann es einfach nicht verstehen, wohin er gegangen ist. Er war doch eben noch da und hat dir eine Zukunft voller Liebe ausgemalt. Man klammert sich an irgendwelche Versprechen und will einfach nicht einsehen, dass sie Teil einer Illusion waren, dass man im Grunde in einer Zukunft lebte – und so vieles in der Gegenwart übersah.

Ich habe gelernt, wie wichtig es ist, sich zu verzeihen, dass man noch lange an einem solchen Ex-Partner hängt und ihn trotz allem vermisst. Es gehört zur Dynamik einer solchen Verbindung, dass man sich – auch über die Trennung hinaus – an das vermeintlich so Besondere und Schöne klammert. Auch weil es so unangenehm ist, sich einzugestehen, dass ein Großteil der Beziehung eine Fantasie war. Eine der wichtigsten Erkenntnisse, die ich durch Ron gewann, war deshalb: Oft verliebt man sich in die schillernden Möglichkeiten, die einem der andere präsentiert, und übersieht den eigentlichen Status quo. Doch man kann nicht mit dem Potenzial einer Person zusammen sein, sondern nur mit der Person, wie sie im Hier und Jetzt ist.

Ich habe diesen zweiten Versuch wohl noch gebraucht, um diese alte Version, die ich von ihm noch immer im Kopf hatte, zu verabschieden. Dieser Mensch, den ich am Anfang kennengelernt hatte, der so viel Potenzial mitgebracht hatte, scheinbar so viel Liebe in sich trug – auch wenn es da schon heikel war –, diesen Menschen musste ich offenbar noch einmal loslassen. Ich durchlebte dann für mich innerlich eine Beerdigung. Und zwar buchstäblich. Ich habe mir wirklich vorgestellt, dass diese Person leider gestorben ist. Es gibt sie nicht mehr. Sie ist einfach tot und es ist traurig, aber nicht zu ändern. Dieses Bild war sehr stark und damit konnte ich Ron loslassen.

Die Zeit mit diesem Mann fühlte sich direkt nach der Trennung erst mal an wie eine einzige Schmach. Ich hatte heftige Schuldgefühle, mir selbst so etwas angetan zu haben. Aber dann wurde mir bewusst, dass ich nur durch Ron in der Lage gewesen war, zu erkennen, wo ich noch nicht ganz geheilt war und dass ich mich da noch um etwas zu kümmern hatte. Ich hatte das alles nun so klar vor Augen, dass ich genau wusste, was ich jetzt für mich noch zu tun hatte. Und ich konnte ebenfalls anerkennen, in welchen Punkten ich schon so viel weitergekommen, so sehr gewachsen war. Ich war dankbar, dass ich in dieser Beziehung gelernt hatte, wie unfassbar gut ich in Konfliktmanagement geworden war. Ich wusste jetzt, ich kann sehr gut deeskalierend sein und einen Raum schaffen, in dem Konflikte gelöst werden können. Und ich hatte erfahren, dass ich schneller in der Lage gewesen war, zu gehen – obwohl ich ja sogar gespürt hatte, dass wir uns immer noch liebten!

Ich hatte in all meinen Beziehungen gedacht, das Schlimmste, was passieren könne, wäre eine Trennung. Doch bei Ron hatte ich das erste Mal ganz klar gespürt: Ich werde das überleben! Früher hatte es sich für mich bei einer Trennung so angefühlt, als würde ich sterben. Oder zumindest ein Teil von mir. Zudem hatte ich furchtbare Angst gehabt, es nicht auszuhalten, dass der andere nicht mehr in meinem Leben war. Bei Ron ließ ich zu, dass er nun für mich gestorben war, und erlebte, dass das für mich gut war. Damit war ich also schon einen bedeutenden Schritt weitergekommen. Ja, das alles hatte mich so an meine Grenzen getrieben, aber ich war stark geblieben, hatte mich am Ende geschützt und war gegangen. In dieser Hinsicht war ich tatsächlich von mir selbst beeindruckt.

Ich habe dabei erfahren, dass ein Trauma eine starke Prägung ist – aber man ist ihr nicht komplett ausgeliefert. Man kann das Trauma bearbeiten und loslassen. Und man kann es kanalisieren. Das habe ich mit meiner Kunst getan und tue es immer noch. Ich glaube, wir Menschen sind resilienter, als wir manchmal denken. Reflexion und Optimismus sind unglaublich starke Kräfte. Und die kann man selbst entwickeln. Indem man sich zum Beispiel sagt: Meine Situation mag gerade schlimm sein, aber das wird sich ändern!

Heute ist mir auch klar, dass mich meine Intuition schon ganz am Anfang gewarnt hatte. Durch die Panikattacke und als Ron mein Bedürfnis nach Ruhe als Ablehnung seiner Person verstanden hatte, hatte ich ja schon gespürt, dass da etwas nicht stimmte. Ich denke, der Bauch meldet sich immer und wir sollten auf das vertrauen, was er uns sagt. Offenbar hatte ich gute Gründe gehabt, mich anders zu entscheiden. Ein Teil von mir hatte diese Erfahrung mit Ron gebraucht und sie lehrte mich am Ende viel. Aber ich zahlte dafür auch einen hohen Preis. Heute würde ich darauf hören, wenn mir mein Bauch schon gleich zu Beginn ein Zeichen gibt.

Auch wenn ich mit dieser Trennung dann ganz klar war und auch nicht wieder zurückwollte, holte es mich noch lange in meinen Träumen ein. Die Geschichte war einfach so komplex. Sie war lange wie ein Puzzle, zu dem noch Teile fehlten, wie ein Rätsel, das ich nie ganz gelöst hatte. Und ich habe auch heute noch nicht jeden Aspekt verstanden, noch nicht alles einordnen können. Aber vielleicht wird das auch nie ganz gelingen.

Diese Beziehung hat mir in jedem Fall gezeigt, was ich nicht will und dass ich definitiv einen Mann brauche und mir wünsche, der in sich gefestigt ist, der eine gewisse Reife hat, eine emotionale Reife, und mit dem es sich leicht anfühlt. Ja, das habe ich gelernt: Die Dinge dürfen sich leicht anfühlen. Das Leben hat ja schon genug Herausforderungen und die wünsche ich mir dann mit einem Partner zusammen zu meistern, während wir uns gegenseitig supporten. Aber die Zeit, die man miteinander hat, die darf leicht sein. Und vielleicht auch mal langweilig, das ist auch okay. Es muss für mich nicht mehr der große Nervenkitzel sein. Ich glaube, das ist auch etwas, das ich gelernt habe.

Und ich kenne jetzt meine red flags. So schmerzhaft es ist: Die erkennt man natürlich besser, je öfter man sie sieht. Das heißt eben auch, dass man gewisse Erfahrungen mehrmals machen muss. That's life. Das sollte nicht dazu führen, dass man gar nicht mehr offen ist, aber wenn man gewisse Tendenzen spürt, kann man sich irgendwann schneller sagen: Don't go there anymore! Dabei hat auch jeder sein eigenes Tempo. Und: Wenn man in eine toxische Dynamik gerät, dann sicher auch, weil man dafür in diesem Moment anfällig ist. Gerade wenn man bedürftiger ist, wenn man eine schwierige Lebensphase durchlebt, dann neigt man eher dazu, sich auf etwas einzulassen, das einem nicht guttut.

Womit mich dieser Mann gekriegt hatte, war seine Begeisterung für meinen Körper. Das war mein Leben lang mein empfindlichster Punkt. An dieser Stelle war ich schon seit meiner Kindheit so bedürftig nach Bestätigung gewesen und das war noch immer nicht geheilt. Nur deshalb konnte mich Ron mit seinen Komplimenten so völlig vereinnahmen – nicht, dass seine Zuneigung auf dieser Ebene nicht auch tatsächlich wertvoll und schön gewesen wäre, er meinte es ja genau so. Aber wie mir heute bewusst ist, war die Intensität seiner Komplimente nicht ganz natürlich. Er überhäufte mich regelrecht damit – ein klassisches Love Bombing. Das setzen Menschen eben leider auch ein, um den anderen an sich zu binden. Wenn es Ron auch bestimmt nicht bewusst gewesen war, glaube ich, dass er das auch aus diesem Grund getan hatte. Und ich war dafür aufgrund meiner großen Bedürftigkeit an dieser Stelle eben sehr empfänglich gewesen, hatte mich abhängig von ihm gemacht und für diese angenehme Seite der Beziehung eine andere in Kauf genommen, die mich tief verletzte.

Deshalb ist für mich heute die Idealisierung meiner Person eine klare red flag: Wenn jemand mich schon gleich zu Beginn auf ein hohes Podest stellt, dann weiß ich, das ist ein Warnsignal. Da kann ich nur tief fallen.

Eine red flag ist für mich auch, wenn jemand zu schnell alles von sich erzählt, also direkt beim ersten Date seine ganze Lebensgeschichte auftischt. Obwohl ich dazu früher auch geneigt habe, jetzt mache ich das nicht mehr. Wenn jemand beispielsweise in seiner Vergangenheit sehr viel Gewalt erlebt hat und mir das in allen Einzelheiten bei einem unserer ersten Dates erzählt, dann finde ich das schon mal komisch. Denn warum muss er das hier und jetzt tun? Warum gab es für ihn da vorher noch keinen anderen Ort und keine andere Anlaufstelle? Und das heißt nicht, dass ich es nicht wertschätze, wenn man sich mir anvertraut, aber das braucht das passende Timing. Wenn es so direkt und komplett auf den Tisch kommt, ist zu vermuten, dass dahinter eine sehr große Bedürftigkeit steht. Der kann ich als potenzielle Partnerin gar nicht nachkommen. Wenn ich merke, dass jemand aber genau das möchte, sich am Ende wünscht, dass ich alles abfedere und wiedergutmache, wenn er eigentlich eine Mama und Therapeutin in ein und derselben Person sucht, dann bin ich raus. Ich bin gerne der supportende Cheerleader, wenn jemand an seinen Themen arbeiten will und eine Therapie macht. Dann stehe ich auf jeden Fall an der Seite und rufe: »Go, go, go!« Denn: Geil, dass er seine Hausaufgaben macht! Aber das muss er eben tun und das muss intrinsisch motiviert sein. Also am besten ist, wenn der Typ, den ich treffe, schon in Therapie ist, bereits eine hinter sich hat oder zumindest weiß, wo seine Issues liegen, daran arbeitet und ein echtes Interesse daran hat, sich weiterzuentwickeln. Es funktioniert natürlich nicht, wenn er zur Therapie geht, um mir einen Gefallen zu tun. Und es geht auch nicht darum, dass er es mir recht machen und dann bitte genau so werden soll, wie ich ihn gerne hätte. Es geht mir um eine Chance auf gemeinsame Entwicklung. Und die sehe ich nur, wenn beide wirklich auf ihre wunden Punkte und Herausforderungen schauen und diese aktiv angehen.

Eine weitere red flag ist für mich Bevormundung. Wenn ich merke, dass ein Mann sich als Beschützer aufspielt, in Momenten, in denen ich gar keinen Schutz brauche. Und es ist ein Unterschied, ob jemand sagt: »Ach, du bist so ein süßes Baby« – denn das bin ich eben nicht, ich bin eine erwachsene Frau – oder ob er sagt: »Ich finde toll an dir, dass du so eine starke Frau bist und gleichzeitig auch mal schwach sein kannst.« Denn ja, ich bin eine starke Frau, aber das heißt nicht, dass ich immer stark sein will. Ich will mich auch mal fallen lassen können. Ich will mich auch mal anlehnen. Und dann darf ein Mann auch beschützend den Arm um mich legen und sagen »Ach, meine Kleine« oder »Du bist süß«. Es kommt einfach auf den Augenblick, den Tonfall und die Wortwahl an. Ich finde, all das verrät, ob ein Mann tatsächlich selbstbewusst ist – sich also seiner selbst bewusst und souverän, dann kann er mich neben sich auf Augenhöhe akzeptieren – oder ob er mich klein machen muss, um sich selbst größer zu fühlen.

Die größte green flag ist für mich hingegen, wenn mir jemand das Gefühl vermittelt, er sieht mich wirklich als die Person, die ich bin, und er würde mich auch nicht direkt verlassen, wenn irgendetwas schiefgeht. Dann kann ich mich auch verletzlich zeigen. Dazu braucht es eben Vertrauen. Und das gewinne ich durch eine gewisse Sicherheit. Ich weiß heute, dass es nicht falsch ist, die zu verlangen. Und damit meine ich nicht eine grundlegende Sicherheit, die muss ich mir natürlich selbst geben. Aber wenn ich mit einer anderen Person zusammen bin, dann bin ich ja immer ein Stück weit auch von deren Verhalten abhängig. Sicherheit ist in diesem Zusammenhang für mich zum Beispiel, wenn mir jemand verlässlich antwortet. Wenn jemand Bescheid gibt, wenn er zu spät kommt. Wenn er das, was er sagt, auch tut.

Das ist vielleicht für jeden Menschen ein bisschen anders. Aber das sind meine Basics. Und Unzuverlässigkeit oder gar Spielchen sind für mich psychische Folter. Wenn also jemand von Anfang an wischiwaschi ist, sich nicht regelmäßig meldet und bei den ersten Dates zu spät kommt, dann würde ich heute sofort Konsequenzen ziehen.

Eine weitere sehr wichtige green flag ist, wenn ein Mann seine Gefühle wahrnimmt, zulässt und selbstbewusst dazu steht. Wenn er in der Lage ist, seine Bedürfnisse zu kommunizieren, keine passive Aggression anwendet, um zu bekommen, was er will, und sich nicht hinter einer toxischen Männlichkeit á la »Ein Indianer kennt keinen Schmerz« versteckt. Männer, die weinen können, sind für mich verdammt sexy!

Solche Männer haben meiner Erfahrung nach auch weit mehr Empathie als andere. Wenn du deine eigenen Gefühle gut spürst, dann fällt es dir auch leichter, die des anderen nachzuempfinden. Ich möchte einen Mann, der mich nicht nur versteht, sondern auch spüren kann. Außerdem ist Empathie ein Schlüssel zur Konfliktlösung und zur Vermeidung von Betrug oder jeglicher Form von emotionaler Folter. Ich belüge oder betrüge meinen Partner wahrscheinlich nicht, wenn ich mir vorstellen und nachfühlen kann, wie er sich dabei fühlen würde.

Ich bin so froh und dankbar, dass mir all diese Flags, red and green, bewusst geworden sind. Es war ein langer und nicht unbedingt leichter Weg, aber heute weiß ich, wer ich bin und was mir wichtig ist. Das Wichtigste für mich für eine Liebesbeziehung ist wohl nach allem gegenseitiger Respekt. Respekt vor den Gefühlen des anderen, vor der Zeit des anderen, vor den gemeinsamen Werten, vor den Leidenschaften und Träumen des anderen. Das ist es, was mir so gefehlt hat mit Ron und auch in anderen Beziehungen. Und vielleicht beginnt es auch da bei mir selbst: Wenn ich einen tiefen Respekt mir selbst gegenüber entwickelt habe, dann weiß ich, was ich brauche, und spüre auch klar, was für mich nicht geht. Entsprechend kann ich genau das auch dem anderen zugestehen und zeige ihm gegenüber Respekt. Wir sorgen füreinander. Wir nehmen die Bedürfnisse und Grenzen des anderen wahr und berücksichtigen sie. Wir sind uns selbst treu und genauso dem anderen. Nach der Trennung von Ron war Aretha Franklins Hit für mich ein wahrer Energizer:

»R-E-S-P-E-C-T, find out what it means to me
R-E-S-P-E-C-T, take care of T-C-B

(Sock it to me, sock it to me, sock it to me, sock it to me)
A little respect
(Sock it to me, sock it to me, sock it to me, sock it to me)
Whoa, babe
(Just a little bit) A little respect
(Just a little bit) I get tired
(Just a little bit) Keep on tryin'
(Just a little bit) You're runnin' out of fools
(Just a little bit) And I ain't lyin'

(Just a little bit)
(Re, re, re, re) Start when you come home
(Re, re, re, respect) Or you might walk in
(Just a little bit) And find out I'm gone
(Just a little bit) I gotta have
(Just a little bit) A little respect
(Just a little bit)«[31]

MEIN KÖRPER

Wo wahre Liebe beginnt

Nach der endgültigen Trennung von Ron war ich befreit wie selten in meinem Leben. Entsprechend fehl am Platz waren die Tasche und einiger anderer Krempel, den er noch bei mir gelassen hatte. Eine Zahnarztpraxis in meinem Badezimmer hätte mich weniger gestört. Aber Ron hatte sich offengehalten, wann er die Sachen abholt. Mir ging das derart auf den Zeiger, dass ich irgendwann einen Freund mit Auto anrief, alles in den Kofferraum packte und den ganzen Plunder nachts vor Rons Haustür ablegte. Auf der Rückfahrt gab ich ihm per WhatsApp Bescheid. Das Gefühl danach war eine absolute Belohnung. Ich schrieb direkt einen Song darüber und begann sofort einen nächsten. Ich spürte, dass jetzt völlig andere Zeiten anbrachen.

Kurz darauf kontaktierte mich die Popakademie: Ich sollte an einer Songwriting Week teilnehmen. Allerdings diesmal als freie Künstlerin! Jetzt war ich also diejenige, die die Studierenden mit der Entwicklung eines Songs beauftragte und sie dabei unterstützte. Das war natürlich eine Ehre und kam zum idealen Zeitpunkt. Mit meiner frischen Trennung im Hinterkopf verfasste ich ein Briefing und erarbeitete schließlich mit einer großartigen Gruppe den Song »Skandal«, der meine Beziehung mit Ron und vor allem meine neu gewonnene Kraft extrem cool und lässig vertonte.

»Wann ist eine Frau deine Traumfrau?
Wenn sie immer tut, was du willst?
Wenn sie wartet, während du abtauchst?
Und bist du wieder da, bleibt sie still

So war ich nie und will ich niemals sein
Ich war deine Mutter, deine Geliebte, bester Freund
Und jetzt bin ich der Knick in deiner Männlichkeit

Skandal
Ich lieb' mich mehr als dich
Stellt man mich vor die Wahl
Entscheid' ich mich für mich
Ich brauch' keinen Held
Ich rette mich selbst
Hab' eigene Regeln aufgestellt
Skandal
Ich lieb' mich mehr als dich
Ich lieb' mich mehr als dich«[32]

Zum ersten Mal in meinem Leben spürte ich, wie wichtig mir meine Seele und mein Körper waren und dass ich beides schützen wollte. Ich spürte, dass ich mich komplett annahm, wie ich war. Was ich jetzt erlebte, war etwas völlig Neues: eine tiefe und bedingungslose Eigenliebe. Sie beflügelte mich und brachte immer neue Erkenntnisse und eine unbändige Tatkraft. Das fühlte sich wundervoll an, allerdings auch noch ein wenig fragil: War es vielleicht nur das Gefühl von Befreiung und Selbstermächtigung durch die Trennung, das mich da gerade mit so viel Dopamin versorgte? Hörte das womöglich bald wieder auf? Was würde mit meiner Liebe zu mir passieren, wenn ich wieder getriggert werden würde, wenn ich mich neu verlieben würde, wenn ich noch mal verletzt werden würde? Konnte ich mit meinem Selbstbild auch auf körperlicher Ebene dauerhaft Frieden schließen?

Mich selbst weiterhin schön und liebenswert finden, auch wenn mir kein Mann mehr sagte, dass ich es war?

Ich dachte wieder viel über die großen Sängerinnen nach, die mich beeinflusst hatten und immer noch stark inspirierten. Frauen, die ihren eigenen Weg gegangen waren, die für etwas standen und damit einen Mehrwert geschaffen hatten. Die ein Erbe hinterlassen hatten. Dazu gehörte auch Marlene Dietrich, die Männerkleider getragen und an der Front Konzerte gespielt hatte. Damit hatte sie eine neue Weiblichkeit und auch ein neues Schönheitsideal geprägt. Sie wirkte auf mich immer sehr stark. Und gleichzeitig hatte sie, als sie älter wurde, ihre Pariser Wohnung nicht mehr verlassen wollen, weil ihre Schönheit abnahm. Sie hatte diese Ikone, die sie geworden war, um jeden Preis am Leben erhalten wollen.

Ich musste auch an Maria Callas denken, die nichts weniger als die Oper revolutioniert hatte. Mit ihrer unvergleichlichen Bühnenpräsenz und einer Stimme, die sie sich fast aus der eigenen Seele gerissen hatte. Sie hatte die großen tragischen Rollen nicht gespielt, sie hatte sie gelebt! Keine zuvor hatte ihren Rollen derartigen Ausdruck gegeben. Sie war später immer wieder kopiert worden, denn sie hatte neue Maßstäbe gesetzt. Doch auch diese Frau musste sich damals schon mit Bodyshaming konfrontiert sehen: In ihren Anfängen war sie beleibter und wurde nach einer Aufführung von der Presse als »Elefant« beschimpft. Daraufhin hatte sie sich auf ein Audrey-Hepburn-Maß heruntergehungert – der Legende nach mithilfe eines Bandwurms. Wie hatte es so weit kommen können? Und waren nicht auch die verbalen Angriffe auf Hildegard Knef nach ihrer Nacktszene in Hollywood eine Form von Diskriminierung und Antifeminismus gewesen?

Diese Dinge beschäftigten mich sehr. So etwas konnte doch nur in einer Welt passieren, in der Frauen extrem auf ihre Äußerlichkeit reduziert werden. In einer Welt, in der es ständig darum geht, als Frau maximal schön und begehrenswert zu sein – und zwar innerhalb der gesellschaftlichen Vorgaben – und permanent danach beurteilt und bewertet zu werden. Selbst Frauen, die so talentiert, so unabhängig und selbstbestimmt zu sein schienen wie Marlene Dietrich, Maria Callas oder Hildegard Knef, waren offenbar nicht frei gewesen von dem enormen Druck, den das auslöste.

In den Jahren, in denen ich kaum Musik veröffentlicht hatte, hatte ich angefangen, immer mehr über mein Körpergefühl, über Schönheitsideale und Mobbing zu posten. Besonders auf Instagram. Dadurch hatte ich mich innerhalb der Body-Positivity-Bewegung auf Social Media platziert. Ich war da auch in gewisser Weise eine Vorreiterin, denn zu dieser Zeit gab es nur eine Handvoll Influencerinnen in diesem Bereich. Und Musikerinnen waren damals kaum zu diesem Thema aktiv. Auch dieses Engagement führte ich nach meiner Trennung von Ron wieder ganz aktiv fort. So konnte ich dann sogar mit Marken-Kooperationen mein Geld verdienen. Es war in mehrfacher Hinsicht sehr lehrreich und gewinnbringend. Ich lernte nicht nur vieles in Bezug auf Selbstvermarktung, ich gewann auch mehr und mehr an Selbstbewusstsein, einfach dadurch, dass ich mich im Bikini auf Social Media zeigte. Und immer wieder meine Styles präsentierte. Als mehrgewichtige Frau war das damals noch eher selten. Ich traute mich viel mehr als je zuvor. Und die Interaktion mit den Followern bestärkten mich täglich darin. Kommentare wie »Deinetwegen traue ich mich zum ersten Mal in meinem Leben in einem Bikini an den Strand« rührten mich nicht nur zu Tränen, sie ließen mich weitermachen, denn ich merkte, wie groß das Problem auch außerhalb meines Lebens zu sein schien. Diese Arbeit wurde dringend gebraucht!

Ich vernetzte ich mich in der Body-Positivity-Community und lernte sehr viel von den anderen Frauen. Ich stellte fest, dass die Vorurteile gegenüber mehrgewichtigen Menschen wahnsinnig hartnäckig waren. Ich musste erfahren, dass sogar unser Gesundheitssystem fettfeindlich ist. Wenn eine dicke Frau zum Arzt geht, so berichteten mir diverse Aktivistinnen, wird sie oftmals nur auf ihr Mehrgewicht hingewiesen und nicht gründlich genug auf andere Ursachen ihrer

Beschwerden hin untersucht. Ich war fassungslos. Auch ich kannte das von meinen Arztbesuchen. Leider hat das bei vielen Menschen sogar zur Folge, dass sie solche Besuche aus Schamgefühlen meiden und somit ihr Sterberisiko steigt.

Dass es erbliche Gründe gab und Krankheiten wie PCOS, die das Mehrgewicht erzeugten, und dass auch Menschen mit mehr Leibesfülle sehr energetisch und auch sportlich sein können, schien vielen ebenfalls gänzlich unbekannt. Ich postete darüber, wie eine Tour bei mir aussah, wie viel Anstrengung eine Bühnenshow einem abverlangte und die zwei Stunden danach am Merch-Stand. Musiker*innen wissen: Das ist Leistungssport. Ich hatte nie ein Problem damit. Ich war immer ein sehr energetischer und auch sportlicher Mensch. Ich achtete auch auf meine Ernährung. Auch eine Sache, bei der grundsätzlich das Gegenteil angenommen wurde.

Ich hatte mich früher immer total schuldig gefühlt und gedacht, ich sei ein Loser, weil ich dick war, und »Wenn ich nur abnehmen würde, wäre alles besser«. Ich glaube, in dieser Schleife leben viele, die mit ihrem Gewicht kämpfen. Natürlich liegt das auch an der Haltung unserer Gesellschaft und an den Rückmeldungen von Menschen, die sich mit Mehrgewicht noch nie wirklich befasst haben. Vor einigen Jahren zu erfahren, dass meine Erkrankung maßgeblich für mein Gewicht verantwortlich ist, hat mir viel gebracht, obwohl ich mich nicht über ein Syndrom identifizieren möchte. Ich bin nicht meine Krankheit. Aber es ist wichtig, das zu wissen und die Dinge dann in Relation zu setzen. Ja, wenn ich vor dem Spiegel stehe, macht mir immer mal wieder zu schaffen, dass ich nicht schlank bin. Aber das ändert nichts daran, dass ich mich liebe und meinen Körper schätze.

Man sollte seinen Körper immer appreciaten und sich toll kleiden, wenn einem das Spaß macht. Dazu braucht niemand eine Erlaubnis der Gesellschaft! Viele Leute kommentieren meine Posts auf Instagram mit dem Hinweis, dass ich dünn wäre, wenn ich diszipliniert wäre. Zum einen entspricht das leider nicht den Tatsachen, weil ich nun mal PCOS habe und das Mehrgewicht ein Symptom dieser Krankheit ist. Zum anderen frage ich mich bei diesen Kommentaren aber auch: Ist Disziplin wirklich das höchste Gut im Leben? Ist Lebensenergie, Kreativität, Empathie, Geselligkeit, andere Menschen gut unterhalten und empowern zu können nicht genauso viel wert?

Auf meinen Social-Media-Kanälen werden mir auch permanent Spätfolgen meiner Leibesfülle prophezeit. Und das in heftigen Worten. Als wären diese User allesamt Oberärzte. Geht es noch übergriffiger? Ich wette, ich bin – trotz meiner PCOS – gesünder und fitter als so manch einer dieser selbsternannten Gesundheitsexperten. Nur weil jemand schlank ist, ist er noch lange nicht gesund. Ich frage mich immer wieder, ob Menschen, die sich so zu Wort melden, bewusst ist, dass auch Mobbing krank macht? Ich plädiere nicht fürs Dicksein, ich sage nur: Zeigt nicht mit dem Finger auf andere Menschen, von denen ihr so gut wie gar nichts wisst.

Ich spürte damals immer mehr, dass mich das Thema tief bewegte – und dass sich über meine neue Art der Auseinandersetzung damit mein Selbstbild immer positiver entwickelte. Ich merkte, dass ich gar nicht mehr anders konnte, als mich lautstark und deutlich zu äußern und ein Umdenken einzufordern.

Und dann kam der Videodreh für meine Single »Paradies«. Inzwischen arbeitete ich an meinem nächsten Album, »Ungefiltert«, das ein kleines Label mit mir herausbringen wollte, und der Song sollte die erste Auskopplung sein. Den Clip drehten wir in einem Pool. Ich stand in einem hautengen Slipdress im Wasser. Als das Video und der Song veröffentlicht waren, gab es auf TikTok einen regelrechten Shitstorm. Das erste Mal war mein Account voller Hass-Kommentare über meine Figur und mein Outfit. Offenkundig entsprachen meine Maße und meine Idee, mich so körperbetont zu zeigen, nicht dem gesellschaftlich gängigen Standard. Es war ein Affront!

Ich war fassungslos. Obwohl ich natürlich wusste, welche Schönheitsideale auch im Musikbusiness galten, hatte ich nicht damit gerechnet, derart angefeindet zu werden, wenn ich es wagte, diese aufzubrechen. Zuerst war das alles sehr schmerzhaft und erinnerte mich an die Mobbing-Momente im Schulbus. Doch irgendwann verwandelte sich mein Kummer in Wut. In eine heiße, kraftvolle, bahnbrechende Wut! Ich war nicht mehr länger bereit, hinzunehmen, dass mit einer als Standard gesetzten Vorstellung einer perfekten Silhouette insbesondere Frauen so ein irrsinniger Druck gemacht wurde! Warum um alles in der Welt stand es überhaupt irgendjemandem zu, über den Körper eines anderen zu urteilen? Wieso war es gesellschaftlich komplett akzeptiert, mehrgewichtige Menschen lautstark und öffentlich zu beleidigen? Wer hatte eigentlich Fuckability als Voraussetzung für einen Erfolg als Musikerin gesetzt? Und warum beugten sich dem alle? Warum musste ich begehrenswert sein und jedem Mann gefallen? Und wenn dies nicht der Fall war, sahen sich jene, deren Geschmack ich sexuell nicht traf, berufen, sich über diesen Umstand zu beschweren? Als wenn sie ein Recht darauf hätten, dass ich mich für sie als potenzielle Sexpartnerin darstellte?

Es war Zeit, das alles in die Welt zu schreien. Allerdings von der guten Seite aus! Ich wollte endlich laut aussprechen, dass ich die Einzige war, die über meinen Körper urteilen durfte. Und das würde ich ab jetzt nur noch in Liebe tun! So entstand »Mein Körper«:

»Ich bin aus Sternenstaub gemacht
Jemand hat sich mich ausgedacht
Nicht alles richtig und doch perfekt
Und trotzdem hab' ich mich versteckt
Ich konnte lang nicht in' Spiegel schauen
Ohne meine zarte Seele zu hauen
Ich wollte anders sein, nicht so wie ich
Wie konnt ich blind sein, wie konnte ich
Andern Menschen Macht geben über mich?
Zuzulassen, dass jemand Böses spricht
Und es etwas macht mit mir innerlich
Heut' weiß ich was falsch und richtig ist

Ich muss nie, nie, ni'mandem gefallen
Jede Faser meines Körpers gehört mir allein
Und ich geb' kein Scheiß drauf, was sie meinen
Ich liebe diesen Körper mit all seinen Teilen
Ich liebe diesen Körper mit all seinen Teilen

Retuschierte Haut wie Seide
Nicht so verdellt und rau wie meine
Früher hat mich das fertig gemacht
Heute trage ich Falten und lach'
Hab' zu viel Fett an meinem Bauch
Und meine Brüste hängen auch
Was, wenn das nicht so wär?
Wär ich dann endlich liebenswert?

Ich muss nie, nie, niemandem gefallen
Jede Faser meines Körpers gehört mir allein
Und ich geb' kein Scheiß drauf, was sie meinen
Ich liebe diesen Körper mit all seinen Teilen
Ich liebe diesen Körper mit all seinen Teilen

Ich mein', was für ein Wunder
Er hält mich am Leben
Lässt mich atmen, lieben, leben
Was für ein Wunder
Er hält mich am Leben
Ich liebe diesen Körper mit all seinen Teilen
Ich liebe diesen Körper mit all seinen Teilen

Ich muss nie, nie, niemandem gefallen
Jede Faser meines Körpers gehört mir allein
Und ich geb' kein Scheiß drauf, was sie meinen
Ich liebe diesen Körper mit all seinen Teilen
Ich liebe diesen Körper mit all seinen Teilen
Ich liebe meinen Körper«[33]

Nach der Veröffentlichung des Songs und des Videos bekam ich Tausende von Likes und unzählige positive Nachrichten. Offensichtlich hatte ich so vielen Menschen aus der Seele gesprochen. Allerdings gab es auch nicht wenige abfällige Kommentare. Und zwar erst mal hauptsächlich von Männern. »Die gefällt mir nicht«, »Ist die eklig«, »Ja, kannst dich alleine lieben, will ja eh keiner so einen Körper. So eine wie dich wird ja ein Mann niemals anfassen wollen«, »Wenn du so aussiehst, wirst du bestimmt niemandem gefallen und mit der Einstellung auch sowieso nie einen Partner finden« oder »Eine Frau mit so einem Körper kann man ja auch gar nicht lieben«. Da war es wieder, dieses anmaßende, männliche Selbstverständnis: Die Frau muss dem Mann gefallen wollen und das auch schaffen. Sie muss das andere Geschlecht anlocken und verführen, von sich überzeugen. Ich glaube, leider haben das sehr viele Frauen ebenfalls verinnerlicht. Nur wenn man das große Glück hatte, in einer Umgebung aufzuwachsen, die einem immer wieder sagte: »Halt! Stopp! Du bist genau richtig, so wie du bist. Du musst gar nichts an dir verändern. Du bist auch mit all deinen Eigenheiten großartig. Lass dir von niemandem dein Krönchen vom Kopf nehmen!«, dann konnte man sich davon distanzieren. Wenn man das nicht hatte, bleibt vielleicht immer das Gefühl: Ich muss etwas tun, um zu gefallen. So wie ich bin, in meiner puren Existenz, genüge ich nicht. Genau dagegen lehnte sich »Mein Körper« auf. Und natürlich polarisierte der Song.

Und genauso taten es meine Aktionen: Eine mehrgewichtige Sängerin protestiert am Alexanderplatz lautstark gegen die gängigen Schönheitsideale, wenn sie in einem Kleid dort steht, auf das die schwarz-weiße Silhouette eines nackten Körpers aufgedruckt ist, und ein Schild in die Höhe hält, das besagt: »Ich liebe meinen Körper«. Das war für viele eine Kriegserklärung. Ein Akt der Selbstliebe ist in unserer Welt ganz offensichtlich ein Akt der Rebellion. Doch ich war bereit, aus meiner Komfortzone hinauszutreten und mich angreifbar zu machen, denn ich wusste, es war an der Zeit. Ich konnte nicht länger hinnehmen, dass Mobbing von Mehrgewichtigen gesellschaftlich akzeptiert ist und die Betroffenen diese Beleidigungen anderer auch noch ernst nahmen und sich in der Folge selbst ablehnten. Ich wollte ein Zeichen setzen, für alle, die es dringend brauchten. Und ich wusste, es waren unzählige.

Das Traurigste war für mich, dass auch viele Frauen auf solche Aktionen hin bösartige Kommentare schrieben. Das belastete mich sehr. Doch meine Therapeutin konnte meine Perspektive darauf verändern. Sie sagte, dass sich sicher viele Frauen von meinem Track und den Performances angegriffen fühlten, weil ich ihr Weltbild ins Wanken brächte. Wenn Frauen bereits in der Kindheit suggeriert wird, sie müssten nicht viel können, aber maximal gut aussehen, dann identifizieren sich die meisten genau damit. Und Frauen, die alles dafür tun, um dem Ideal zu entsprechen, sehen ihren Wert möglicherweise dahinschwinden, wenn plötzlich alle Körper schön sein sollen. Wenn ich recht hätte, mit dem, was ich da sang, wären ja all ihre Mühen und dieser ganze Verzicht, den sie sich auferlegt hatten, umsonst gewesen. Ich stellte das alles ja infrage.

Doch nicht nur schlanke und gemeinhin als schön beurteilte Frauen zeigten sich empört. Jene, die es nicht schaffen, den gesellschaftlich erwarteten Standard zu erreichen, sind leider teilweise so darauf geeicht, sich selbst fertig zu machen, dass sie es nicht ertragen, wenn sich eine andere Dicke plötzlich so selbstbewusst präsentiert. Da schwingt wahrscheinlich dann ein gewisser Neid mit. Warum darf sie sich wohlfühlen und ich nicht? Dabei darf es jede! Es ist mein Anliegen, es einfach nur vorzumachen. Nachmachen ist mehr als erlaubt! »Mein Körper« ist ein Angebot. Das muss nicht jede*r annehmen. Aber scheinbar berührt und triggert der Song viele Menschen. Und genau das ist offenbar seine Aufgabe.

SHAKE IT OFF

Kunst gegen die falschen Ideale und jede Art von Übergriffen

Aber der Song war nicht nur ein Manifest für die Liebe zum eigenen Körper, für alle, die hier Empowerment brauchten, und eine Absage an das allgemeine Schönheitsideal. Er hielt auch der Musikindustrie und ihrer Art der Be- und Verurteilung von Frauenkörpern einen Spiegel vor. Eine Kollegin aus der Branche, die seit den Siebzigern musikalische Erfolge feiert, gab mir volle Rückendeckung und meinte: »Guck dir mal die alten Säcke um uns herum an. Da sagt niemand etwas über das Äußere. Aber wir Frauen werden nonstop danach bewertet!« Und ja: Leider war und ist das auch meine Wahrnehmung. Männer werden im Musikbusiness nach ihrem musikalischen Können beurteilt, bei Frauen reicht das nicht aus. Hier müssen auch Body und Style stimmen. Und hat man es bis zu einem gewissen Alter nicht nach oben geschafft, wird es sehr schwer, noch eine Chance zu kriegen. Denn je jünger, desto begehrlicher. Und weil Männer die Musikindustrie noch immer beherrschen, ist auch der male gaze weiter omnipräsent und entscheidend.

Und der male gaze zeigt sich meiner Meinung nach eben auch darin, wie sich Künstlerinnen visuell inszenieren: mit extrem viel nackter Haut, lasziv und sexy. Das große Rekeln ist noch genauso angesagt wie 1990. Auch wenn es aktuell Musikerinnen gibt, wie Cardi B., die sagen, sie möchten andere Frauen empowern und ihre Sexyness explizit zu zeigen, sei ein Zeichen von Freiheit und Emanzipation: Ich denke viel über diesen Sachverhalt nach und habe noch keine abschließende Antwort für mich gefunden. Aber ich finde es eine heikle Angelegenheit. Beyoncé nannte sich schon vor zehn Jahren eine Feministin und die Chefredakteurin des Missy Magazine attestiert ihr, die hautengen, sexy Outfits seien »eine Art aggressive Arbeitsuniform« oder ein »Körperpanzer«. Nach Sonja Eismann sei das selbstbewusst und keine Darbietung für den männlichen Blick.[34]

Prinzipiell sehe ich auch, dass diese Freizügigkeit etwas Empowerndes haben kann, und ich möchte weibliche Künstlerinnen auch nicht dafür anklagen, dass sie Feminismus als Markenzeichen und damit zur Vermarktung nutzen – das Problem ist für mich nur, dass das alles immer noch innerhalb einer patriarchalen Musikindustrie stattfindet. Solange die Strukturen noch so sind, dass Frauen abhängig davon sind, wie Männer sie und ihre Musik und auch ihre Selbstdarstellung bewerten und ob diese mächtigen Männer auch ihren Erfolg dann genehmigen oder befördern wollen oder nicht, solange es keinen unabhängigen Erfolg für Frauen in der Mainstream-Musikindustrie gibt, finde ich es schwierig zu sagen, dass eine sexualisierte Darstellung einer Frau empowernd ist. Weibliche Freizügigkeit und Nacktheit hat ihre Berechtigung und wenn eine Frau sich damit wohlfühlt, sollte sie immer frei sein, sich so zu zeigen. Aber kann ich das in jedem Fall als feministisch deklarieren? Wenn es eine stark sexualisierte Darstellung einer Frau ist, die exakt dem aktuellen Schönheitsideal und der Vorstellung einer perfekten Frau aus männlicher Sicht entspricht: Was tut es dann für uns Frauen im Hinblick auf Gleichberechtigung?

Die Frage, die ich mir stelle, ist auch: Ist es wirklich cool, sich in einem solchen System wie der Musikbranche über die Sexualisierung nach vorne zu bringen und ist das dann noch emanzipatorisch? Ich kann zwar behaupten, ich mache etwas nicht für Männer, der male gaze wäre mir sogar schnurzegal – aber ist er es in einer noch immer männlich dominierten Gesellschaft tatsächlich?

Natürlich ist sich zu zeigen und den Körper dabei zu nutzen, auch ein Weg, um Aufmerksamkeit zu generieren, weil das immer funktionieren wird. Und auch wenn es in meinem Fall bei »Mein Körper« in keiner Weise sexuell gemeint ist, wird es wahrscheinlich von vielen Männern trotzdem sexualisiert. Und dann kann ich nicht einfach sagen, der male gaze wäre mir egal. Er ist es nicht. Aber meine Nacktheit hat eine andere Intention und natürlich auch eine andere Darstellung und Wirkung. Sie ist nicht lasziv. Und sie hat eine ganz andere Botschaft, weil sie der Nacktheit von Frauen, die einem immer noch gängigen Schönheitsideal entsprechen, im Grunde diametral gegenübersteht. Das ist der Fall, wenn ich auf öffentlichen Plätzen als »Demonstrantin« mit besagtem Schild und »Nacktkleid« auftrete und genauso wenn ich »die Venus« von Marina Hoermanseder trage: ein Kunstwerk, das angelehnt an orthopädische Korsetts aus Leder gegossen und glasiert wurde und einem fülligen Körper nachempfunden ist. Es gab keine Frau, die dafür Modell stand. Es ist reine Fiktion. Indem ich mich derart inszeniere, stelle ich einerseits meine Nacktheit in die Tradition des Aktivismus und andererseits unser Bild vom nackten weiblichen Körper – in diesem Fall den einer Mehrgewichtigen – infrage. Es sind in beide Fällen nur Abbilder eines Körpers, die quasi mit dem Finger auf den Rezipienten zeigen, der in seiner Fantasie daraus alles Mögliche macht und es bewertet.

Abgesehen davon habe ich das gleiche Recht wie alle anderen Frauen, mich auch nackt und sexy zu präsentieren. Und mich, obwohl ich keine perfekte Hourglass-Figur besitze, attraktiv zu fühlen. Es mag an dieser Stelle etwas paradox wirken, da ich dann ja ebenfalls mit Sexualisierung arbeite – dennoch ist meine Botschaft feministisch, da ich damit eine Welt anklage, in der Körper, die nicht der Norm entsprechen, nicht sexy sein können. Auch für diese visuellen Aussagen muss ich gewaltvolle Kommentare in Kauf nehmen – aber diesen Preis zahle ich gern.

Ich werfe es keiner Frau vor, wenn sie ihren Körper, um ihren Erfolg zu steigern, in einer Weise einsetzt, die sie in einer männlichen Perspektive zu einem Sexualobjekt macht. Für mich ist das nur in dem Moment nicht feministisch. Denn ich möchte als Frau nicht als rein sexualisiertes Objekt dargestellt und, wenn ich die Standards erfülle, gefeiert werden. Ich möchte für mein Talent anerkannt werden und aus musikalischen Gründen erfolgreich sein. Und ich möchte dabei meine weibliche Sicht auf die Dinge einem großen Publikum präsentieren dürfen. Denn als Frau sehe, fühle und erlebe ich die Welt anders. Und es ist, wie ich finde, an der Zeit, dass die weibliche Wahrnehmung mehr Raum bekommt. Lange genug wurde uns die Welt permanent aus Perspektive der Männer erzählt. Man muss es sich immer wieder klarmachen, wie wenig Stimme Frauen in den letzten Jahrhunderten hatten und auch heute noch haben. Wir sehen, hören und fühlen die Welt immer noch maßgeblich aus der Sicht der Männer. Und dazu gehört auch eine immer wieder verbalisierte Ablehnung der Frau. Ich habe kürzlich einen Artikel darüber gelesen, wie viele Gewaltfantasien bis hin zu Morden gegenüber Frauen in von Männern verfassten Songtexten vorkommen. Bei großen Musiklabeln bekommen Rapper mit misogynen Texten Plattenverträge. Wie etwa Nimo:

»Sie sagte: ›Fick bitte meine dicken
Silikontitten‹ (Ah) ›Spritz bitte auf meine …‹ – ach, du weißt
schon Spuck' in ihren Mund, pack' sie am Hals und
geb' ihr deep (Ch-pfuh) Sie will es deep, die Nutte will es deep (Aha)
Ekho, du weißt schon (Ja) Du kannst nicht ficken, Pussyboy, keine
Leistung A-also mach mir bitte, bitte nicht auf
Fuckboy Das mit deinem Girl war nur für eine Nacht,
Boy (Uh-uh-uhh, Malacho) Deine Ex-Freundin ist aus der Fassung

Ich fick' sie fast tot, sie liegt im Wachkoma
La, la, la vida loca
[Hook] Gebe ein'n Fick auf dein'n Boyfriend, du
willst guten Sex
Also komm heute Nacht mit (Komm mit)«[35]

Es folgten zwar harte Vorwürfe innerhalb der #deutschrapmetoo-Debatte und Nimo gab schließlich auf Instagram bekannt, dass er den Song von allen Plattformen entfernen und »seine Herangehensweise« in dieser Thematik in Zukunft ändern würde. Dennoch: Der Song wurde von einer großen Plattenfirma veröffentlicht und tausendfach gehört. Natürlich wird damit auch der Sexismus in der Branche verstärkt. Die Debatte wurde zudem kurz darauf direkt wieder im Keim erstickt. #MeToo ist in Deutschland bisher noch nicht angekommen. Als würden wir davon ausgehen, das Problem hätte nur Hollywood.

Aber es sind nicht nur die Texte vieler männlicher Künstler, die frauenfeindlich sind oder eine toxische Romantik propagieren. Der männliche Blick dringt auch in die Sphäre weiblicher Künstlerinnen ein. Unzählige Texte, die Frauen singen, haben Männer geschrieben. Bei Whitney Houstons »Run to you« ist es so offensichtlich, wie es nur sein kann – von zwei Männern geschrieben und von einem Mann produziert, genauso wie »Born to Make you Happy«: Excuse my french, aber solche Songs können nur von verpimmelten Typen kommen! Männern, denen einer abgeht bei der Vorstellung, dass eine Frau nur nach ihrer Aufmerksamkeit lechzt und einzig darauf hofft, dass er sie rettet! Diese Beispiele mögen etwas älter sein, doch leider ist es auch heute noch so, dass zahlreiche Songtexte in der Mainstream-Musik, die von Frauen gesungen werden, entweder von der Sehnsucht nach dem angebeteten Mann handeln, der die Frau hoffentlich auserwählt, oder es geht darum, wie unglaublich heiß, schön und einzigartig eine Frau ist – aus meiner Sicht wird die Frau in diesen Texten maximal sexualisiert, zu einem Objekt, zum schwachen Part oder sogar zum Opfer gemacht. Oftmals sind hier männliche Texter am Werk gewesen. Sogar viele weibliche Rapperinnen haben Männer als Ghostwriter. Ich höre es den Songs an. Es ist ein anderer Blick auf die Welt.

Dabei ist das zentrale Problem aber nicht, dass Frauen zu naiv wären, um das zu bemerken oder sich freiwillig einem male gaze unterordnen. Es ist für weibliche Künstlerinnen im Vergleich zu den männlichen Kollegen immer noch ungleich schwerer, auf dem Markt überhaupt wahrgenommen zu werden oder gar erfolgreich zu sein. Das führt dazu, dass viele, um einen Plattenvertrag zu bekommen und damit ein breites Publikum erreichen zu können, Kompromisse eingehen und den Mechanismen des immer noch patriarchal dominierten Marktes folgen – eben auch in ihrer optischen Erscheinung. Es ist nicht den Sängerinnen anzulasten, dass sie dies tun, sondern dem System! Deshalb sehe ich an dieser Stelle auch bewusst davon ab, Lyrics dieser weiblichen Sängerinnen zu zitieren. Es ist mir enorm wichtig, diese Frauen nicht anzuklagen und sie, im Gegenteil, trotz allem in ihrem Fortkommen zu unterstützen. Was sich wandeln muss, ist die Branche, unsere Rollenbilder, Ideale und Erwartungen! Frauen und ihre Sicht auf die Welt gehören ins Radio, auf Festivalbühnen, ins Streaming, ins TV. Bei Nachfragen, warum Künstlerinnen so unterrepräsentiert sind, heißt es gerne: »Wir spielen doch bereits eine deutsche, weibliche Künstlerin. Mehr geht nicht«, »Bei weiblichen Stimmen schalten unsere Zuhörer schneller weg«, »Die Vermarktung weiblicher Künstlerinnen ist viel schwerer als die männlicher. Männer haben treuere Fans« oder auch »Es gibt halt zu wenig gute Künstlerinnen«.

Zum Glück verändert sich aber gerade einiges in dieser Hinsicht. Es erscheinen immer mehr Frauen auf der Bildfläche, die ihre weibliche Sicht präsentieren. Und wenn sie das tun und sich tatsächlich frei äußern und aus ihrer eigenen, emanzipierten Wahrnehmung vollkommen ehrlich und direkt sprechen (oder singen), dann klingt das eben vollkommen anders. »Flowers« von Miley Cyrus, »Boys will be boys« von Dua Lipa, »Bad guy« von Billie Eilish oder »Alien Superstar« von Beyoncé sind solche Beispiele. Ich beobachte international immer mehr Künstlerinnen, die mit einer ganz neuen, weiblich-starken Haltung, Selbstbehauptung und Selbstbestimmung auftreten. In Deutschland sind es aber nach wie vor viel zu wenige. Ausnahmen bilden zum Beispiel Elif oder Wilhelmine. Meiner Meinung nach ist auch Taylor Swift aktuell so erfolgreich, weil sie eine der wenigen Künstlerinnen ist, die aus einer weiblichen Sicht schreibt.

Ich kenne es aus der täglichen Praxis: Sogar dann, wenn man als Künstlerin die eigenen Songs selbst textet, arbeitet man meistens auf Wunsch der Labels mit erfolgreichen männlichen Hit-Writern zusammen, die automatisch ihren Blick auf die Welt einfließen lassen. Frauen sind auch im Job der Songwriter bisher weniger präsent. So sind eben auch die Texte emanzipierter weiblicher Künstlerinnen oft männlich geprägt. Aber Swifts Texte sind es nicht. Einer meiner All-Time-Favorites ist »Shake It Off«. Der Song beweist, dass Emanzipation nicht aggressiv sein muss, dass auch Humor und Gelassenheit eine Waffe sind, und er bestärkte mich schon immer, all die Bewertungen und beengenden Leitbilder unserer Gesellschaft, wie eine Frau zu sein hat, all die Übergriffigkeiten fremder Menschen, all die Hass-Kommentare immer wieder abzuschütteln:

»I stay out too late
Got nothin' in my brain
That's what people say, mm-mm
That's what people say, mm-mm
I go on too many dates (Haha)
But I can't make them stay
At least, that's what people say, mm-mm
That's what people say, mm-mm

But I keep cruisin'
Can't stop, won't stop movin'
It's like I got this music in my mind
Sayin', ›It's gonna be alright‹

'Cause the players gonna play, play, play, play, play
And the haters gonna hate, hate, hate, hate, hate
Baby, I'm just gonna shake, shake, shake, shake, shake
I shake it off, I shake it off
Heartbreakers gonna break, break, break, break, break
And the fakers gonna fake, fake, fake, fake, fake
Baby, I'm just gonna shake, shake, shake, shake, shake
I shake it off, I shake it off«[36]

»Mein Körper« schildert ebenfalls eine sehr weibliche Sicht. Und wie ich denke, auch die Sicht anderer marginalisierter Menschen. Viele weiße heterosexuelle Männer verstehen diesen Song deshalb auch nicht. Und es wäre wohl eher nicht denkbar, dass ein Cis-Mann einen solchen Titel schreiben würde. Vielleicht könnte ein schwuler Mann oder ein Transmann solche Aussagen treffen. Und vielleicht gibt es auch den ein oder anderen heterosexuellen Mann, der das fühlt, aber er würde das Thema wahrscheinlich anders anpacken. Den Schmerz dahinter kann, wie ich glaube, nur ein Mensch empfinden, der körperliche Diskriminierung erlebt hat. Damit möchte ich keinem Mann auf der Welt seine Empfindsamkeit oder schmerzhaften Erfahrungen absprechen! Selbstverständlich können auch heterosexuelle Männer Übergriffe und Demütigung erleben. Und ich denke sehr wohl, dass auch Männer sehr verletzlich sein und intensiv fühlen können, aber weil auch das gesellschaftlich noch immer nicht komplett akzeptiert ist, lassen so viele Männer Gefühle und Verletzlichkeit nicht richtig zu. Ich glaube, wenn Männer mehr emotionale Kompetenz entwickeln würden und darin bestärkt werden würden, ihre Gefühle wirklich zu fühlen und sich darin selbst ein bisschen mehr zu reflektieren, gäbe es viele Probleme auf dieser Erde nicht.

Frauen nehmen die Welt auch aufgrund ihrer sozialen Prägungen anders wahr als Männer. Wir Frauen haben ab einem gewissen Alter unfreiwillig bereits viele Erfahrungen gemacht, die Männern in der Regel fremd sind. Dazu gehört unter anderem, in öffentlichen Verkehrsmitteln ständig angegafft, angesprochen, angemacht oder beleidigt zu werden oder nachts auf der Straße verfolgt zu werden. Auch wenn wir selbst diese Erfahrungen noch nicht oder nicht so oft gemacht haben, kennen wir unzählige Berichte anderer Frauen darüber. Und daraus speist sich unser Blick und entsprechend passen wir unser Verhalten an. So ist schon einem kleinen Mädchen klar, dass es im Dunkeln nicht allein durch die Stadt oder den Park laufen kann. Natürlich prägen uns auch solche Einschränkungen enorm. Männer kennen das in aller Regel so nicht. Ich habe allerdings erlebt, wenn es dann doch mal einen Fall gibt, in dem Männer betäubt und vergewaltigt wurden, wenn es also mal um Übergriffigkeit gegenüber Männern geht, sind diese gleich total in Panik und Aufruhr. Ich glaube, wenn das häufiger vorkommen würde, würde es sofort andere Gesetze geben! Die ganze Struktur würde anders arbeiten.

Doch der Schutz der Frau wird in unserer Gesellschaft nicht priorisiert. Wir sind Männern, und das heißt eben auch männlicher Gewalt, oft schutzlos ausgeliefert. Und das erschreckenderweise ganz besonders innerhalb von Beziehungen: »Jede Stunde erleiden durchschnittlich 13 Frauen Gewalt in der Partnerschaft. Beinahe jeden Tag versucht ein Partner oder Expartner eine Frau zu töten. Fast jeden dritten Tag stirbt eine Frau durch ihren derzeitigen oder vorherigen Partner«, heißt es in der Pressemitteilung der Bundesministerinnen Lisa Paus und Nancy Faeser vom 24. November 2022 zur Partnerschaftsgewalt in Deutschland. Und die Zahlen steigen weiter.

Während mich dieses Thema intensiv beschäftigte, stellte ich fest, dass meine Bindungsangst auch mit einer generellen Angst vor Männern einherging. Ich befürchtete sehr oft in meinem Leben, dass sie mich verletzten, auf körperlicher und auch auf seelischer Ebene. Auch diese Angst gründete auf bestimmten Erfahrungen. Ich hatte leider schon sehr oft Situationen erlebt, in denen Männer übergriffig geworden waren. Auf Partys oder in Bars war ich immer wieder begrapscht worden. Fremde Männer fassten mir im Vorbeigehen an den Hintern oder an die Brust. Ich kenne unzählige Frauen, denen das auch mehrfach passiert ist. Und tatsächlich tritt an solch einer Stelle scheinbar eine Art Gewöhnungseffekt ein. Viele Frauen nehmen solche Übergriffe wortlos hin. Manche empfinden sie nicht einmal als Übergriff. Ich glaube, es hat viel mit unseren vergifteten Rollenbildern zu tun, dass wir Frauen vielfach glauben, so etwas ertragen zu müssen. Und natürlich verstärken diese Erfahrungen dann die alten und ungesunden Muster und der Graben zwischen Frauen und Männern wird umso größer.

Es ist verrückt, wie oft mit einem gewissen Vorwurf besprochen wird, warum Frauen mit dem Thema Vergewaltigung nicht direkt zur Polizei gehen – der Grund ist so einfach wie dramatisch: Viele wissen gar nicht, dass sie vergewaltigt wurden. Sie trauen ihrer Wahrnehmung nicht, sie befürchten, nicht ernst genommen zu werden oder sehen die Schuld bei sich.

Ein Song, der die alltägliche und oft übersehene Gewalt gegen Frauen anprangert und damit ein weiteres wichtiges Beispiel für eine neue Präsenz der weiblichen Sicht in der Musik darstellt, ist »3 Sekunden« von CÉLINE und Paula Hartmann:

»AirPods rein, aber AirPods aus
Immer Standort, Pfefferspray, Herz klopft laut
Gucke schlecht gelaunt, Kapuze, nie Zopf zum Zieh'n
Zeig' keine Haare, nie Bein, nur mit Stafford raus
Mädchen vermisst mit grade achtzehn, ich jogg' nur am Tag
Vorbei an einem schwarzen Rollkoffer im Park
Im Club nicht aufgepasst, fuck, Augenkontakt
Dann 'ne Viertelstunde Talk, warum es mit uns nicht klappt
(Hm-mhh-mh)

Er switcht komplett zu aggro, Glas knallt auf Fliesen
voll Siren'n, die Hymne von Berlin
Wach' morgens auf in einem fremden Treppenhaus
Nur Kraft, es einem zu erzählen, der mir dann nicht glaubt
War so angezogen, dass es ihm gefällt
Gib mir nicht die Schuld, die geb' ich mir schon selbst

Alle drei Sekunden umdreh'n, nachts allein im Dunkeln
Sag mir, was weißt du davon?
Kleine Tropfen in mei'm Glas drin, Herz fängt an zu rasen
Sag mir, was weißt du davon?
Eine Hand an mei'm Arsch, aber alles nur Spaß
Mama hat uns gewarnt: ›Das ist alles normal‹
Doch was weißt du davon? Ey
Bitte sag, bitte sag, was weißt du davon?«[37]

Leider ist sexuelle Gewalt zu erleben für viele Frauen Teil der Realität. Und das macht etwas mit uns. Wie tiefgreifend das ist, kann man sich leicht ausmalen, wenn man sich an dieser Stelle noch einmal vor Augen führt, dass der Mann beim sexuellen Akt im wahrsten Sinne des Wortes in die Frau eindringt. Das allein hat schon eine gewisse grundaggressive Qualität, die doch natürlicherweise zu einer gesteigerten Vorsicht und Achtung führen sollte. Ich glaube, dass die meisten Männer sich dessen überhaupt nicht bewusst sind.

Mein Interesse an Dating war in der Zeit von »Mein Körper« jedenfalls auf dem absoluten Tiefpunkt angekommen. Mich interessierten so viele Dinge mehr als Männer. Und ich fand es unglaublich erleichternd.

I AM A WOMAN

Neu sein, Frau sein, sich selbst alles sein

Ich glaube heute, du hinterfragst die Dinge wohl erst dann, wenn sie dir unangenehm aufstoßen oder wenn du irgendwo aneckst. Wenn du aber das System maximal gut spielen kannst, weil du besonders schön bist, weil du besonders angepasst sein kannst, wenn es darauf ankommt, weil du sehr kalkuliert bist oder weil du einfach Glück hattest, meist auf liebe Menschen getroffen bist und schon als Kind ein sehr gutes Umfeld hattest, dann erlebst du die Welt vielleicht ganz anders. Dann kann die klassische Frauenrolle für dich vielleicht gut funktionieren und dann können sich aus ihr auch durchaus Vorteile ergeben. Aber wenn du all das eben nicht hattest oder merkst, du willst diese Rolle für dich nicht annehmen, dann stößt du schnell auf Probleme.

Es gibt in unserer Gesellschaft Dinge, die sehr präsent sind, die in so ziemlich allen Medien, in Filmen, Songs, Büchern und Memes ständig vorkommen und damit zur Norm gemacht werden. Und so entstehen Überzeugungen: »Die heteronormative Beziehung von Mann und Frau mit zwei bis drei Kindern ist das Normale«, »Schlanksein ist normal«, »Als Frau schwach und schutzbedürftig sein und als Mann der starke Beschützer sein, das ist, wie es sein soll«. So werden Bilder von Weiblichkeit und Männlichkeit, Schönheitsideale und sexuelle Muster konstituiert. Natürlich muss sich jede Person, die diesen Bildern und Rollen nicht entspricht, denken: »Dann bin ich wohl nicht normal.«

Und so ging es auch mir. Ich durfte feststellen, ich bin keine Standard-Frau. Ich bin es nicht in Bezug auf meine Figur und ich bin es nicht (mehr) bezüglich des romantischen Liebesideals. Ich bin anders, als man es von einer Frau auch heute noch erwartet. Und deshalb bin ich wohl auch nicht so kompatibel mit den meisten Männern.

Meine Mutter war diese wunderschöne, strahlende, geliebte Frau, die ich ein Stück weit auch sein wollte. Doch sie hat sich in meiner Wahrnehmung auch an meinen Vater angepasst und darunter gelitten. Das hinterließ eine Spur in mir: Ein Teil von mir wollte das »Weibchen« sein, die Vorzeigefrau, schön und begehrenswert. Und der andere Teil hatte Angst vor Anpassung und Abhängigkeit – und wehrte sich dadurch wohl auch gegen echte Nähe. Ich bin auch heute noch manchmal hin- und hergerissen zwischen diesen beiden Anteilen in mir. Der eine fühlt sich ungenügend und denkt: »Ich werde wahrscheinlich nie die Chance auf eine echte Liebesbeziehung haben«, und der andere ist die Kämpferin, eine wirklich starke Frau, die Lust hat, sich einen Mann zu erobern. Gefallen zu wollen, war immer wieder ein Thema für mich – als Frau und als Künstlerin. Aber ich habe diesen Wunsch immer wieder abgelegt. Um frei zu bleiben. Und um ich selbst sein zu können.

Heute weiß ich, dass ich mich nicht für eine der beiden Rollen entscheiden muss. Ich kann meine eigene Form leben! Emmy Meli hat einen wunderbaren Song geschrieben, mit dem sie ihrem jüngeren Ich eine Botschaft sendet und Tausende anderer Frauen genau darin bestärkt, ihren eigenen Weg zu gehen: »I Am Woman«.

»Hear no evil, speak no evil
I am not the one to cross
They can talk their shit about you
Long as you know that it's false
I am earthly, I am heaven
I am what I like to be
When I ask for what I want

Somehow it find me (Find me, find me, find me)
(I'm divine, I'm divine, I'm divine, I'm divine, I'm divine)
Somehow it find me (Find me, find me, find me)
(I'm divine, I'm divine, I'm divine, I'm divine, I'm divine)
Hey, hey

I am woman, I am fearless
I am sexy, I'm divine
I'm unbeatable, I'm creative
Honey, you can get in line
I am feminine, I am masculine
I am anything I want
I can teach you, I can love you
If you got it goin' on«[38]

Ich bin mehrgewichtig, ich bin total behaart. Ich habe eine kräftige, tiefe Stimme. Ich bin eine tatkräftige Frau und kann sehr dominant sein. Ich sage Dinge geradeheraus. Damit falle ich als Frau auf und auch musikalisch. Denn in unserer Kultur ist das nicht das Gelernte. Gerade was Gefühle angeht, wird dann in den Lyrics lieber intellektualisiert. Und wenn eine kommt, die emotional deutlich wird, dann sind viele Menschen überfordert. Aber diese Sprache ist meine und die Intensität entspricht mir. Ich bin gerne deutlich und ich bin klar in dem, was ich will. Ich bin kein Typ Mäuschen, das gerettet werden möchte und am Ende des Tages den großen Beschützer braucht, der eigentlich nur Kontrolle und Macht über sie haben will, um sie klein zu halten. That's exactly not, what I want! Ich bin selbstbestimmt. Ich schaffe meine Dinge, und zwar auf meine ganz eigene Art. Ich kann super mit mir selbst sein. Und das macht mich auch glücklich.

Dementsprechend wird dann von mir gedacht und auch erwartet, dass ich zu jeder Zeit die starke Powerfrau bin. Dabei habe ich auch eine extrem verletzliche Seite. Die wird gerne übersehen. Weil sie nicht ins Bild passt. Aber nur weil ich nicht klein, dünn und leise bin, bin ich dennoch ein fühlendes Wesen. Diese Empfindsamkeit wurde mir in meinem Leben oft nicht zugestanden. Und dabei meine ich tatsächlich Empfindsamkeit und eben nicht Schwachsein. Auch das habe ich erlebt. Und auch das gehört zur Weiblichkeit, nein, zur Menschlichkeit. Aber heute schütze ich mich vor einem Schwachsein, das mir in meinem Leben oft sehr viel Kummer bereitet hat. Ich gehe mit meinem Herzen anders um. Denn ich denke nicht mehr, dass irgendwann Mister Right kommt und eine Partnerschaft mich vollständig macht.

Diese Überzeugung erscheint mir heute so bizarr. Und dabei war ich ja nicht die Einzige, die diesem Ideal anhaftete: Ich glaube, dass immer noch sehr viele Menschen das Finden des passenden Lebenspartners und das Erleben einer tiefen romantischen Liebe als größtes Ziel im Leben betrachten. Und dabei eben auch an die ganz große Magie glauben, die sich entfaltet, wenn es denn die oder der RICHTIGE ist. Die Magie, die die Liebenden verwandelt, die beide über sich hinauswachsen lässt, jeden für sich zur besten Version seiner selbst macht. Als wäre überhaupt nur durch die Liebe mit diesem richtigen Gegenüber ein wirklich sinnerfülltes Leben möglich. Die Gesellschaft suggeriert uns dies über die im Gros noch immer völlig stereotypen Liebes- und Rollenbilder in Werbung, Film und Popmusik. Und durch die daraus resultierende Haltung unzähliger Menschen, dass ein Single-Dasein ein schreckliches und vermeidbares Los sei. Wie oft bin ich mitleidig angeschaut worden, wenn ich gesagt habe, dass ich gerade keinen Partner habe. Und wie oft folgte entweder die Frage nach dem Warum oder eine lieb gemeinte Bestärkung, die Hoffnung nicht aufzugeben, als wäre ich kurz davor, mir den Strick zu nehmen. Was soll schon aus mir werden ohne Mann an meiner Seite?

Diese Haltung wirkt für mich umso irritierender, wenn man bedenkt, dass die Menschheit jahrhundertelang ohne die romantische Liebe, wie sie heute als Ideal gilt, lebte. Die längste Zeit in der Geschichte waren Beziehungen zwischen Frauen und Männern einzig und allein zweckorientiert. Sie dienten der Fortpflanzung und Existenzsicherung. So schlossen sich Frauen und Männer wahrscheinlich schon in der Steinzeit einzig und allein deshalb zusammen, um die Sippe zu vergrößern und damit die Überlebenschancen. Für die Frage nach Liebe hatte man schlicht keine Kapazität. Im alten Athen war die Liebe ein geistiges Ideal, das nur Männer untereinander teilten. Die Römer ließen sich zwar öfter von den Frauen verführen und die Ehe wurde wichtiger, um den Besitz zu mehren – aber auch da war Romantik nicht Teil einer Beziehung, sie wurde punktuell und außerehelich gelebt. Mit der Verbreitung des Christentums war für die Befriedigung der seelischen Bedürfnisse dann nur noch Gott zuständig. Romantische oder gar erotische Liebe galt als teuflisch. Bis sich im Mittelalter der Wunsch nach freigewählter Zuneigung entwickelte. So entstanden Minnegesänge und dazugehörige Dichtungen. Allerdings, so beschreibt es die Soziologin Eva Illouz in ihrem Buch »Warum Liebe wehtut«, liebten die Menschen auf gewisse Art um der Liebe selbst willen: Die Männer gewannen höchstens Ansehen durch die poetischen Verse und Lieder – die Angebetete blieb in aller Regel unerreichbar. Das war aber, laut Illouz, interessanterweise überhaupt kein Problem! Man buhlte um die Zuneigung eines anderen, ohne das eigene Selbstwertgefühl in irgendeiner Weise von dessen Reaktion abhängig zu machen. Wenn die Troubadoure abgelehnt wurden, zogen sie keine Rückschlüsse auf den eigenen Wert als Mensch.

Erst Ende des 18. Jahrhunderts und vor allem mit der industriellen Revolution entwickelte sich das romantische Liebesideal. Auch wenn der Fortschritt vielfach bejubelt wurde, die Konzentration im Arbeitsleben nun mehr auf den geistigen Fähigkeiten lag und die Frauen mehr und mehr in den Beruf und zur Gleichberechtigung drängten, wurde der extreme Wandel auch als bedrohlich wahrgenommen. Weil die Religion an Bedeutung verlor und die alten Werte wie Stand und Besitz nicht mehr sicher waren, suchten die Menschen an anderer Stelle Sinn. Sie lehnten sich damit auch gegen die einseitige Macht des Verstandes auf, der die Epoche der Aufklärung beherrscht hatte. Es entstand ein stärkerer Fokus auf das Individuum und sein Empfinden, der auch den Emotionen plötzlich Raum gab. Auf einmal wurde die tiefe Verbindung mit einem anderen Menschen nicht nur wichtig, sondern zum Lebensziel. Es ging darum, den Seelenverwandten zu finden, das Einmalige zu erleben, den Geist der/des Geliebten in der Tiefe zu erfassen, zu verschmelzen – und dabei sich selbst zu erkennen. Die Liebe verwandelte sich in den heiligen Gral, der sie heute noch ist. Jede*r will davon trinken. Als wäre es ein Zaubertrank, der alle Probleme verschwinden lässt. Wir erwarten alles von der Verbindung mit diesem einzig einen Menschen – den wir eben nur unter den Millionen anderen finden müssen. Als könne uns diese Beziehung erlösen. Deshalb leiden angeblich alle, die den einzig einen Gegenpart nie finden oder wieder verlieren, Höllenqualen und wenn es gut ausgeht und man zusammenbleibt, ist es der Himmel auf Erden. So wie es seit über zweihundert Jahren in Tausenden von Varianten erzählt wird: Von Goethes »Leiden des jungen Werther« über Jane Austens »Stolz und Vorurteil« bis hin zu »The Notebook«. Interessanterweise scheinen sogar die frühen Anfänge der romantischen Epoche nichts an Anziehungskraft verloren zu haben. Sonst würden sich im 21. Jahrhundert wohl nicht unzählige Mädchen und Frauen in »Bridgerton« die Geschichte einer englischen Familie im London um 1900 erzählen lassen, in der es nur um Romantik und Leidenschaft, Heirat und Ansehen geht: Die Serie erreichte in sechsundsiebzig Ländern Platz eins der meistgesehenen Inhalte. Auch wenn der Cast divers ist und einige Plot-Twists aus dem Genre-Rahmen fallen, bleibt es die Story von jungen Menschen, die sich nach nichts mehr sehnen, als die oder den Richtigen zu finden – und zwar eine/n Partner*in, der/den die Gesellschaft und man selbst als ideal ansieht. Auch in unzähligen anderen Filmen und Serien wird leider weiterhin ein toxisch-romantisches Liebesideal zelebriert. Für das Magazin der Süddeutschen Zeitung hat die Paartherapeutin Heike Melzer kürzlich berühmte Paare der Filmgeschichte und deren Beziehungspotenzial analysiert.[39] Ihr Befund: Ob »Notting Hill«, »Dirty Dancing« oder

»Titanic«, es wimmelte nur so vor red flags. Die meisten Paare kennen sich, laut Melzer, nur flüchtig, als sie angeblich schon eine tiefe Liebe empfinden (und in einem Fall sogar füreinander sterben würden), sie reden nicht über die wichtigen Fragen des Lebens und gemeinsame Entscheidungen, sondern kommunizieren vor allem nonverbal, oder sie sind so unterschiedlich, dass es schwerfällt, sich – gerade ohne Kommunikation – eine funktionierende Beziehung vorzustellen, die hält. Bei Vivian und Edward alias Julia Roberts und Richard Gere in »Pretty Woman« sieht die Therapeutin allerdings Potential, weil beide im Miteinander wachsen. Und »Harry & Sally« befand Melzer als das beste Beispiel für realistische Chancen auf Glück: Weil sich die beiden von Anfang an authentisch zeigten und sich wirklich kennenlernten – und (dennoch) schätzten. Allerdings bemerkte Melzer auch, dass genau das in ihrer Praxis selten vorkäme. Ja, kein Wunder, wenn uns so viel öfter die anderen, verqueren Geschichten erzählt werden, die ein altes, völlig unrealistisches Ideal hochhalten, dem wir dann erfolglos nacheifern! Und dann wird zu allem Überfluss trotzdem so getan, als sei jede*r Einzelne selbst schuld an seinem Liebesleid, hätte sich scheinbar nur den falschen Gegenpart ausgesucht, sich nicht genug bemüht oder die eigene Kindheit nicht richtig aufgearbeitet – sonst hätte es ja geklappt!

Ich finde, es sollte das Schulfach »Liebe« geben, in dem man lernt und diskutiert, wie gesundes Lieben gehen kann. Und die erste Lektion heißt Selbstliebe. Denn auch wenn sie eigentlich jedes Kind mit der Muttermilch mitbekommen sollte, klappt das bei so vielen leider nicht. Und dann müssen sie sich, wie ich, über Jahre erst mal die Erkenntnis erarbeiten, dass sie diese Art von Liebe am dringendsten brauchen. Auch weil Selbstliebe, wie ich heute weiß, der einzige Schutz gegen falsche Erwartungen an andere und an Beziehungen, gegen toxische Dynamiken und ungesunde Abhängigkeiten ist. Wenn ich mich und meinen Körper bedingungslos liebe, brauche ich diese Bestätigung und Liebe nicht existenziell von einem anderen. Wenn ich mir das geben kann, was ich brauche, bin ich frei und kann freiwillig bei einem anderen Menschen sein. Ich komme weg von der Not, in der ich ein Gegenüber wie die Luft zum Atmen brauche. Ich bin immun gegen Manipulation. Und vermeide destruktive Dynamiken intuitiv. Ich weiß, dass ich nichts aushalten muss, was sich nicht stimmig anfühlt und mir nicht entspricht. Ich bleibe auch in der Beziehung und in einer tiefen Liebe frei, weil ich nicht da sein muss – ich kann jederzeit neu entscheiden und im Zweifelsfall immer gehen.

Selbstliebe ist, wie ich glaube, auch eine Voraussetzung für eine gesunde Partnerschaft, insofern ich eben auch erst dann, wenn ich mich selbst komplett akzeptiere und liebe, so wie ich bin, ohne dass ich etwas leiste und darstelle, auch annehmen kann, dass ein anderer mich liebt. Heute glaube ich, dass ich manche Liebe in meinem Leben einfach nicht annehmen konnte, weil ich so weit nicht war. Und dann habe ich Gründe gesucht, die gegen den anderen oder gegen die Beziehung sprachen.

Wenn ich heute darüber nachdenke, merke ich, dass es mir immer noch schwerfällt zu glauben, dass mich jemand liebt, nur weil ich ich bin. Nicht weil ich entertaining bin, weil ich jemanden zum Lachen bringe, weil ich eine empathische Zuhörerin bin, eine besonders tolle Liebhaberin, eine starke Sängerin, weil ich hübsch bin oder in der Öffentlichkeit etwas darstelle – sondern nur, weil ich bin, wie ich bin. Das ist für mich die größte Challenge, das zu verinnerlichen und davon auch auszugehen. Darauf vertrauen zu können, das ist, glaube ich, die höchste Form der Selbstliebe.

All diese Erkenntnis kamen mit dem Song »Mein Körper« zu mir und, ja, sie sind noch frisch und es braucht noch etwas Zeit, bis sie sich fest in mir verwurzelt haben werden, bis sie in mir wachsen und jeden Tag und immer präsent sind. Tatsächlich verinnerlicht. Doch auch wenn das noch im Prozess ist, führten diese Erkenntnisse für mich bereits zu einer neuen Art von Singlesein. Ich warte nicht mehr auf den Richtigen. Ich warte gar nicht mehr. Ich genüge mir. Ich bin das erste Mal in meinem Leben glücklich allein. Das erste Mal! Und das ist wirklich eine grandiose und auch verblüffende Erfahrung. Es gibt gerade nicht mehr dieses Leeregefühl im Hintergrund oder so einen pochenden Sehnsuchtsschmerz, den ich verdränge. Ich habe wirklich das Gefühl, momentan fehlt mir gar nichts. Klar wäre es schön, das Leben und das Glück mit jemandem gemeinsam zu genießen, und ich bin auch offen dafür, aber da ist keine Dringlichkeit. Sicher hängt das auch damit zusammen, dass ich mit meiner Musik wieder in die Blüte komme. Ich bin davon so ausgefüllt und auch erfüllt. Das Schönste daran ist, dass die Musik diesmal kein Partnerersatz ist und ich aus keiner Not eine Tugend mache. Die Musik war zuerst wieder da. Und dann merkte ich, ich suche gerade keine andere Liebe. Music was my first love and it will be my last.

Ich glaube, das ist wohl ein weiteres Puzzleteil zu einem gesunden Glücklichsein – unabhängig von anderen Menschen: ein Leben, in dem man wirklich erfüllt ist von den Dingen, die man tut. Und damit meine ich nicht, sich abzulenken. Damit meine ich, sich selbst Sinn zu geben, sich eine Richtung zu geben und auch Beschäftigung. Früher konnte ich nie allein sein. Ich wollte immer unter Leute. Natürlich ist das ein Stück weit auch normal, wenn man jünger ist. Du willst Dinge erleben, du willst Begegnungen nonstop. Jetzt bin ich eher froh, wenn ich mal meine Ruhe habe. Und ich kann meine Zeit wunderbar mit mir selbst verbringen, mich mit mir selbst beschäftigen. Mir wird nie langweilig mit mir. Und mir fällt nie die Decke auf den Kopf. Das war schon einmal so, ganz früher als Kind. Meine Mutter erzählt das immer und ich erinnere mich auch noch daran: Mich konnte man überall hin mitnehmen und ich habe mich mit mir selbst beschäftigt, ob es eine der Waldshut-Tiengener volkstümlichen Veranstaltungen war, ein Familienfest oder ein Konzert – ich war als Vierjährige dabei. Meine Eltern haben Bierchen getrunken und ich habe mich einfach auf den Boden gesetzt und Kieselsteine geordnet. Dann war ich so in meiner Welt, mich hat nichts im Außen mehr tangiert. Und jetzt komme ich wieder in dieses alte Gefühl zurück. Es hat lange gedauert, über dreißig Jahre, aber ich finde es gerade wieder.

Einer der größten Gewinne dabei ist, nicht mehr verliebt sein zu müssen. Denn das musste ich ja früher, allein um einen Grund zu haben, morgens aufzustehen! Die Aussicht auf eine vermeintliche Liebe oder eine Affäre war mein Antrieb. Es ist tatsächlich ein anderes Sein, wenn der eigene Selbstwert davon nicht mehr abhängt. Denn es bedeutet für mich, das, was das Leben wertvoll macht, in mir zu finden und in dem, was ich tue. Auch in ganz und gar einfachen Dingen. So klein und kitschig es klingen mag, aber auf meinem Mini-Balkon hier zu sitzen, allein mit einem Glas Wein und schöner Musik unter der bunten Lichterkette, die ich mir gerade für diesen Lieblingsplatz gegönnt habe, das sind diese Dinge.

Und dann erinnere ich mich an Interviews mit weiblichen Hollywood-Stars, die ich als Teenie in Frauenzeitschriften gelesen habe, mit Frauen, die sagten: »Jetzt in meinen Vierzigern bin ich so glücklich wie noch nie!« Das habe ich damals als Sechzehnjährige gar nicht gecheckt. Und auf einmal bin ich selbst bald so alt und weiß genau, was diese Frauen meinten. Ich schätze ganz andere Dinge als früher, das Alleinsein und die Langsamkeit.

Ich bin immer sehr leidenschaftlich in Beziehungen gegangen und ich entdecke jetzt für mich: Wenn sich etwas anbahnen sollte, dann darf das auch behutsam passieren. Es muss nicht gleich der große Knall sein. Im Gegenteil. Ich sehe das jetzt erfahrungsgemäß eher als einen Indikator dafür, dass es dann doch nicht so healthy ist. Wenn man so reinknallt, dann hat man oft einen ganz großen Hunger nach etwas. Ich möchte das gar nicht prinzipiell verurteilen, denn Bedürftigkeit ist menschlich. Aber wenn die sehr groß ist, steckt auch häufig ein Defizit dahinter. Oft bedeutet das, dass sich jemand das, was er sucht, selbst nicht geben kann. Dass man Lust hätte auf eine andere Person, dass einem auch manchmal ein bisschen was fehlt, das ist, glaube ich, ganz menschlich und total normal. Wir sind soziale Wesen und wir haben einfach ein Grundbedürfnis nach Nähe und Beziehung. Ich finde, das darf man sich auch eingestehen. Nicht jeder muss ein happy Dauer-Single sein. Ich glaube, man kann aber durchaus dahinkommen zu sagen: »Hey, ich wünsche mir eine Partnerschaft. Und ich bin total offen dafür. Und an so manchen Tagen oder Abenden fehlt mir die Zweisamkeit auch besonderes. Aber das bedeutet nicht, dass ich ohne Partner nicht auch glücklich bin mit meinem Leben.«

Ich fühle mich auch immer mal wieder einsam. Aber lange nicht mehr so ausgeprägt wie früher, vor allem damals, als ich »Die Einzige« schrieb. Das war sicher der verletzlichste Song, den ich bis dahin produziert hatte. Jetzt bin ich an einem anderen Punkt im Leben. Ich spüre immer noch die Haltung von damals und ich weiß noch um den Schmerz. Aber er pocht nicht mehr. Dennoch habe ich mir meine Verletzlichkeit bewahrt. Denn Verletzlichkeit bedeutet für mich, sich hinzugeben, sich zu zeigen und auch ein Stück weit auszuliefern. Um verletzlich sein zu können, muss man auch vertrauen. Und das mache ich ganz stark in meinen Songtexten. Da vertraue ich einfach, dass es gut ist, dass das so in die Welt kommt. Weil ich weiß, was Musik kann. Wie großartig und heilsam sie sein kann. Alle Gefühle und Gedanken, alle Erlebnisse und Erkenntnisse, die hellen und die düsteren, alles findet darin eine Form. Und ergibt dann Sinn. Es wird rund. Und im besten Fall erhält es einen Mehrwert. Ich zeige mich und opfere etwas von mir, aber ich erschaffe damit etwas Größeres.

»Mein Körper« ist jetzt der verletzlichste Song, den ich habe. Ich bin zwar schon weit gekommen auf diesem Weg, aber es ist natürlich immer noch herausfordernd. Ich lebe ja in meinem Körper und ich deale damit Tag für Tag – und jetzt deale ich natürlich zusätzlich mit den Reaktionen auf meinen Song. Ein Teil von mir hat sich hier auch geopfert.

Ich hätte mir natürlich gewünscht, es nie zum Thema machen zu müssen. Auf der anderen Seite ist es einfach eine Sache, die mich schon mein Leben lang begleitet und auf die mich die Gesellschaft immer wieder hingewiesen hat. Und unter der ich viel gelitten habe. Natürlich hätte ich mir eine Welt gewünscht, in der das nicht existiert, in der ich einfach ein glückliches Mädchen und eine glückliche

Frau hätte sein können: von Anfang an darin bestärkt und so akzeptiert, wie ich bin, mit all meiner Stärke, meiner Empfindsamkeit, meinen Rundungen, ohne Mann und ohne Kinder.

Früher dachte ich, dass ich keine vollwertige Frau sei, nur weil ich nicht maximal gebärfreudig und fruchtbar bin. Aber heute habe ich verstanden, dass nicht jede Frau auf der Welt ein Kind kriegen muss. Meine Kinder sind meine Songs. Die werden auch groß und dann ziehen sie aus und finden ihr eigenes neues Zuhause und erleben neue Geschichten, mit den Leuten da draußen, die sie hören. Davon kriege ich meistens gar nichts mit. Die Songs leben ihr eigenes Leben. Ich habe sie nur auf die Welt gebracht. Das ist meine Bestimmung.

Ich bin mit einer bestimmten Ausstattung in mein Leben geschickt worden: Ich habe auf der einen Seite das musikalische Talent bekommen, auf der anderen Seite eine große Resilienz – und das zusammen führte zu dem, was ich heute mache. Irgendwie ist es schon eine Art Auftrag.

Vor Kurzem hatte ich einen Auftritt auf dem siebzigsten Geburtstag meines Vaters. Vor der eigenen Familie und alten Bekannten zu performen, ist wohl immer eine besondere Herausforderung. Denn es heißt auch, vor der Vergangenheit zu stehen und ihr etwas zu sagen. Aber ich hatte die Kraft dazu. Ich traute mich sogar, davon zu erzählen, welche großen Probleme ich in meiner Jugend mit meinem Gewicht hatte und dass es in meiner Wahrnehmung gerade bei uns im Südschwarzwald so viel um Äußerlichkeiten ging. Es war ein großer Schritt für mich, danach »Mein Körper« zu singen. Es hatte den ganzen Nachmittag geregnet, aber in diesem Moment zeigte sich die Sonne. Es war eine Versöhnung mit der Vergangenheit, mit meiner Familie, mit mir selbst. Ein Moment, den ich niemals missen möchte.

Ich glaube, dass es meine Musik und mein intensives Fühlen sind, die am Ende so resilient machen. Ich fresse Probleme nicht in mich rein. Auch wenn das mancher vielleicht glauben mag: Ich fresse gar nicht. Und ich unterdrücke eben auch nichts. Es kommt einfach immer raus. Und manchmal muss ich mir dann nach einer gewissen Zeit selbst sagen: Jetzt reicht's! Aber das alles zuzulassen ist gut und gesund für mich, Ereignisse und Gefühle wirklich zu durchleben. Nach der Erfahrung, die Welt durch Antidepressiva wie gedämpft wahrzunehmen, weiß ich: Ich möchte auf nichts verzichten. Ich möchte die ganze Bandbreite fühlen! Es macht mein Leben reich und es eröffnet mir so viele kreative Räume und die Möglichkeit, andere Menschen zu inspirieren. Auch wenn diese Empfindungsfähigkeit manchmal eine Herausforderung ist, sie ist auch ein Geschenk.

Es geht für mich darum, alles zuzulassen und jedes Gefühl willkommen zu heißen, nichts wegzuschieben und mich für nichts zu verurteilen. Ich leide manchmal sehr, aber ich gehe dann auch wirklich durch diesen Schmerz. Er fließt durch jede meiner Poren. Klar mag ich keine Trennungen, keinen Abschied. Aber wenn es dazu kommt, lenke ich mich nicht ab. Ich schaue hin und spüre hin und fühle alles, was da zu fühlen ist. Dann liege ich auf meinem Bett, weine und höre die Musik, die genau das Gefühl jetzt vertont. In anderen Momenten tanze ich barfuß durch den Sommerregen und schüttele alles ab. Und in vielen Situationen intensiver Emotionen schreibe ich eben einen neuen Song. So verarbeite ich. Und danach teile ich es mit der Welt und dann darf sich jeder seinen Reim darauf machen und seine eigene Geschichte damit erleben. Also: Fühlt euch frei – aber bitte: fühlt!

DANKSAGUNG

Vielen Dank, liebster Phil, dass du mit mir die großartige Idee zu diesem Buch entwickelt, mich so sehr auf meinem Weg supported und mich Verena Schörner und Julia Loschelder von Komplett-Media vorgestellt hast! Ich danke euch wundervollen Powerfrauen, dass ihr sofort daran geglaubt habt und Frauen wie mir so eine fantastische Plattform gebt! Und vor allem möchte ich der unfassbar talentierten Julia Becker, meiner Co-Autorin, danken, ohne die ich dieses Buch niemals hätte verwirklichen können: Dein Herz, dein Talent und Verstand machen meine Geschichte zu unserer.

Und ich danke meinen Eltern: Nur durch eure Liebe bin ich die Frau geworden, die ich heute bin. Ihr habt mir das Träumen beigebracht und die Leidenschaft gezeigt, mit der ich meine Taten fülle. Ihr seid mein Drama, mit dem ich die Bühnen dieser Welt bespiele, und ich bin stolz und dankbar, dass ihr mir alles gegeben habt und mir ermöglicht, meine Geschichte hier authentisch und schonungslos offen zu erzählen. Ihr habt mir meine Stimme geschenkt und meine unendlich große Liebe zur Musik. Vom ersten Mal »Let's twist again« mit der »Bürolife-Band« bis zu »Mein Körper« an Papas Siebzigsten wart ihr immer für mich da und habt mir zugejubelt. Ihr seid ein Teil von mir und ich bin ein Teil von euch. Es war sicher nicht immer einfach, mit einem Wildfang wie mir klarzukommen, aber ihr habt immer an mich geglaubt und mich ermutigt, meinen eigenen Weg zu gehen.

Ich liebe euch.

ANMERKUNGEN

1 Lindgren, Astrid: *Ronja Räubertochter*. Hamburg: Oetinger Verlag, 1981, S. 198.

2 Die Prinzen: *Küssen verboten*. Hansa Records, BMG Rights Management, SMPG Publishing, Edition Schatzi, Roba Music Verlag, Lakeworth Music Publishing, 1992. Songwriter: Annette Humpe, Tobias Künzel, Sebastian Krumbiegel.

3 Blümchen: *Herz an Herz*. Control, peermusic, Edel Company, EMV, Phonag, 1995. Songwriter: Frank Hieber, Sonja Mangold. Original von Paso Doble: Frank Peter Oberpichler, Ulf Krüger (1985).

4 Whitney Houston: *Run to You*. Arista Records, Nelana Music, Music By Candlelight, Songs Of Peer Ltd., Songs of Universal Inc., 1992. Songwriter: Jud J. Friedman, Allan Dennis Rich.

5 Britney Spears: *Born to Make You Happy*. Jive Records, Gv Maratone, 1999. Songwriter: Andreas Carlsson, Kristian Lundin.

6 https://en.wikipedia.org/wiki/Born_to_Make_You_Happy#cite_note-kylemtv-16, Anderson, Kyle (03.03.2010). »Britney Spears Goes Back To Her Schoolgirl Days For The First Installment Of ›Popology‹«. MTV. Archived from the original on October 12, 2013. Retrieved April 12, 2022. (abgerufen am 27.07.2024, 19:03 Uhr)

7 Céline Dion: *Think Twice*. Epic, Columbia Records, 1993. Songwriter: Andy Hill, Peter Sinfield.

8 Nirvana: *Smells Like Teen Spirit*. DGC Records, 1991. Songwriter: David Eric Grohl, Krist Novoselic, Kurt Donald Cobain.

9 Sassan Niasseri: *Nirvanas größter Song: »Smells Like Teen Spirit«*. In: Rolling Stone, 10.06.2024. https://www.rollingstone.de/nirvana-smells-like-teen-spirit-fakten-lyrics-1467649/ (abgerufen am 25.07.2024 um 10:07 Uhr)

10 Mariah Carey: *My All*. Columbia, Kobalt Music Publishing Ltd., Sony/ATV Music Publishing LLC, Universal Music Publishing Group, 1997. Songwriter: Mariah Carey, Walter Afanasieff.

11 Daft Punk: *One More Time*. Columbia Records, Daft Life, Reach Music Publishing, 2000. Songwriter: Anthony Wayne Moore, Guy-Manuel de Homem-Christo, Thomas Bangalter.

12 Glashaus: *Wenn das Liebe ist.* Pelham Power Productions, Hanseatic Musikverlag, 2001. Songwriter: Moses Peter Pelham, Martin Haas.

13 Evanescence: *Bring Me to Life.* Wind-up, Chrysalis One Music Publishing Group Ireland, Reservoir 416, Professor Screweye Publishing, Zombies Ate My Publishing, Forthefallen Publishing, 2003. Songwriter: David Hodges, Amy Lee, Ben Moody.

14 The Moody Blues: *Nights in White Satin.* Deram Records, 1967. Songwriter: Justin Hayward.

15 Madonna: *Frozen.* WB Music Corp., EMI April Music Inc., Webo Girl Publishing Inc., Artist 101 Publishing Group, Lemonjello Music, Songs Right Now Publishing, 1998. Songwriter: Patrick Leonard, Madonna.

16 Ella Fitzgerald: *Misty.* Verve Records, Octave Music Publishing Corp., My Dad's Songs A. k. a., Timo Co. Music, Reganesque Music Company, Pocketful of Dreams Music, Marke Music Publishing Co. Inc., Palan Music Publishing Ltd., 1960. Songwriter: Erroll Garner, Johnny Burke. Instrumental von Johnny Mathis (1954).

17 Coldplay: *42.* EMI, Parlophone, Capitol, Universal Music Publishing MGB Ltd., 2008. Songwriter: Christopher Anthony John Martin, Guy Rupert Berryman, William Champion, Jonathan Mark Buckland.

18 Chris Isaak: *Wicked Game.* Reprise Records, Broma 16, Warner Chappell Music Inc., 1989. Songwriter: Chris Isaak.

19 Alexandra: *Illusionen.* Polygram Songs, Edition Westwind, 1969. Songwriter: Udo Lindenberg, Detlef Petersen.

20 Alina: *Kind sein.* Polydor, Universal Music Group Deutschland, Dolsira Edition / Universal Music Publishing, 2017. Songwriter: Alina Wichmann.

21 Alina: *In meinem Traum.* Voraussichtlich K'ENT Records, 2012. Songwriter: Alina Wichmann, Andreas Rubin-Schwarz.

22 Alina: *Die Einzige.* Polydor, Universal Music Group Deutschland, Dolsira Edition / Universal Music Publishing, 2017. Songwriter: Alina Wichmann, Robert Kerner.

23 Harry Styles: *Sign of the Times.* Columbia Records, BMG Rights Management, Concord Music Publishing LLC, Universal Music Publishing Group, 2017. Songwriter: Alex Raymond Salibian, Harry Edward Styles, Jeffrey Nath Bhasker, Mitchell Kristopher Rowland, Ryan Thomas Nasci, Tyler Sam Johnson.

24 Gesa Berg: *Männer, macht Platz! Musikerinnen kämpfen für Gleichberechtigung.* In: NDR Kultur, 08.03.2022. https://www.ndr.de/kultur/musik/Maenner-macht-Platz-Musikerinnen-kaempfen-fuer-Gleichberechtigung,frauen404.html (abgerufen am 25.07.2024 um 11:22 Uhr)

25 Alina: *Habibi.* K'ENT Records, Dolsira Edition / Universal Music Publishing, BMG Rights Management, 2023. Songwriter: Alina Wichmann, Antonia Rug, Michelle Leonard.

26 Feist: *Past in Present.* Polydor, Universal Music Publishing MGB Ltd., 2007. Songwriter: Leslie Feist.

27 Alina: *Selbstgemacht.* fraenkeleven, Dolsira Edition / Universal Music Publishing, 2022. Songwriter: Alina Wichmann, Mareike Berg, Johannes Prautzsch, Konstantin Cajkin.

28 PCOS ist die gängige Abkürzung für Polyzystisches Ovar-Syndrom.

29 Coldplay: *Fix You.* Parlophone, Universal Music Publishing MGB Ltd., 2005. Songwriter: Christopher Anthony John Martin, Guy Rupert Berryman, William Champion, Jonathan Mark Buckland.

30 Metallica: *Sad But True. Vertigo,* Universal Music Publishing Group, 1993. Songwriter: James Alan Hetfield, Lars Ulrich.

31 Aretha Franklin: *Respect.* Atlantic Records, 1967, 45-2403, US (Vinyl-7"/Single). Songwriter: Otis Redding (Original), mit abgewandelten Lyrics von Aretha Franklin.

32 Alina: *Skandal.* K'ENT Records, 2024. Songwriter: Alina Wichmann, Leon Stawski, Marina Werwein, Marc-Kevin Koenig, Shelly Phillips.

33 Alina: *Mein Körper.* K'ENT Records, Tricot Edition, Budde Music Publishing, 2024. Songwriter: Alina Wichmann, Leon Wolf.

34 Sonja Eismann, *Vivian Perkovic: Feminismus und Mainstream? Ja, bitte, Ladies!* In: Deutschlandfunk Kultur, 16.05.2018. https://www.deutschlandfunkkultur.de/neue-weiblichkeit-im-pop-feminismus-und-mainstream-ja-bitte-100.html (abgerufen am 25.07.2024 um 11:29 Uhr)

35 Nimo: *Leck Sibbi* (heute noch zu findende Version). GEMA, Sony/ATV Music Publishing LLC, Warner Chappell Music, Inc., 2016. Songwriter: Nima Yaghobi.

36 Taylor Swift: *Shake It Off.* Sony/ATV Tree Publishing, Taylor Swift Music, MXM Music AB, HiFi Music IP Issuer L. P., 2014. Songwriter: Taylor Swift, Shellback, Max Martin.

37 CÉLINE und Paula Hartmann: *3 Sekunden.* A Million, BTGS und Groove Attack, Beatgees Publishing, Djorkaeff Beatzarre Edition, Fisherman Songs, Budde Music, K. I. Z. Edition, Electric Feel Publishing Europe, Bistram Edition, 2023. Songwriter: Tarek Ebene, David Vogt, Philip Boellhoff, Sipho Sililo, Hannes Buescher, Benjamin Bistram, Robin Haefs, Jan Platt, Celine Dorka, Paula Hartmann.

38 Emmy Meli: *I Am Woman.* Arista and Disruptor Records, Kobalt Music Publishing Ltd., 2022. Songwriter: Emily Lomeli.

39 Dorothea Wagner: *Bei diesem Paar sehe ich einige Warnzeichen.* In: SZ Magazin, 13. Juni 2024, Heft 24/2024. https://sz-magazin.sueddeutsche.de/liebe-und-partnerschaft/paartherapeutin-liebesfilme-beziehung-red-flags-titanic-dirty-dancing-pretty-woman-94006?reduced=true (abgerufen am 20.08.2024 um 17:46 Uhr)